凤凰出版社专家书评集

凤凰出版社编写组 编

1984
—
2024

凤凰出版社

图书在版编目（ＣＩＰ）数据

凤凰出版社专家书评集 / 凤凰出版社编写组编. --
南京：凤凰出版社，2024.3
ISBN 978-7-5506-4178-5

Ⅰ. ①凤… Ⅱ. ①凤… Ⅲ. ①书评－中国－现代－选
集 Ⅳ. ①G236

中国国家版本馆CIP数据核字(2024)第063274号

书　　　名	凤凰出版社专家书评集
编　　　者	凤凰出版社编写组
责 任 编 辑	汪允普
装 帧 设 计	陈贵子
责 任 监 制	程明娇
出 版 发 行	凤凰出版社(原江苏古籍出版社)
	发行部电话025-83223462
出版社地址	江苏省南京市中央路165号,邮编:210009
照　　　排	南京新洲印刷有限公司
印　　　刷	金坛古籍印刷厂有限公司
	江苏省金坛市晨风路186号,邮编:213200
开　　　本	718毫米×1005毫米　1/16
印　　　张	14.5
字　　　数	237千字
版　　　次	2024年3月第1版
印　　　次	2024年3月第1次印刷
标 准 书 号	ISBN 978-7-5506-4178-5
定　　　价	88.00元
	(本书凡印装错误可向承印厂调换,电话:0519-82338389)

编者的话

2000年，是江苏古籍出版社创建的第十六个年头。这一年，我们把建社以来出版的学术图书中的序跋与发表在各大媒体上的书评辑录出来，汇为一编，名曰《江苏古籍序跋与书评》。编集的目的不仅仅是存旧文、续旧谊，更希望在新旧世纪交替之际，温故知新、展望未来。

2002年，江苏古籍出版社更名为凤凰出版社，2009年改制为江苏凤凰出版社有限公司。日月不居，春秋代序，2024年我们又迎来了建社四十周年，重温《江苏古籍序跋与书评》，其中不少作者已成古人，健在者也大多年过花甲。在这样一个值得纪念的年份，我们把2000年至今的书评、学术论文再次精选结集，厘为两册，各44篇。第一册的作者是本社之外的专家学者，这其中既有我们多年的知交好友，也有闯劲十足的可畏后生。第二册的作者为本社同仁，其中大部分仍然奋战在出版一线，还有一些离开出版岗位开启了新的人生旅程。通过这两本小书，我们尽最大努力展示新世纪以来的工作成果，以及古籍出版人的精神风貌。

需要说明的是，出版两本集子的目的除了回望我们曾经走过的路，也希望能供同行交流互鉴，供学界参考检阅。限于篇幅，在选编的过程中，难免有遗珠弃璧之憾，这又是我们要恳请各位作者谅解的。

凤凰出版社编写组

目　录

第二辑　近代文献

第三辑　学术论著

第四辑　普及读物

第一辑 古籍整理

祝贺《全元文》编撰大功告成

周清澍

《全元文》经北京师范大学古籍研究所同仁多年努力，编纂整理，由凤凰出版社出版发行，现已全部出齐。全书约 3000 万字，收作者达 3000 人，文 30000 余篇，共有 60 巨册，可以说，这是本世纪初古籍整理的一项辉煌成果。

据我所知，1958 年，在国务院领导下，曾制订了全国科学发展规划。其中"整理和出版古籍计划草案"（文学部分），拟影印或重印宋、元人集，"元人集"分甲、乙、丙、丁编，甲编已拟定三十种目录，即将出版；又拟出"元人诗文集校辑目录"共 52 种（附金一家、明初三家），"元集补遗"三十九家（附明初人集补遗七家），计划在 1962 年前印出。（"整理和出版古籍计划草案"［文学部分］，内部印，1958.6）由于众所周知的原因，这个出版计划连同宏大的经济发展规划都落了空。如今北师大古籍所的学者们终于完成了比这个出版计划更艰巨的工程，使我们这些读者得以享受他们辛勤劳动的成果。

元人文别集的大汇集

元代史料的缺乏导致史学界对元文的重视，首先是利用现成的文集，因而国内外皆有编制文集索引的举措。但使用者虽从索引查到文章题目，常患身边无书。上世纪 70 年代前，除大城市和一些历史较久的大学的图书馆外，常见的书多靠商务印书馆等出版社影印的古籍，如《四部丛刊》收元人别集 21 种，金元人总集 5 种；《续编》收别集 5 种，《三编》收别集 3 种。《四库全书珍本初集》收别集 26 种。加上常见的单刻本和丛书本，多半文集不易看到。

一类是极珍贵的元刻本。如刘敏中的《中庵集》，据陈垣说：《中庵集》元刻本在上世纪二三十年代才被"发见，廿五卷，先文后诗，与四库本详略迥殊"（《南宋初河北新道教考》）。这书原本海源阁杨氏藏书，现存台湾"中央图书馆"。北图仅留胶卷。《四库》本仅 20 卷，佚文颇多。赵天麟《太平金镜策》，元至正刻本，仅存台北故宫博物院，大陆仅有北大图书馆收藏残本。虞集的文集除常见的《道园学古录》外还有另一部文集——《道园类稿》，所收诗文互有异同，但此书仅有元正或明初复刻本和几个抄本。陈旅《陈众仲文集》仅存元刻明修本一部，抄本存世也只有几部。张养浩的《归田类稿》虽有《四库》本 24 卷，乾隆本 20 卷，但元至正刻 28 卷本才是足本，当然是珍稀难得。

第二类是明清单刻本，虽刻印较晚，现已罕见。如明永乐刻李存《番阳仲公李先生文集》，天顺、弘治刻刘秉忠《藏春集》（有少数抄本），弘治刻郑元祐《侨吴集》，弘治、正德刻胡炳文《云峰胡先生文集》，万历刻卢琦《圭峰集》等。这些书同样罕见，抄本传世也不多。清代的刻本，如康熙刻陈栎《定宇集》、赵汸《东山存稿》；乾隆刻张养浩《归田类稿》、贡奎《云林集》、贡师泰《玩斋集》、吴澄《吴文正公集》（明永乐、宣德 100 卷本和成化、万历和清康熙、雍正本更加稀罕）；嘉庆刻宋禧《庸庵集》；道光刻郑玉《师山集》、胡炳文《云峰胡先生文集》；光绪据明泰昌刻本修补的任士林《松乡文集》；宣统间石印的许有壬《至正集》；藏有这些书的图书馆也不多。

第三类书仅靠抄本流传。如张伯淳的《养蒙集》、邓文原的《巴西集》、刘岳申的《申斋集》、萧㪺的《勤斋集》、蒲道源的《闲居丛稿》、宋褧的《燕石集》、李祁的《云阳集》10 卷本（存世明弘治刻本一部，在台北故宫博物院。清康熙刻本只有四卷，也不易得）。

《全元文》的出版，再也不用我们跑许多地方和图书馆，借阅时还要先弄清该书是丛书或单刻，是线装或洋装，是抄本或善本，耗时费力地四处寻找了。

元人别集拾遗和失传文集辑佚

前文述及，1958 年已拟出"元人诗文集校辑目录"52 种，但一种也没见出版。到了80年代，其中卢挚的《疏斋集》和揭傒斯的《揭文安集补遗》两种，已有李修生先生辑笺的《卢疏斋集辑存》和李梦生先生标校的《揭傒斯全集》陆续出版。《全元文》的出版更是一项规模最大的辑佚工程。

辑佚又可分几方面说。

一类是原有文集的作者，补其文集失收之文。一种是通过不同版本的互校可以相互补充，如作者的著作身后由别人整理出版，出了几个版本，但互有说略，如《道园学古录》和《道园类稿》就可相互补充。有些文集，后刻本鉴于前本有遗漏，出版时又将自己搜集到的佚文补充进去，如13册收入刘因文，以《四部丛刊》影印元至顺元年宗文堂刊二十二卷本为底本，据明成化蜀藩府刊22卷本补充了缺文29篇。又如《四部丛刊》所收宋濂的《宋学士文集》，是据最早的明正德张绪刊本影印，但收文不全。嘉靖十五年有徐嵩刻的《潜溪集》，三十年，又有韩叔阳刻的《宋学士全集》，力图收集完全，经顺治、康熙几次重刻，清嘉庆严荣搜罗到各种版本，"荟萃而取其全"，复得未刻、单刻文若干篇，合辑成《宋文宪公集》，所以宋濂的文集，应以晚出的清嘉庆本为佳。

以不同版本互校增补其遗漏，此事较易，而要从石刻和各种书籍中搜罗遗文就要难得多，这种工作个人往往无能为力，《全元文》编纂集体则充分显示出集团作战的威力。以赵孟𫖯的《松雪斋文集》为例，元后至元初刻本仅辑得十卷、外集一卷。清康熙曹培廉城书室刻本，又搜集书本和石刻文字和家藏墨迹，增加续集一卷。1986年出版任道斌校点的《赵孟𫖯集》，明知"赵孟𫖯的诗文、题跋较多，散见于地方史志、书画著录和文集笔记中"，承认个人"囿于学识，真赝难辨，故未能全部收辑"，仅增加《翠寒集序》文一篇。今《全元文》在元、清两版本之外，从"书画法帖中所收作者手迹和散见方志"中的文字，共辑得佚文题跋共321篇（则）。

一类是原有辑本的文集，此次重辑，又有很大增加。如《四库全书》从《永乐大典》辑出元人文集若干种，其中姚燧的《牧庵集》辑得36卷，今又增辑19篇。清末学者缪荃荪编刻《藕香零拾》丛书，收入他自辑的阎复《静轩集》5卷，《全元文》又补辑13篇；元明善遗文《清河集》7卷，《全元文》又辑佚文多达25篇。

1958年计划辑校的元人诗文集，多是曾见于记载并列入后人所补《元史艺文志》中，今已失传，而作者多是名臣或翰林、集贤院等处执掌文字的官员，他们曾草拟过诏旨，或文中涉及朝政，或奉旨撰文、为勋臣写碑等，具有很高的史料价值。如王鹗（1190—1273）曾著《应物集》40卷，第8册共辑得佚文两卷22篇。第2册中，就包括著《敬斋文集》40卷的李冶（1192—1279），辑得遗文两卷16篇（其中一篇误分为四，见《元人人文集的辑佚问题》，《蒙古史研究》第6辑）；著《西庵集》的杨果（1197—1271），辑得3篇；著《鹿庵集》的王磐（1202—1293），辑得两卷34篇；著文集若干卷的徐世隆（1206—1285），辑得14篇；著《河东文集》50卷的高鸣（1209—1274），辑得8篇；著《左山集》的商挺（1209—1288），辑得8篇。李谦（1232—1310）著《野斋集》，第9册辑得3卷39篇。鲜于枢（1246—1302）《困学斋集》，第13册辑得13篇。冯子振（1257—?）著《海粟集》，第20册辑得12篇。廉惇《廉文靖公集》，第18册辑得2篇。曹元用（1268—1329）著《超然集》40卷，第24册辑得21篇。王士熙（—134?）著《江亭集》，22册辑得16篇。

部分著名文人的作品，生前死后都未编成文集，搜罗更加困难。如宋子贞（1187—1266），第1册辑得5篇；李昶（1203—1289），第2册辑得4篇；王博文（1223—1288），第5册辑得8篇；王利用（1230?—1306?），第22册辑得10篇；王思廉（1238—1320），第10册辑得16篇；尚野（1244—1319），第13册辑得8篇；王构（1245—1310），第13册辑得两卷29篇；刘赓（1248—1328），第13册辑得14篇；杨文郁（1224—1303），第10册辑得6篇；徐琰（1220?—1301），第10册辑得9篇；李之绍（1254—1326），第20册辑得13篇；赵世延（1261—1336），第21册辑得两卷17篇；曹鉴（1271—1335），第25册辑得3篇；今存元人诗文作者有别集传世之人不足300人，今通过编纂《全元文》，搜集有文传世的作者多达3000人，这是一笔可贵的文化遗产，也为广大学术研究者带来了方便。

辑佚即搜罗散见于别集以外的文字，其中一项主要来源就是我国传统盛行的石刻。自从宋朝欧阳修著《集古录跋尾》、赵明诚著《金石录》、洪适著《隶释》，开创了金石之学，如钱大昕所说："欧、赵、洪诸家，涉猎正史，是正尤多"，肯定"金石铭勒出于千百载以前，犹见古人真面目，其文其事，信而有征，故可宝也"（《潜研堂文集》卷二五《金陵石刻记序》）。书本记载或经篡改，或手抄版刻，辗转失真，金石文字能保持当时本来面目，是原始可信的史料，尤为重要的是，它充实了大量书本中失载的文字。清初顾炎武著《金石文字记》，颇能"证据今古，辨正讹误"。乾嘉之际，考史之风大盛，改变了以往通过碑帖以研讨书法为主的风气，学者兴趣逐渐转移到考稽史传上来。如钱大昕平生收得拓片二千余通，著《潜研堂金石文跋尾》25卷。钱的同学老友王昶又著《金石萃编》，将宋以前铜器石刻文字全部搜集起来刻板印行，创造了一种专收金石文字体裁的著作。嘉庆时孙星衍著《环宇访碑录》，编制见于记载的全国碑刻目录。从此以后，碑目、碑文和考史三类著作不断有人续补，各地也有人编著当地的金石书籍，因此发现更多，学者也更认识到碑刻的重要性。如陈援庵先生研究全真道教，注意到《环宇访碑录》卷十一有李谦《祁真人道行碑》，"余访之十年无着，近知其在赤城县北云州金阁山灵真观，道阻仍未拓为憾"，"后从胶西柯氏假得拓本"，才考定祁志诚卒年(《南宋初河北新道教考》)。《全元文》此文虽辑自《道家金石略》，不必到塞外深山访拓，但从此可看出前辈搜集资料之困难和锲而不舍的精神，也说明《全元文》的出版为学术界带来的方便。

我国的地方志是一项宝贵的文化遗产，也是一个巨大的资料宝库。《全元文》从数千种地方志中辑录佚文，为读者提供了方便，我本人就有切身体会。如第9册李谦文《都元帅刘恩先茔碑铭》，传主刘恩《元史》卷一六六有传，我遍查各种《传记索引》失收，多年搜访其碑传未得。卷二八八从明嘉靖《威县志》卷二辑出，为我的论文提供了新史料。又如第5册32页曹居一《金灯记》，辑自民国《林县志》，文中云："岁己亥夏六月，宣差奉谕(御?)江淮安抚使粘合公道出相下……不浃旬，皇帝诏公代其父丞相南伐，摄知行台军马事。"联系《元史·粘合重山传》，文中"其父丞相"即粘合重山，"江淮安抚使粘合公"即其子南合。"岁己亥"是元太宗十一年，本传称他"嗣行军前中书省事"在"十年"有误。文中又说："自荣禄公至于宰丞，宰丞而复有公"，联系《析津志·名宦》粘合中书条下载："有名合达者，仕至荣禄大夫，金亡归我朝。我朝以前金故宦之子孙，而累朝宠任之。"荣禄公即金朝的荣禄大夫合达，宰丞即粘合中书重山，"公"即本文的主角粘合南合。不仅明确了粘合家族的世系，也核实了合达就是蒙古入据中都时奉金币拜见成吉思汗的金留哈答，重山即其所见为质的"其孙崇山"。(《圣武亲征录校注》，《王国维遗书》本)

当然,《全元文》辑录的来源甚广,我只能举荦荦大端者为例以资说明。其余如散见经史子集各种书籍中元人所作序跋,释藏、道藏和各种类书、文选散见之元文,如此等等,不一而足。通过集体协作,终于完成了这项汇集有元一代文字的大工程。

《全元文》不只是简单的文章汇集,而且进行了校刊、标点。文章以作者为依归,作者则以时代先后为序。每位作者文章之前皆有生平简介和版本利用情况,实际上是分担整理者已对该作者及其文进行了初步研究,为元代的古籍整理和文史研究培养了一支过硬的队伍。

（原载《文汇读书周报》2005 年 11 月 11 日）

《全元文》大工告竣感言

邓绍基

《全元文》全部出齐，消息传来，心情兴奋，久久难已。我记得是在 1993 年，承北京师范大学古籍研究所和江苏古籍出版社盛情相邀，第一次参加《全元文》编纂工作座谈会，在这之前，从李修生教授处得知，1991 年《全元文》编纂工作已全面展开普查工作，编纂工作座谈会正是在普查的基础上举行的。在那次座谈会上，我除了略谈感想外，表露了希望在保证学术质量的前提下，加快进度的想法。一直到 2003 年，《全元文》出版了近半之际，我又应邀出席"元代文化研究暨《全元文》编纂研讨会"，我申说了与先前类似的意见，我说：《全元文》出版以后，受益的不仅是从事文史教学与研究的人，即对研究自然科学的人，也将受益匪浅。像《全元文》这样的总集其功能是相当广泛的，而做大的项目是非常不容易的，不要囿于各种框框，影响编纂进度，至于无法看到或虽然知道却根本无法获得的资料，不必无限期地等下去。因为搞大型总集，出现这样那样的问题是不可避免的。进一步的完善的工作，可以留给后继的学者来完成。

现在《全元文》终于出齐，如果自 1991 年开始普查工作算起，计有十四年；如果自 1993 年第一次编纂工作座谈会算起，则为十二年。在不到十五年的时间内完成 3000 万字（60 册）的大型总集，正不妨说是"皇皇巨册"，展现历史文业，嘉惠当代学林，自不待言。

关于元代文化在中国文化史上的地位，已有若干精当论断，其间有的论断即使未必人人同意，但加强这一领域的研究则是人人具有的愿望。其实，无论是深化已有的论断还是商兑已有的论断，都需要深入探究史实真相，即使在局部的问题上，也是如此。举一例子来说，论者认为，北宋后期（神宗熙宁元年至钦宗靖康二年，相当于公元 1068—1127 年）开始出现比较明显的"文人禅学化"和"释道文人化"现象。如果从元代著名理学家和文章家（如吴澄和虞集等）崇拜韩愈与欧阳修，却又扬弃这两位"宗主"式人物共有的排斥和抨击佛老的传统来看，又从释子活跃地参与文学活动这类现象来看，"文人化"和"禅学化"现象在元代或许大有发展。但这需要从探究更多历史资料着手，才能得出比较切实的论断。像《全元文》这样的大型总集，正是提供更多历史资料的文库。二十年前，我忝为主编，参与《元代文学史》编写工作时，深感缺乏像《全唐诗》和《全唐文》那样的现成的元代诗文总集文献作参照，是研究元代文学中的一件憾事。现在《全元文》出齐，再期望若干年后《元诗全编》出齐，那将十分有利于元代诗文和元代文学史研究。如此说来，《全元文》的全部出版，又将成为元代文化和文学研究进一步繁盛的一个重要象征，一个重要路标。

（原载《文汇读书周报》2005 年 11 月 11 日）

古代类书整理的重大收获

——评校订本《册府元龟》

陈尚君

经过十多年的持续努力，南京大学古典文献研究所在周勋初教授主持下校点的《册府元龟》，终于由凤凰出版社在不久前全部出版。这是至今为止中国学者采用新式标点和科学整理方法完成的最为宏大的单本古籍整理工程，也是此部列名宋四大书的空前大类书在宋、明两代四次刊本以后的一个全新的文本，对于中古文史研究具有极其重大的学术意义。我从 20 世纪 90 年代初以来，与南京大学诸位前辈和同仁接触较多，对此书从最初确定选题、分工整理直到后来的定稿付型，都曾有较多的了解。在学术风气普遍浮躁焦灼的环境下，他们不计名利，敢于选择如此重大而艰涩的课题，勇于在十多年的时间内默默无闻地做好此书整理，并为确保全书的学术质量作了连续数年认真的校勘、索引工作，十分难能可贵。我因为自己研究课题的需要，曾多次询问此书的出版消息，但所知所闻，都感到他们没有丝毫的松懈或耽搁，为求文本可信付出了常人难以想象的辛劳。这种献身学术的精神，使我由衷钦佩，深怀敬意。

一、《册府元龟》的文献价值

北宋四大书中的《太平御览》对于宋前古籍辑佚的价值，《文苑英华》保存南北朝隋唐人诗文的意义，《太平广记》为保存古小说的渊薮，明清人早就有非常充分的认识，在各方面研究中发挥了不可估量的巨大作用。但对于《册府元龟》，则似乎从宋人开始就忽略了其文献价值，如袁褧《枫窗小牍》即认为该书"开卷皆常目所见，无罕觌异闻，不为艺家所重"，至明清两代仍普遍不太重视。到乾隆间邵晋涵在四库馆辑《旧五代史》时，据《册府元龟》录文已补《永乐大典》引文之残缺，较早认识到其价值。只可惜当时对于《册府元龟》所存上万则五代文献，仅取录三百多则，远未充分利用。近人陈垣既据以补出《魏书·乐志》残缺的一页史文，又提出据《册府》校《旧五代史》的计划，较充分地揭示了该书的史料价值，只可惜他的系列计划最终没有能够完成。周勋初教授在《前言》中，从史料学、校雠学和学术史的角度，以翔实的例证，对于本书的价值作了很充分的阐述，我十分赞同。同时，我也愿意以自己多年来对于本书的利用，对其价值作些补充。

《册府元龟》由于部帙巨大，阅读不易，又没有具列文献来源，前人不免有许多认识误区。我认为《册府元龟》最重要的价值有两点，一是可以作为五代以前各种正史校订文本的重要依据，因为全书所采可信都是宋初以前的文本，即便原书具存，文本校勘的价值仍不容忽视；二是保存了数量可观的唐五代实录原文。

关于前一点，学者的看法比较一致。20世纪六七十年代中华书局校订本《二十四史》五代以前各史校点工作，曾部分参校过《册府元龟》，但很不充分。我在数年前作《旧五代史新辑会证》时，采取将《册府元龟》全部五代文献复印后剪开，按照时间、人物、事件全面排比的方法，与校订本作了逐句的校对，确信当时利用远不充分。而在校订本各史中，《旧五代史》是利用《册府元龟》较多的一史，其它各史是否也是如此，值得斟酌。就我涉猎所及，如《册府元龟》隋代史事基本上专取《隋书》，很少涉及其它文献，可据以校补的文字就颇有可观。北朝三史，宋以后传本均非原本，已经据《北史》《高氏小史》等书做过订补。校订本认为宋初流传的文本就是如此，但就《初学记》《太平御览》《通志》等书所存《北齐书》佚文来看，仍有校订本以外可以辑补的文字存在。如果有人能够将《册府元龟》所存北朝文献作全面的排比校勘，相信会有可观的收获。

唐五代实录是采用编年体写作的史书，在叙及重要人物去世时常附其事迹，即所谓实录本传。实录在转写为正史时，其编年部分被节写成本纪（《旧唐书》肃、代后本纪烦碎即因删取实录而非国史，《旧五代史》本纪多达六十卷也是此一原因），实录本传则成为正史列传写作的依凭。对于同一事件，实录叙述常更为原始而详尽，同时，实录还包含大量正史体例无法包容的细大不捐的各类史事。可以认为，唐五代实录是研究唐五代史事最直接最原始的第一手文献，《册府元龟》所存录的部分虽然经过杨亿等人的剪辑分类，但所有采入史文都仅作叙述角度的技术性加工，一般都能保存实录原本的面貌，并不像几部正史作者那样为了适应史书体例或展示史家立场而对史事作了太多的人为改写或重新表达，就此而言，《册府元龟》所存实录的文献价值远远超过正史和《通鉴》的记载。

《册府元龟》所存唐代重大历史事件的详尽记载，周勋初教授曾举到文宗大和间宦官陷害宰相宋申锡的例子，其中诬告的文案，仅此得见。我还可以补充两个例证。一是关于李唐先世事迹，《旧唐书·高祖纪》和《新唐书·宗室世系表》都有记载，但有关李虎的传记，则以《册府元龟》卷一所载最为详尽。再如贞观十七年（643）太宗废太子承乾而立晋王李治，是唐初最重大政治事件之一，陈寅恪先生《唐代政治史述论稿》曾引证《资治通鉴》有关纪事。而《册府元龟》卷二五七有关此事的记录，是最原始而完整的记载。与《资治通鉴》比较，《册府元龟》所存显为《太宗实录》的原文，如述李泰之争宠，《通鉴》作"昨青雀投我怀"，《册府》作"泰昨入见，自投我怀中"；褚遂良进谏语，《通鉴》作"复宠魏王，礼秩过于承乾，以成今日之祸"，《册府》作"复宠爱魏王，礼数有逾于承乾者，良由嫡庶不分，所以至此"，所述更为清晰。而《册府》所载太原瑞石言"李治万吉"影响太宗之决断，允立晋王时"妃嫔列于纱窗内，倾耳者数百人，闻帝与无忌等立晋王议定，一时嚾叫，响振宫掖"，以及在此前后太宗的几次训示，都是很珍贵的记录，但《通鉴》都未记及。

类似的情况还可以举出五代时期的几个例子。一般来说，《新五代史》是依据《旧五代史》改写而成，但偶尔也会有增出的事迹。排除今本《旧五代史》已经残缺的原因，相信《新五代史》参酌五代实录作了补充。如《新五代史》卷二五记符彦饶平定天成中汴州兵乱，详于《旧五代史》卷九一，而在《册府元龟》卷四二三有此事更详尽的叙述，可以证明欧阳修的依据就是此段实录，《册府》的记载也是研究此次兵乱的最原始记载。再如《新五代史》卷二五叙述天祐十七年（920）李嗣昭、李存审解朱友谦同州围的过程，比《旧五代史》卷五六所叙详细，事实也稍有不同，但更完整的记载，则见于《册府元龟》卷三六七，不仅有二李详细考虑军情的反复争议，有关作战过程的叙述也更为曲折。可以说，有了《册府元龟》的原始记载，两部正史的记载必然相形见绌，更不用说因为史事删节而可能造成的失误了。

此外，实录是以帝王和朝廷为中心的编年史，有关诏令、奏议、人事处置、君臣日常活动，以及四裔和藩镇的进奉等，都事无巨细，不分轻重，一一记录，以存事实。相比较起来，纪传体的本纪只能简略记载重大事件，别传部分以人物为中心，也难以具体到细节，而正史编写时突显的褒贬意识，更使学者很难可观具体地保存实录的原始纪事。比如每位皇帝即位、南郊以及宣布大赦时的长篇文告，正史中不可能全载，仅能保存于《册府元龟》和《唐大诏令集》中。而一些不太重要或未获采纳的臣僚奏议，正史多一笔带过，《册府元龟》各部中的引录则极其丰富。再如节庆临朝、雨雪放朝、宴会、巡游、祭祀、庆赐、旌表、慰劳等日常琐事，正史大多从省，而实录却逐一备记原委，《册府元龟》更分门别类编录，也保存了唐五代的大量基本史实。从储材备用以满足现代学术各种不同层面研究的需求来说，《册府元龟》是唐五代史原始文献取资不竭的巨大渊薮，其重要性绝不在几部正史和《资治通鉴》之下。

就此而言，《册府元龟》的整理确实是一件造福学界、功德无量的学术工程，必将为学者充分利用此书带来巨大的便利，并借此为中古史研究新格局的展开提供大量第一手的珍贵文献。

二、《册府元龟》校订本的学术成就

作为宋元以前最大规模的存世古籍，《册府元龟》规模宏大，叙述时间横跨先秦至五代近两千年的历史，内容则涉及古代社会文化的一切方面，要加以整理，学术难度非常大。其实际工作量，绝不亚于整理一部十七史。此书虽然不像专录辞章的类书那样大量地征引诗文典故，所录以历代史文为主，一部分的叙事似乎整理难度并不大，但其中包含历代各种类型的文章，特别是大量关于古代礼仪、食货、法律、职官、选举等方面的具体讨论，涉及古代大量人物、事件的具体记录，加上本身就是摘录各种史书以成编，流传千年始终没有得到彻底的清理，文本的错讹在在多有，整理者稍有不慎，即亦致误。这样一部大书，要整理出一个为学术界认可的文本，整理者必须有充分的学术准备和适当的实施体例，必须具备通贯宏博的学识和认真求实的态度，必须付出穷年累月的细心刻意的长期校读。我认为，校订本基本达到了学界预期的目标，达到了很高的学术水平。具体成就，我认为可以指出以下各点。

第一，版本选择恰当，校勘严肃不苟。

就传世刊本来说，《册府元龟》只有两个版本：一是残宋本，存五百八十一卷，中华书局在 1988 年出版影印本。其实这个残宋本包含两种宋本，即蜀刻题作《新刊监本册府元龟》的残本八卷，南宋中期眉山刻本书名不题"新刊监本"的刻本五百七十三卷(其中重出十五卷，故亦有称为五百八十八卷者)。二是明末黄国琦在福建建阳的刻本，中华书局早在 1959 年即影印此本。现在通行的还有文渊阁《四库全书》本，基本源据明刊本，稍有校订、钞误和篡改，文本价值不高。就宋、明二本的优劣比较，陈垣在《影印明本册府元龟序》中，在肯定宋本价值的同时，特别指出明本纠正宋本错简衍文以及删去宋本重出、互见内容的部分，认为"此皆明本胜于宋本处"，当然是一种看法。我在以宋、明二本校过全部五代文献后，基本的看法是就文字的可信程度来说，凡二本有差异者，百分之九十五以上为宋本是而明本误，明本勘订宋本错误而有价值者，大约仅百二三而已。宋本的重要于此可见。

本书校勘，以明刊本为底本，以残宋本和历代史书参校，是遵循规范、切实可行的办法。明刊本全书完整，影印本也十分清晰，便于校勘操作。宋刻本所存不足五分之三，残本各卷或仅存残页，或影印相对不甚清晰，如卷五至卷十甚至已残破难以通读，显然不具备作为底本的条件。《校点说明》并规定，"凡底本与宋本有异者，若宋本文意为优，据宋本校补，并出校记；若二者文字均可通，一般只出异文校。"把握的分寸是恰当的。当然，如果采取凡宋本各卷完整者以宋本为底本，宋本已残阙或不存各卷则以明刊本为底本，可以减少一些校记，在两通而可改可不改的文本取舍方面，可以更接近一些原本的面貌，当然，这样也会需要各卷说明底本，校勘体例方面也难一致。不同的选择，得失相当，我对目前的底本选择表示尊重和理解。

本书校勘，态度认真，校对仔细，尊重底本，严格把握校改和存按的分寸，校勘记简要得体，绝无疏略失校的忽漏，也无贪多炫博的花招，老老实实，一丝不苟，体现了严谨客观的科学态度。本书校勘的处置，一是确定凡改动明本文字者，除体例规定可以径改者外，一律出校勘记给予交待。二是充分尊重宋本时代较早、错误较少的特点，尽可能优先援据宋本以改订文字。三是考虑到明刊本当时曾利用若干钞本校定文字，其部分内容也有比宋刊本优长处，凡两者不同而均能成立时，则保留明本文字，或说明宋本不同文字而不据改。四是充分掌握对校、他校综合利用的优势，在宋、明文本不同时，援据所出古籍的文字来决定取舍。五是凡北宋编修时避讳改动的文字，尽量保留原文，可能引起读者异议的则加校记予以说明。如卷七、卷八据宋本改动三十多字，均为明本误刻之字，但如李康威，校勘记指出《旧五代史·武皇纪》作李匡威，又指出"康"字是避宋太祖讳而改，为宋人所改，不作校改；又如李俦，亦指出《旧五代史·武皇纪》作李匡俦，亦避讳而不改，处理颇为得当。

本书千卷之数，每卷校勘记少则一二十条，多则二三百条，估计全书校勘记多达六七万条。数量如此巨大的校勘工作，相信表达出来的还仅是校出异文来的一部分，还有相当部分的异文由于文字可通或差别不大因而从略，未及罗列。仅此一端，就足以彰示本书的学术建树。

第二，体例确定合理，校记详略合宜。

古籍整理的基本方法有定本式和底本式两种，清代至民初学者多喜用底本式，备录他本异文而不改动底本，自20世纪50年代末二十四史校点本确认的规范，中国学者一般都用定本式校勘古籍，即在确定底本后，广校各本和群籍，写定一本以为定本。定本式整理的基本要求，凡是确定底本文字有误者，可以据他本或他书校订，但原文和校改的依据，必须逐一予以说明。《册府元龟（校订本）》按照定本式的基本规范整理，但以明刊本为底本，由于该本误字较多，给校勘带来繁重的责任。本书体例修定时，采用变通的办法，较妥当地解决了这一问题。本书《校点说明》规定："凡明显错字如'刺史'作'刺史'，'己巳'作'已巳'，'颍州'作'颖州'，'掾属'作'椽属'等，则径行改正，一般不出校记。"其中绝大部分属于古籍整理中形近字误而可以径改的范围，不会引起太多歧义，也有一些属于史事制度的问题，一般只要熟知史实，也不会引起分歧。又规定："宋人避讳字一般予以保留，明人避讳字，如'校'作'较'，'检'作'简'，'常'作'尝'等，径作回改。"由于明刊本所涉避讳字大多为常用字，特别如"检校"一词在唐五代官称中屡屡提及，出校则不胜其烦。由于宋刻残本可以为今人确定明刊本避讳所改的基本范式和常用讳例，可据以将明刊本的避讳内容基本改尽，这样处理也完全恰当可行。由于确定了这些善例，大大减少了似乎必须出校而又很少学术意义的校记的数量。全书各卷校记多寡不同，大致须校方出校记，绝不为显示已做工作而开列不必要的校记，全书把握较为妥当。

此外，如规定"单引号内之引文不再用引号"，即不作二次、三次引文的处理，也可以使文本的面貌比较清晰，减少不必要的失误。再如完全按照原书的分段落，"原文的一条文字无论多长，皆不再分段"。能够忠实地反映原书的面貌，减少整理者人为加工的痕迹。

本书没有采用二十四史点校本标注专名线的方法，相信也是考虑到全书所涉太广，难以全面准确把握，权衡后的适当抉择。

第三，追溯文献来源，梳理文本疑滞。

作为唐宋时期存世最大类书，《册府元龟》的校勘难度远远超过其它各类书。由于其全书没有记录文献来源，为校点者追溯文献带来极大的困难。虽然其与以记录文化知识和辞章典故比起来，没有奇事僻典的困扰，但其所涉历代人事，包括时间、地点、人物、事件、官职、制度等各方面内容，极其纷繁，时间跨度又长达千年以上，整理者很不容易驾驭。

由于《册府元龟》通行只有宋、明二本，可资对校的文本有限，而全书传讹情况如此严重，只能借助于查明所有文献的来源，以各书的通行善本来校勘，以求疏通文意，解决文本滞惑难解的问题。《册府元龟》原书一律不注所出，要追溯文献必须逐一排比检查，虽然现代古籍检索手段的运用提供了不少方便，但毕竟是上千卷的大书，每卷又分别包含几十条到上百条不等，即使知道出自何书，那些书又有相当多的卷帙，检出原文并加以复核，也需要付出很多精力。为此，整理者付出了很多，收获也非常巨大。就我的认识，一是解决了《册府元龟》原本疑滞难通的文本梳理，得以利用原书纠订了原书编纂和流行过程中出现的诸多错讹，为读者提供了可以充分信任的文本；二是弥补了《册府元龟》原书一律不注文献来源的缺憾，读者可以通过校勘记的指示，知道哪些内容出自何书，哪些内容为本书独有而不见于他书记载，可以有区别地加以利用；三是通过《册府元龟》与其援据各书的逐一对读，将两者之间的同异有无作了全面的揭示，便于学者借此了解《册府元龟》所据史籍的北宋文本，和现在通行的史籍在文本上有什么差别，哪些可以据其加以补充订正。最近二十四史点校本修订工作刚刚展开，学者普遍认为根据北宋以前的类书、政书和文集等文献，是校史的重要的补充手段。本书的出版，正好为此项工作提供了及时的支持。

第四，标点规范准确，适宜学者阅读。

新式古籍整理的最基本工作是文本标点。古人说"学识何如观点书"（《资暇集》卷上录稷下谚），正说明此一工作看似简单，其实极其讲究。从20世纪50年代以来，以《资治通鉴》和二十四史的整理为标志，中国学者在古籍科学整理和新式标点方面已经形成了一套完整规范的原则和方法，赢得了国际汉学界普遍的认同和尊重。

本书的标点，在以下几方面有特殊的难度。一是关于典章制度方面的文字。《册府元龟》涉及历代史事，而在帝王发布各种诏敕政令和群臣有关治国方略的讨论和具体举措变化的讨论中，涉及大量制度细节的详尽讨论，这些讨论中又大量援据经典论述以及前代实例来加以阐说，整理者如果不了解历代行政制度的变化，不了解历代职官名称的衍变，不了解儒家经典的基本论述，不了解诏令和奏议的基本表达习惯，根本无法读通文本，更难以完成全书的校点了。二是有关时间、地名、人名、族名等专门名词的认定和标识。我多年接触《册府元龟》的文本，深知因其涉及历代，特殊名词认定不易。如《外臣部》经常罗列一批外国或民族的人名及其官衔，何为官名，人名又如何点断，极费周章。有时需要反复查核前后左右的相关记录，才能够得到大致稳妥的界定。地名则经常会碰到罗列一大堆地名时，如何点断的问题。比方唐代习惯用两个州的州名合称作为节镇名，如泾原、邠宁之类，作为节镇不能分开，作为州名罗列则要逐一点断，点校时需要非常小心地加以区分。三是一些特殊文献的释读处理。如卷六七〇王守澄诬告宋申锡谋逆的一大段文字，相信源出于《唐文宗实录》，《资治通鉴》和《旧唐书·宋申锡传》都只是节引，其中自"初，守澄奏"以下千余字，罗列宋的亲事连通诸王的事实，用很口语的文字叙述涉及日常制度方面大量琐碎的小事，以罗织谋逆的大罪，史料极其重要，但要完全读懂点断则极其不易。就大端方面来说，本书的整理者在斟酌文本、谨慎校订的基础上，对于可能引起歧义处反复校比文献，按照通行的新式标点规范对全部文本作了妥当的标点。可以认为，本书的标点整理从总体上来说是值得信任的，为学者阅读和利用本书提供了适宜阅读又足以信赖的文本。

第五，索引编制精密，检索利用便捷。

校订本最后一册为全书人名索引，篇幅多达二百多万字，所收人名起于先秦，迄于五代，多达四五万人，全部索引事项多达十八万条，编制也极其不易。今人因为古籍数码化的实行，常常忽略以往人工编制的人名、语词索引之价值，甚者认为以往的索引已经失去了价值，是失之过甚的见解。古籍数码是利用电子输入文字内码的互相搭配而提供的文字检索手段，虽然具有便捷、精密的特点，并因此带来古籍文本研究的巨大变革，但并不能包括所有人名的检索。比如检索李白，则诗人李白和桃红李白全部给予揭示，而李太白、李谪仙、李翰林等不同的称呼，古籍行文中常见的简称、代称更难以显示。就此而言，经过人工学术鉴别，将不同称谓归纳起来的现代学术索引的价值，仍然有其存在的意义。《册府元龟》全书多达千万字，所涉头绪极其纷繁，人事尤其复杂，不编制索引是不可能全面充分地据以考史论事的。校订本索引的编制，是一件极其艰难而又很容易犯错误的工作。索引采取音序检索的方式，估计是利用索引软件排序的缘故，虽然在检索的方便程度上不如一般古籍之四角号码检索，但由于采用现代技术编制，每一词条的编排严格按照首字的音序，同一字头下依次按照第二字、第三字顺序排列，非常精密，检索堪称方便。但这样大型古籍的人名索引编制，绝不是计算机设定程序所能完成的，所涉问题，一是历代同名异人、同人异名的情况需要区别和归一，二是一人之字号、封爵、别称等需要梳理，三是同人之条目需要合并，四是文本的传误需要订正，稍有疏忽，就必致失误。校订本索引的编制，在这些方面都做过仔细的处理，用力极其巨大。虽然因为索引的编制，校订本没有完全改尽的误字不免显得有些刺眼，但其给予今后学者利用《册府元龟》从事古史研究之方便，无论如何称道都是不为过誉的。

以上所谈，都是就本书整理校订者的工作来表彰其成就。这部上千万字的大书最终能够与读者见面，承担出版的凤凰出版社为此付出的经济和学术方面的代价也是极其巨大的。最近几年，由于市场经济的活跃和出版社转型企业化的推广，各大出版社纷纷热衷于出版短平快的选题，以求用最小的投入谋求最大的利益，甚至不惜恶意炒作，夺人眼球，造成图书热销的轰动效应。在这种风气下，凤凰出版社的领导敢于接受这样一部难以炒出热点、前期投入又非常巨大的选题，完全着眼于本书在中国学术史上的地位以及对于当代学术文化建设的重要价值，体现出着眼未来、难能可贵的大格局和大气象。本书用繁体字排印，改底本的直排为现代人习惯的横排，校对严格，排版讲究，装帧高雅，也可以看到出版社的编辑和校对严肃敬业的工作态度。多年以来一直有确定的认识，总觉得基本古籍文本的整理出版，只有中华书局和上海古籍出版社的图书值得信任，但就最近几年的发展来看，一些地方古籍出版社和大学出版社都有巨大的进步，一些大型古籍的出版质量已经完全出色当行，达到了很高的学术水平，这部《册府元龟》的出版就是有力的证据。

三、《册府元龟》的校订和利用还有很大的拓展空间

最近二十多年间，因为研究工作的缘故，我曾非常充分地利用过《册府元龟》——先因作《全唐文补编》而将书中全部唐五代文章与《全唐文》以及陆心源辑《唐文拾遗》《唐文续拾》二书逐篇作过对核，录出佚文逾百篇；继因新辑《旧五代史》，继续陈垣先生未竟的工作，用《册府元龟》所存五代文献与清辑本《旧五代史》作过逐字比校，并借此录出五代实录的大量遗文。经过这些工作，对《册府元龟》的价值获得许多新的认识，对于此书全面校理所涉文本之复杂难解，校点内容所涉专门知识之繁博细碎，有许多切身的体会。因此，对于南京大学以周勋初教授为首的学术团队能够如此高水平地完成全书的校点，不能不由衷地钦佩。同时，我也觉得，在这部校订本中，无论整理者还是出版者，都强烈地表达了以学术为天下公器、不计经济得失或短期效应的求道精神。在这篇致敬的短文中，我也不必拘泥于俗习，不妨将我见到的校订本中的细节出入，以及今后《册府元龟》进一步整合利用的可开拓空间一并写出，以供整理者和阅读者参酌。

我以为不须回避的是，虽然整理者已经克尽心力，但由于据为底本的明刊本错误实在太多，可以据以校勘的宋本仅存五分之三弱，没有宋本可校的各卷，由于很大一部分内容是《册府》独有而他书不载者，承担校勘的学者虽然各有所长，但毕竟难以兼擅各史。就我披览所及，文本失校的地方似乎还有一些。如 889 页"捧圣严卫都将宋洪实"，"宋"应作"朱"；3982 页诅渠天周、无讳、宜得等三人，其姓均应正作沮渠；类似的错误肯定还有一些。造成这些出入的原因并非校点者学力不及或出版校对时的疏忽，主要还是沿袭明刊本的错误而未及或暂时难以完全改净者。我在数年前作《旧五代史新辑会证》时，也碰到类似的情况。以宋本校明本，可以改正明本讹误的地方很多，一般半页200 字总会有四五处甚至十来处误字，且确信许多误字如果没有宋本，仅仅根据形似、音近之类的传误习惯和校勘原则，根本不可能得到正确的结果。然而

宋本毕竟只有五百八十多卷，另外四百多卷仅存明本者，虽用尽各种办法以求减少错误，但肯定还有一些脱误衍倒没有得到纠正。就校订本来说，我认为今后有学者愿意作进一步的修订，我认为应该考虑以下两种办法，一是加强《册府元龟》本身文献的本校，二是发掘存世的明钞本《册府元龟》的文本价值。

就校勘来说，本书在版本校和追溯文本来源的他校方面做得十分认真仔细，但就本校，即利用《册府元龟》各门、各部、各卷相同或相近的内容互校来说，可以进一步做的工作还很多。前面已经说到，《册府元龟》是一部采编历代正史、实录为主编成的大型类书，全书分为三十一部，一千一百零四门。同一篇传记，同一篇诏令，可能因为从属不同门类事项之不同，或全录，或节引，或改写，一事而常有十多种不同程度的引录，彼此出入较大，再加上各卷各条在后来流传过程中不同的传误状况，以及宋本的或有或无，各卷间彼此可以互校互补的内容极其丰富。试举我曾处理过的五代文献的几个例子。卷九三《帝王部·赦宥门》录晋高祖天福元年（936）十一月即位改元赦，在同书卷六六、卷六八、卷八一、卷四八四、卷四九二、卷四九四中有六次引及，据此可以对卷九三引文补作数条校勘记，订正文字讹脱四五处。当然同时也要指出就一篇文章来说，这样的本校还可以达到，但若作为一项体例，要求整理者达到这一目标，并贯彻于全书，显然是不切实际的批评。

2002 年 11 月，我曾有机会造访日本京都大学人文科学研究所，在后来担任所长的金文京教授和大阪市立大学斋藤茂教授陪同下，参观了该所图书室极其丰富而便于利用的藏书。其中印象最深的是有一套完整的明钞本《册府元龟》，每一卷卷首都题作《新刊监本册府元龟》，相信其所据就是现在仅存八卷的南宋蜀刻本。当时我正作《旧五代史》的校辑，确信此本对于《册府元龟》宋、明二本的校勘都有很重要的价值。回来后检查《中国古籍善本书目》，发现其中著录中国馆藏完整的明钞《册府元龟》即有六种之多，其中四川省图书馆藏明南岑书舍抄本和重庆市图书馆藏明抄本都源出《新刊监本册府元龟》，与京都本同出一源。台湾也有明钞本的保存。中国国家图书馆有傅增湘在明刻本上所作的校本。国内的这些抄本我都没有见到。《藏园群书题记》卷九《残宋本册府元龟跋》和《藏园订补郘亭知见传本书目》卷十下都有傅增湘搜集宋刊明钞以作《册府元龟》校记的记载，但明钞部分是否已经如《文苑英华校记》那样完成，则尚有待于证实。周勋初先生在校订本《前言》中肯定陆心源、傅增湘的校勘成就，认为"他们也难以全部见到存世的所有宋本《册府元龟》残帙和明代《册府元龟》钞本。而且这工作费时费力，他们也不可能花太多的时间从事于此"。所见甚公允。今日宋本容易见到，但明钞系统毕竟还没有可能以一人或数人之力作全面的校理。这些工作，借用周先生评述陆、傅二位的话，"尚有待于后人来完成"。

我还要指出，《册府元龟》的全面整理是一项沾溉学林的重要工作，利用《册府元龟》来整合甚至重建唐五代基本历史文献，更是一项值得尝试的具有重大学术意义的工作。我在前面谈到，《册府元龟》所采唐五代史事，基本以正史和实录为主，而实录的采录比例甚至远远超过正史。最近十来年，因为做《旧五代史新辑会证》的机缘，有机会将《册府元龟》所保存的五代文献全部拆开，按照时间和人物作了重新的编排，惊奇地发现五代实录的文本在《册府元龟》中的保存情况，远比想象的来得丰富。经过仔细的排比拼接和校录写定，我确信五代实录的十之五六的内容得到保存，可以据以校订和补充正史文本的讹缺。唐代实录的保存情况，大致也有这样的比重。这些文献要能够为学者充分利用，仅靠校点和索引还是不够的。举例来说，周太祖广顺二年（952）五月五日至六月十四日亲征慕容彦超，《旧五代史·太祖纪》仅略存梗概，《册府元龟》卷一一一《亲征》所载稍详，《册府元龟》则在二十多卷中分别记载此行的各种大小事情，所载内容数倍于正史和《通鉴》的记载，且更为丰富准确，正史、《通鉴》记载而在《册府元龟》中没有记录的，大约只有各一二项。这些史料如果没有通过系统的排比整齐，学者很难完整利用。五十年前，日本学者平冈武夫有志于排比唐代文献，既做《唐代研究指南》十二种，提供基本文献的检索手段，又做《唐代史料稿》，力图逐日恢复唐代原始文献的面貌，可惜仅发表武德、长庆、大和间大约七八年的内容，没有能够最终完成。中国学人应该接续完成此一工作。

（原载《文汇读书周报》2007 年 8 月 3 日）

蕴沉潜之功　抒独得之见

——评刘运好教授《陆士衡文集校注》

赵　靖

　　由于历史的原因，陆机文集在清代就遭遇冷落，规模宏大的《四库全书》也没有收录陆机文集。中华人民共和国成立以后，陆机文集整理方面，仅有郝立权《陆士衡诗注》和金涛声点校的《陆机集》两部著作。两位先生的开创之作固然功不可没，但一部辑佚全面、校勘精审的完整注本尚待于后人。安徽师范大学文学院刘运好教授《陆士衡文集校注》的出版，弥补了这一缺憾。

　　全书分正文、补遗、附录三个部分，体例十分完备。正文悉按《晋二俊文集》之《陆士衡文集》分卷、篇目顺序编排。此外，作者钩沉文献，索隐幽微，将所辑佚之作品按赋、诗、文、专著佚文次序，作补遗四卷。附录包括《年谱》《传记资料》《文集序跋、题记、提要》《主要引用书目》四部分。文集校注按照题解、正文、校勘、注释、评笺、附录、备考七个部分排列。题解主要引述前人评价，考定作品系年，简析作品之背景、本事、主旨、艺术、因革、影响等，实倾注作者极大心血。校勘以《四部丛刊》影印陆元大翻刻宋本《晋二俊文集》为底本，除校以传世的陆机文集各种版本外，还校以《艺文类聚》《初学记》《文选》《文馆词林》《晋书》等大量的类书、古代选本以及史籍，其校勘之精审，令人叹为观止。注释分释词、释句、释段、释篇四类："凡所注释，不避细文周纳，典章故实、名物史乘、文字训诂等，均详加注释，稽引史料、文献、古代字书，既使释义言必有据，可斟酌对照，亦断以己说，使一目了然。"（《凡例》）既为研究者提供极大便利，也可供一般读者阅读。评笺分"集评"和"总评"两种形式。集评辑录前人对单篇作品之评笺，附于各篇注释之后；总评辑录前人对陆机某一文体或总体之评论，附于全书注释之后。附录部分收录的是赠答、拟古以及其他模拟之作的原作，为正确解读陆机文本提供参照。备考则是对《文集》中存在的文章真伪、著者归属、分篇题名等历来争议较大的作品，作详尽考证。其考证方法是：先引各家之说，再断以校注者一己之见。所引资料标明详细出处，颇便于其他研究者查找、考索文献。从这个角度讲，本书又可作为一部陆机研究资料汇编使用。

较之一般校注典籍，该书在对陆机生平行迹的考证上，更为用心。刘先生在全面占有陆机研究资料的基础上，深入分析各种文献的渊流关系，并从校勘各种版本的作品开始，潜心考察陆机作品之间的内在联系，使陆机生平行迹的考证，取得了新的进展。如，在陆机籍贯问题上，学界就有"吴郡说""吴县说""华亭说"三种。而刘先生高屋建瓴，不蔽众说，从祖籍、出生地、行政区划的变化三个方面综合考虑，结合史料，详密论证，得出令人信服的、合乎史实与逻辑的结论，即："华亭即是昆山，属吴郡，唐属苏州"，陆机应该是"吴郡吴人，即今江苏苏州人，与今上海松江无涉"。此外，刘先生还明晰了学界关于陆机籍贯种种矛盾不一的说法的原因："因历史行政区划变化，遂至后人以今而臆断古也。"此论一出，陆机籍贯说，可望成为定论。

又如，关于陆机入洛时间，众说纷纭。元康二年入洛说近年较为流行，刘先生敏锐地发现了此说的疏漏，指出此观点与有关史料不合，考索陆机诗文，即可证其疏漏。刘先生引证《诣吴王表》，指出陆机入洛，乃应"太傅所辟"。太傅杨骏被诛于元康元年三月，陆机入洛，时间必在元康元年三月之前。

刘先生在陆机研究中注重版本校勘、考辨史料，联系诗文内证，颇见考索之功，并将新的考证成果，写入文集的题解、备考中。然《校注》并非仅列校勘、注释，更有特色的还在于各篇题解时有创见，渗透着刘先生对作品独特的审美感悟，颇多独得之见。一篇题解，往往既是主旨背景简析，又是作品系年考订，还是充满灵性的赏析文字。

《陆士衡文集校注》是融入先生研究成果的专著，同时也是渗透着先生深厚感情的一部力作。《序言》中的《诗赋论》，是先生陆机诗赋艺术研究方面的独到成果。文中论述了陆机诗"以'缘情'为内质，以'绮靡'为声色，以'质理'为骨干"的美学风格，以及陆机赋"忧端触物，触物忧生""由心观物，返观内照""境缘情生，由情入理"的抒情方式。同时，文章也渗透了先生深厚的感情。文中析理入微，语言华美，感情浓炽，妙语时现。如先生在叙写"境缘情生，由情入理"的抒情方式的结尾写道："哲理是诗人痛苦的最高智慧形态。在陆机笔下，现实人生、宇宙历史，无不体现深刻的生命意识和理性感悟。如在《叹逝赋》中诗人感叹：聚水成川，然逝之无止；聚人为世，而人之将老；花逢春发，草无遗露；纳新吐故，盛衰相续，乃品物之常然。很容易让人联想起《古诗十九首》与张若虚《春江花月夜》对生与死的思考。其实，陆机之思既与《古诗十九首》'人生非金石，岂能常寿考'有别，也与张若虚'人生代代无穷已，江月年年望相似'不同。古诗突出自然永恒，人生短暂；张若虚则突出江月依然，人类如斯，人与自然在差异中都存在着永恒。"情到深处，先生似聆听到陆机心声，充满对陆机的无比挚爱，笔端纵横，已解文心。

（原载《人民政协报》2008 年 4 月 21 日）

读新版《说文解字注》

赵　诚

东汉许慎所撰《说文解字》是一部划时代的著作，是我国第一部有系统地分析字形并考察本义及字源的专书。许书按文字形体及偏旁结构阐释六书，作为解说文字论证经书精义的依据，为历来治经治小学者所本。清代朴学兴起，推崇许书。然许慎《说文解字》历经一千多年传抄，不免讹脱衍误，段玉裁用了三十多年时间，潜心考究《说文》体例，参酌宋以前著作所引《说文》，加以校补，企图恢复其原貌。段氏的注解系联音义、贯通全书、相互发明；引证浩博，考订精确，多所创获，为清代乾嘉时期主要代表作之一。段氏此书经韵楼初刻本问世之后，备受学界推崇，需求者众，治经治小学者，莫不人手一部，至今亦然，是以陆续产生了多种复刻本、影印本、重排本。但"于初刻本之刻印讹误多未纠正，有的因所据版本损缺反而增加了讹误"；加之各种常见版本之版式一仍初刻本之旧，于每部之中所收各篆之古、籀及许氏之解、段氏之注全部连排，颇不便阅读。凤凰出版社有见于此，决意打造一个较为完善的新版本，贡献给现代的读者，以便于更好地继承传统文化的精髓，特约请南京大学教授、语言文字学家许惟贤，对段玉裁《说文解字注》重新加以整理。从2007年12月已经发行的新版《说文解字注》来看，不仅最初的目的已经达到，而且还有突破性的创举。

一、新版本全部重排，一改初刻本版式，于每一部内所收各篆全部分开排列。每一篆字字头之前列一楷书。每一篆字字头下所收古文、籀文、或体，亦均分列，但皆比篆字字头低一格。如此编排，非常醒目，极便阅读。

二、上海古籍出版社1981年10月出版的《说文解字注》，因为是"以经韵楼原刻为底本，合两页为一页缩小影印"，所以只能"在原本行间字距可能容纳的情况下，对全书加以圈点断句；凡可不加逗的尽量不加，以保持版面清晰"。加了圈点断句，应该说是一大进步，对现代读者的阅读，确是给予了一定的方便。所以，该版本从初印到 2004 年 10 月共重印了 13 次，计 53300 册。这一数字本身就说明确是作出了相当的贡献。但严格讲来，仍感不足。对于现代的读者而言，段注中所引文献的起讫、书名的有无，都是拦路虎。为了改进，凤凰出版社的新版《说文解字注》采用了重排，并施以新式标点。可以说是走上了古籍整理现代化的道路，值得称道。

三、段注所出书证，其书名、篇名，常称引不全；或虽具而有误；其引文亦常有仅凭记忆未核原书而颠倒错讹，极易使读者在理解、引用时产生误会。新版整理者在吸收前人和时贤研究成果的基础上加以个人的新得，一一于正文之下用注码数字标出，并于每一篇之上、下另列《附注》加以说明。如新版上册第四页第一篇上《示部》上栏"禄"字下，段注云："《释诂》《毛诗》传皆曰：'禄，福也。'此古义也。郑《既醉》笺始为分别之间。"整理者于此用一注码数字(4)标出，并于该书 34 页第一篇上《附注》(4)加以说明："《诗·瞻彼洛矣》笺：'爵命为福，赏赐为福。'此称《既醉》，乃记误。"诸如此类之正误，全书共有 1200 条，其大有益于读者，不言自明。

四、有了以上三点，就古籍整理而言，可谓已大体完善。但整理者并不满足于此，特别在《前言》中指出："段氏在《说文注》中，很注重字或词的类比研究，即在一篆之下，于阐发字的本义、推衍字的引申义的同时，常牵连相关字加以比较，说明两者的同异、古今、正俗、正讹、形变、音变、同义、近义、反义、异义、假借等种种关系，极大地丰富了注的内容。这方面的注说，常为所牵涉类比之字下所未及，因此，各字之注，实互相补充，相辅相成，这是我们读段注时不可不注意的。如段氏于口部'含'字下谓'《礼乐志》吟青黄，以吟为含'，是说吟可借为含，但段氏于'吟'字下并未及此。""勹部匃下说'今人以物与人曰给，其实当用匃字'，这一有关汉语词汇发展的见解，却不见于糸部'给'下。""段注还提到许多《说文》未收的字"，如"'古无架字，以加为之'，不见于'加'下而见于言部'诬'下。""因此，段注释字，实常超出于本篆，亦大于许书所收。段氏的这种做法，揭示了《说文》的内在系统性，正如他在《说文·叙》的注中所说：'苟取其义之相同相近者，各比其类为一书，其条理精密，胜于《尔雅》远矣。'但是过去我们要掌握这部分材料，只有将《说文段注》反复对阅，熟记于胸之一法，这是一般读者所难以做到的。为了帮助读者掌握段注中这方面的大量宝贵信息，特将每字注中类比的相关字勾出，编成《类比字索引》，读者要了解一字在他字段注中是否有解说，可利用此表检索。"这个《类比字索引》附在全书之后，共 66 页，5000 多字。读到这里，完全能够深深地体会到，此当是整理者多年来研究段注的心血结晶，本可以写成个人的研究专著出版，现在却类集在一起，仅仅作为附录，放在他人的著作之后，贡献给读者，的确使人感动。如果没有一颗学术爱心，很难做到。有了这一条，加上前面三点，完全可以肯定，新版段玉裁《说文解字注》，确是当前最善之本，有利于阅读、研究、备查，值得收藏。

能够出版这样一部善本，出版社应该有着重要的贡献：一、首先是能够想到要出版这样一部整理本，是重新整理，是高要求的整理，不是简单地拿来重印。这一策划要有胆略。二、其次是能够物色到一位有研究、有水平、有事业心、能实干、乐于贡献的整理者。这一约稿要有卓识。三、此书版面美观大方，大小字相间，楷书篆字并立，读之醒目、舒适。尤其是有那么多怪字、僻字，制作得相当自然。加之印刷、装订精良，可以说设计、工艺均相当出色。总而言之，这是一部高质量的古籍整理本，但不是没有不足。如 862 页下栏十六行之"《赵壹》传"，901 页下栏注（8）作《后汉书·赵壹传》，其中必有一误。此乃小疵，不足以掩盖此书之精良。

（原载《书品》2008 年第 5 辑）

一项全面整理中国古典文学遗产的壮举

——专家学者谈《中华大典·文学典》

记录历史　传承文明

柳斌杰（新闻出版总署署长、《中华大典》工作委员会主任）

　　《中华大典》是由当代专家学者在总结中国历代类书经验的基础上，按照现代科学分类方法编纂的一部新的巨型工具书。它涵盖了全部的古代文化典籍，其范围比明代的《永乐大典》、清代的《古今图书集成》都广得多，其字数将超过历代类书的总和，全书预计8亿多字。它是新中国成立以来一项规模宏大的文化出版工程，列入了《国家"十一五"文化发展规划纲要》的重大文化出版工程项目，也是新闻出版总署国家"十一五"重大出版工程。它的编纂，不仅继承了中国盛世修典的文化传统，更体现了党和政府对文化出版工作的高度重视。编辑好《中华大典》对继承和弘扬中华民族优秀文化，振奋民族精神，促进社会主义文化大发展大繁荣，具有重要的现实意义和深远的历史意义。

　　《中华大典·文学典》是《中华大典》24个分典中规模最大、启动最早、困难最多的一个典，它跨越数千年、囊括数万作家，是一部独立成系的中国古代文学百科全书。在各部门的大力支持下，在300多位专家学者通力合作下，特别是在江苏凤凰出版传媒集团、凤凰出版社10余位编辑出版人员的不懈努力下，历时20年，筚路蓝缕，潜心耕耘，艰苦奋斗，协力同心，使一部23册、约5400万字的《中华大典·文学典》终于问世，开创了全面整理中国古典文学遗产的壮举，体现了当代学术研究、古籍整理出版的新水平，是全国出版界组织编纂出版重大文化出版工程的一次成功实践。与此同时,在这些专家学者和编辑出版人员身上也体现出一种高尚的精神,即兢兢业业、精益求精、甘于寂寞、淡泊名利、团结协作的精神,这在今天尤显珍贵!《中华大典·文学典》的出版不仅值得庆贺,更应该把编纂出版过程中的经验很好地总结一下,这对整个大典的编辑出版工作将很有帮助。

《中华大典·文学典》的出版,标志着《中华大典》的编纂出版工作取得了重要的阶段性成果,使整体进度又向前迈出了坚实的一步,为全面完成大典编纂出版奠定了坚实的基础。《中华大典》目前24个分典编纂出版工作正在紧锣密鼓地全面进行。截至2009年年底,已出版60卷、1.3亿字(预计8亿字),除《文学典》《哲学典》已完成外,《医药卫生典》《历史典》等分典已经陆续出书,进入攻坚收尾阶段。借此机会,我想对今后大典工作提出几点要求和希望,供同志们参考。

第一,要进一步提高思想认识,切实增强做好大典工作的责任感和使命感。当今世界的发展,文化已成为综合国力竞争的重要因素,是民族凝聚力和创造力的重要源泉。《中华大典》列入了《国家"十一五"文化发展规划纲要》重点项目,中央对此项工程高度重视并寄予很高的期望。胡锦涛总书记在党的十七大报告中指出:"要全面认识祖国传统文化,取其精华,去其糟粕,使之与当代社会相适应、与现代文明相协调,保持民族性、体现时代性。"我们要站在新的历史起点上,把继承祖国优秀文化传统、弘扬民族精神上升到文化战略高度来认识,主动承担起传承文化、繁荣文化的历史重任。对于《中华大典》这一功在当代、利在千秋的文化工程,我们必须以高度的责任感和强烈的使命感,全力以赴地完成好这项工作。我们要通过编好《中华大典》,为后人留下我们这一代出版工作者对国家、对人民、对历史的贡献,在中华民族文化宝库中增添新的成果。

第二,要精益求精,严把质量关。质量是大典的生命,大典作为新时期为数不多的国家级重大出版工程,具有传世价值,编纂质量和出版质量必须得到保证。大典工作委员会、编纂委员会、出版单位必须采取有效措施把质量放在首位。编纂者必须以实事求是的态度、科学的精神,根据古籍整理的规律,版本要选优;主编要身体力行,严格审读把关;出版社领导要亲自挂帅,挑选懂古籍整理出版业务的骨干编辑担任责编,严格三审三校制度,做到精编、精审、精校、精印，把大典做成出版界的标志性工程。

第三，要统筹规划，统筹安排，在保证质量的前提下加快进度。《中华大典》规模宏大，涉及资料保存单位、编纂单位、个人、出版单位众多，在资源利用、人员安排、资金使用、出版进度等方面无疑是一个系统工程。因此，统筹安排，做好组织协调工作，对于顺利推进工作进度、加快出版步伐非常重要。大典工作委员会、编纂委员会以及承担出版任务的出版单位要加强协作，做好各个工作环节的衔接；编纂者与出版单位之间加强合作，确保按计划完成出版任务。在这方面，《文学典》提供了许多好的经验。5400 万字的规模（占大典的 7%），如果没有专家与凤凰出版社的密切配合，没有凤凰出版传媒集团的鼎力支持，没有凤凰出版社的统筹协调，《文学典》的顺利完成是不可能的。

第四，要注重人才培养和队伍建设，通过这项出版工程培养人才，带出一支队伍。参与大典编纂工作的人员基本囊括了古籍整理出版各方面的人才，要注重发挥老专家的指导和示范作用，充分调动中年专家骨干带头作用，通过传帮带培养一批古籍整理的中坚力量，培训一批古籍出版的骨干力量，使古籍整理和出版的梯队建设呈现出良好的发展态势。通过编纂工作，既出成果，又出人才，上个世纪 70 年代的《二十四史》的整理出版就是一个例子。

第五，要做好编纂经费的使用和管理工作。党和政府对大典出版工作十分重视和支持，国家财政拨付上亿元专项经费。经费的使用要专款专用，切实贯彻及时、高效、保障有力和精打细算、勤俭节约的精神，合理安排预算，加强财务管理和审核监督，确保编纂高质量、按计划完成。

第六，要加强数字化建设。信息技术的快速发展给文化知识的使用和传播带来了前所未有的发展空间。大典要积极利用数字出版技术，建立数据库，拓展出版空间和公益性服务功能，为保护、传播和弘扬中华民族优秀文化作出贡献。

随着新闻出版改革的不断深化，我国新闻出版业面临难得的发展机遇，即将进入一个快速发展阶段。最近，新闻出版总署出台了《关于进一步推动新闻出版产业发展的指导意见》，明确了今后一段时期新闻出版业发展的方向和战略目标。我们要紧紧抓住当前的历史发展机遇，深入贯彻落实科学发展观，全面落实党的十七大和十七届四中全会精神，全力推动新闻出版业大发展大繁荣！

坚持不懈成就鸿篇巨著

于永湛（新闻出版总署原副署长、《中华大典》工作委员会副主任）

盛世修典，是中华民族的文化传统。《中华大典》是按照现代学科分类编纂的中华古籍百科全书，是一项重大的文化基础工程，要求很高，难度很大。在过去的 20 年里，已经有多位参与此项工作的、德高望重的学界泰斗和知名专家离世，他们为编纂出版《中华大典》鞠躬尽瘁，他们未竟的事业又有众多后来人承担。在过去的 20 年里，江苏主管部门的各级领导班子换了几届，但他们对《文学典》的支持，始终如一，没有改变。正是这样的高度重视、关心支持，鼓舞着编纂出版工作者始终如一、坚持不懈，成就了《文学典》，才有了这样一部鸿篇巨著问世。

《文学典》历经 20 年终告完成，一个重要的经验是编纂者和编辑出版者的同心协力。

《文学典》在长期实践中创造的"出版社提前介入"，编纂和出版双方密切配合、主动协调解决问题的行之有效的做法，是值得各典学习借鉴的。大典办公室也要切实改进工作，主动做好协调服务。

盛世修典是文化精神体现

徐毅英（江苏省新闻出版局局长）

《中华大典·文学典》的出版是全国专家学者和江苏出版工作者 20 年团结协作、共同奋斗、呕心沥血的成果，凝聚了几代出版人共同的心血和智慧。盛世修典不仅是一种文化传统，更是中华文化精神的集中体现。《中华大典·文学典》的出版，又一次让我们感受到了中国文化的绚丽多彩，以及中国文学的人文精神和理想、理性思维，有助于提升我们的民族自豪感和民族自信心。从这个意义上来讲，大家所做的工作远远超出了一个学科所具有的内容，是一项惠及子孙、功德无量的事情。《中华大典·文学典》的出版，充分体现了江苏出版界历任各级领导传承中华优秀文化的一片赤诚之心，他们对中国古典学术和文化出版工作作出了重要贡献。

大制作 大手笔 大协作

王水照(复旦大学中文系教授)

盛世修典,《中华大典》是新中国成立以来规模最大的汉文古籍分类资料宝库,它不仅把我国历代编纂类书的优良传统推向现代学科的新水平,而且是我国历史久远、从不间断的伟大文明成果的一个集中展现,可谓功在当代,垂范后世。

作为《中华大典》的一个重要组成,《文学典》以其 6 个分典、5400 万字、23 大册的篇幅,20 余年的编纂历程,数以千计的撰述、编辑、出版、校对人员,创造了文学类出版物中的几个"第一",其工程之浩大艰巨、头绪之纷繁丛脞、困难之众多复杂,实非常人所能预料。一编在手,思接千载,目视四方,它的功能和作用是其他种类书籍所不能代替,也是不能比拟的。

全面整理文学遗产的壮举

卞孝萱(南京大学文学院教授)

《文学典》内容广博,规模宏大,前所未有,成绩得来不易。回顾 20 年的工作过程,一步一个脚印,贯彻了实事求是的精神,质量第一的原则。编纂《文学典》是一次全面整理中国古典文学遗产的壮举,它比一切同类书籍、资料更为丰富,结构更为合理,检索也更为方便。《文学典》的出版,适应了当今中国经济文化繁荣昌盛的需要,建设中国特色先进文化的需要,具有重大的现实意义和深远的历史意义,是不言而喻的。

视野宏阔 钩稽细微

廖群(山东大学文学院教授)

《先秦两汉文学分典》以其视野宏阔、钩稽细微,展示出该时期文学的独特面貌和深远影响,为了解和研究该时期文学打开了一个此前未有的天地。编者本着"大家求精,小家求全"的宗旨,在浩如烟海的各类古典著作中,仔细爬梳,详加钩稽,力求精要详尽。有很多材料的标点属于拓荒性的工作。

中古文学研究资料的渊薮

刘跃进（中国社会科学院文学研究所副所长、研究员）

翻阅《魏晋南北朝文学分典》，不难看出这样几个鲜明特点：第一是资料的丰富。该分典所收作家在 600 人以上，数量之多，远远超出现行各类文学史著作。第二是编排的适宜。从体例来看，近似于传统的类书，亦分经目和纬目。但在充分汲取古代类书之长的同时，又多所创新。第三是校订的精审。所引资料，均选自最好的底本，并加以新式标点，极便阅读。这样一部 500 多万字的巨著，全部引自古籍，绝大多数都没有现成的标点。为此，整理者该花费多少心血，一般读者恐怕很难想象出来。

视野开阔　编排细致

傅璇琮（清华大学中文系教授、中华书局原总编辑）

《隋唐五代文学分典》整个结构极为合理，为读者了解、研讨这 400 年间的文学发展过程提供了极大的方便。这是迄今为止有关隋唐五代文学资料最全、最精的一种。现已出版的各种专题作家研究资料、作品汇集考证等，均不可替代此书的价值。全书除总的绪论外，再按时代先后，分隋、初唐、盛唐、中唐、晚唐、五代 6 个部分，每一部分又据各阶段的具体情况，再分为总论、总集、体类、作家。这样的结构，一方面反映这一时期的文学实际，另一方面确使读者能准确、迅速查阅到所要了解的某一专题。总体有几点突出的印象：一、辑集的资料面极广。二、注意利用近现代学术成果。三、有些特殊条目安排合理。四、注意作品后世影响的文体变化。

规模空前　科学实用

戴逸（中国人民大学清史研究所名誉所长、教授）

《宋辽金元文学分典》共 5 册、1200 万字，规模宏伟、内容丰富、洋洋大观。我看《宋辽金元文学分典》有 3 个特点：一、丰富性，即内容丰富，把这个时代的文学现象，包括文学家的身世、创作、活动、思想，对文学作品的研究、评论，各种文学流派和倾向，一切有价值的材料汇集在一起。二、实用性，此书引用很多材料，分类归纳，成为一套专题资料的汇编。三、科学性，此书篇幅浩大，但能利用经纬目交织的框架，结合现代科学的图书分类，条分缕析，以类相从，井井有条，清楚而有条理，便于查找利用。

严谨求实　不计名利

尚永亮（武汉大学文学院院长、教授）

《明清文学分典》的编纂给予我们几点重要启示：一是参与大典编纂的学者甘坐冷板凳，不计名利的醇雅心态；二是他们严谨求实、一丝不苟的治学精神和优良学风；三是此一大典的修成，对明清文学乃至整个古代文学的研究所发挥的巨大作用。这里体现的是一种献身学术的精神，正是这样一种精神，支撑着吴先生和他的团队，孜孜不倦地对浩如烟海的典籍进行爬梳、整理、选择、裁定，才最终达成此一成果。就此而言，其所具有的感召力和学术意义，便远远超出了著作本身。

通津亿载　弥纶万象

胡晓明（华东师范大学中文系教授）

《文学理论分典》出版，是近 10 年来中国文学理论学科发展的一件大事，500 万字的容量，1000 多种文献，空前地将中国文论在中国文化中的程量表现出来了，无疑标志着当代的中国文论研究发展到一个新的高度。我们可以说，中华民族有史以来最大宗的一笔文学理论遗产，呈现于世界之前了。《文学理论分典》体制的中国特色，不仅体现在对于中国文体的重视，而且体现在典型的中国式的思维，即采用了一种体用不二、经纬交织的理论结构。既有对于中国传统的回归与理解，同时也富有新意，是一种创造性的学术探索。

（原载《中国新闻出版报》2010 年 2 月 1 日）

找回那些失落在日本的典籍

——我与《和刻本中国古逸书丛刊》

金程宇

如果从五代时期吴越王派使向日本寻访天台典籍开始算起，中国向日本访求佚书，至今已有千年。司马光《日本刀歌》"徐福行时书未焚，逸书百篇今尚存"的诗句，虽带有想象的成分，但一定程度上激发了国人对日本存有中国珍贵古籍的探求兴趣及访书热情。在这一千年的时光内，许多人为了寻访那些"失落的书"而东渡扶桑，成为中日文化交流史上的一道亮丽风景。

在赴日访书的前辈时贤中，清末的杨守敬成就最巨。他旅日 4 年，购买了数十万卷古籍，刊行了享有盛誉的《古逸丛书》。他的访书、刊书活动成为近代中日学术史上的一件大事，激励了一代又一代学人。

《和刻本中国古逸书丛刊》就是我近 10 年来赴日访书的部分成果。它的刊行，实现了我承续前贤访书、刻书的一个梦想。

自 2003 年 1 月起，我开始利用寒暑假赴东京探亲的机会展开访书工作。所收集的文献中有不少是日本刊本，即国内通常所说的和刻本。为什么是和刻本而不是唐抄宋椠？这其实涉及一个学术观念的问题。在我看来，和刻本是中国典籍在日本读书界产生实际影响的具体见证，具有很高的认识价值。这些书只有具有实际需求，日本才会将之刊刻出版，其读者显然较存世极少的宋元刊本要多得多，它们为我们理解日本如何接受中国文化提供了一个特殊窗口。

由于和刻本数量巨大，收集必须区分主次。在具体访书过程中，我特别注重购买、寻访江户时代刊刻的国内已佚及珍稀文献，对那些无力购买的五山版、古活字版等精品则采用复制的方式弥补。积水成渊，集腋成裘，经过 10 年的积累，终于达到一定规模。我将其中的精品挑选出来，凡 110 种（另附录

22 种），精装 70 册，名之曰"和刻本中国古逸书丛刊"，奉献给中国学界。

回想起来，访书的情形历历在目。个中甘苦，可谓如鱼饮水，冷暖自知。最大的困难无疑来自经济方面。由于没有任何经费的支持，十几年来购买、复制资料的大笔费用，只能从菲薄的家庭收入和积蓄中支配。其间也曾试着申请研究经费，但并未通过。我生性驽钝，相信"世间无难事，只怕有心人"的老话，于是决定以一己之力来完成这一事业。

资料的获取也很艰难。如《二李唱和集》，清末所传刻本缺首尾，罗振玉自富冈谦藏处抄录补阙，印入《宸翰楼丛书》，其底本所在长期不明。经过查访，我得知该本藏于关西大学图书馆，为之惊喜不已，遂辗转请求数位教授代为申请复制，几经坎坷，终得如愿。丛刊附录影印了经过授权的首尾三分之一内容（罗氏本之抄误，据此始得订正），虽然只有薄薄的十几叶，在我却是胜于拱璧的。经过这一努力，罗振玉传刻此书的心愿终得以实现。

在访书、购书的过程中，有很多难忘的经历。比如《灵源和尚笔语》及其相关资料的寻访就非常不易。该书是北宋禅僧惟清的书信集，中土久佚，然很早即传入日本，有五山版、江户刊本传世。此书诸大藏并失收，仅在日本大正时代的两部禅宗丛书中收录，罕为我国学者所知。我最初根据国内相关目录普查时，也遗漏了此书。有一次与立命馆大学芳村弘道先生赴大阪购书，偶然在书市乱书中翻出江户刊本一部，亟购之。返回后加以查检，知静嘉堂文库尚存五山版初印本一部，为该书现存最好版本，便迅速提出复制申请，终获许可，此次得以影印，诚属幸事。此书另有名为《灵源笔语考》一类的注本，亦颇稀见，通过花园大学衣川贤次教授的帮助，终于在该校禅学大家柳田圣山的旧藏书中检得，此次得以影印，与正编可谓相得益彰，应当可以推动这一珍贵文献的研究。有趣的是，衣川先生同时也寻得不为学界所知的朝鲜学家黑田亮上世纪 40 年代过录的《祖堂集》一部，亦极珍贵，我们不免相视而笑，感叹书缘之奇。此外还有很多例子，每部书可以说都有一段故事和"传奇"，这里就不再赘述了。

复旦大学陈尚君先生、南京大学域外汉籍研究所张伯伟先生百忙中为本丛书赐序。他们是我最尊敬的学术师长，我在文献学和域外汉籍研究方面同时得到二位先生的指导，可以说是极为幸运和荣幸的。尚君师序中的"独行者"，伯伟先生序中的"梦想者"，实际上正是撑起中国学术的脊梁。我见证了两位先生近年来不断进取开拓的艰辛历程，深受感染，我虽不敏，但也会全力以赴，为中国学的重振而努力。

影印工作还得到了不少师友的支持和帮助。京都大学人文科学研究所金文京先生得知影印计划后，特意邀请我到庆应义塾大学斯道文库作报告，我也由此获得了向日本学界请益的宝贵机会。先生还与龙谷大学文学部木田知生教授代为协调部分珍贵书籍的授权，使本丛刊增色不少，在此谨向金先生和木田教授表示衷心的谢意。立命馆大学芳村弘道教授将个人藏书全部向我开放，使我得以择善而从，本次影印的正编和附录中就有他的五部藏书。其中最珍贵的是内藤湖南批校过的《事林广记》。为让影印达到最好效果，向来珍爱藏书的芳村先生，特意将该书拆开供我使用，令人感铭。此外先生为本书的选目、底本及相关研究，都提供了不少信息和建议。没有他的帮助，这套书很难达到现在的规模和质量。先生的高弟，即将在立命馆大学文学部完成博士学业的董伟华君，在帮助我复制好静嘉堂文库所藏俞良甫版《白云集》的数月后溘然而逝。伟华君禀性淳朴，弃理从文，不以世俗为念。他在《广韵》版本方面钻研甚深，具有很好的学术前景，而英年早逝，令人唏嘘不已。本书的影印出版，也是对他的一种纪念。

数年前我在京都访书的时候，金文京先生和芳村弘道先生曾各赠诗一首。金先生诗云："李唐精粹在诗篇，历代辑遗业未全。槿域东瀛多古籍，探幽索隐待今贤。"芳村先生诗云："霁丽东山灭俗尘，佚存抄刻庙中珍。深钩博访开金匮，惊见惺吾获后人。"二位先生的期许，我将心中铭记。本书的出版，不过是我漫长学术征程的一个起点，我将继续前行。

（原载《中国新闻出版报》2013 年 5 月 27 日）

简评《明词话全编》

孙克强

明代词学向来是词学研究中的薄弱环节，这固然与明代词学不振有关，此外明代词学文献的整理与出版，相对于其前的宋、元和其后的清代而言也是落后的，人们的关注度也就非常有限了。如今《全明词》及《补编》已出版，可知明人词的创作还是有一定规模的。至于明人词学论著，现存的也就寥寥三四种，总字数不过 10 万字左右。邓子勉教授继《宋金元词话全编》问世之后，又编成《明词话全编》，全书凡 300 余万字，由凤凰出版社新近出版，不仅填补了明代词学批评研究的空白，而且有助于推动词学学术及相关问题研究的发展。就其特色而言，有以下几点：

一、《明词话全编》是明人编撰的著作中谈词论词言语资料的汇编，所据主要是明人子部、集部书，旁及部分史籍。

本编自千种左右的明人著作中辑得 750 余家之词话凡若干条，征引浩博，是其特色之一。此以明刊评批本词选集为例说明之，评批是明代文学评论中常见的一种形式，涉及诗、词、文、小说、戏曲等多个领域。明刊评批本词集选本有三类：

1. 明刊诸种《草堂诗余》。《草堂诗余》的刊印贯穿整个明王朝，今存者有 30 种左右，其中不少是评批本。如杨慎评本《草堂诗余》、《新刻李于鳞先生批评注释草堂诗余隽》、《新刻题评名贤词话草堂诗余》、《重刻草堂诗余评林》、《新刻注释草堂诗余评林》、《新锓李太史注释草堂诗余旁训评林》、《新锓订正评注便读草堂诗余》等，署名除杨慎外，另外还有李攀龙、李廷机、董其昌等，虽然稗贩的成分不少，为书坊所乱，但彼此间是不尽相同的。

2. 明人编选的词集选本，有通代的，也有断代的，如杨慎《百琲明珠》、张綖《草堂诗余别录》、吴承恩《花草新编》、卓人月《古今词统》、茅暎《词的》、潘游龙《精选古今诗余醉》、陆云龙《词菁》、沈际飞《草堂诗余四集》、许铨胤《名家诗余选》和《古今女词选》等，凡10余种，这些选本均附有大量的评批之语，心得之言确实不少。

3. 明刊其他评批词选本，如汤显祖评《花间集》、黄嘉惠《苏黄风流小品》之小词部分等，后者除黄氏本人评语外，还辑录有他人者，其中刘辰翁22则、杨慎17则、陈霆21则、王世贞3则。刘辰翁以评点而著称，所评唐宋诸名家诗集今存有多种，而评点的词集却不见有传世者，此书所录，就显得珍贵了。至于其他三家所言，也不见于《词品》《渚山堂词话》《词评》中，可资辑补。以上三类明刊评批本词集，规模有大有小，多则有千数百条，少则有十数条。抒一己之见，汇众家之说，成为研究明代词学理论的重要资料，而这些却因散见而不便于利用，本编均予以网罗，汇总一起，其有裨于词学研究，这是不言而喻的。除此外，杂学、杂抄、女史、类书、稗说、书画、尺牍、诗话、诗文别集、书目等类也是如此。

二、《明词话全编》所据明人著作，首先尽可能采用明刊本，或影印的明刻本；其次为清刊本、抄本，或影印的清刊本和抄本等。

其中的明刊本，主要采自中国国家图书馆、上海图书馆和南京图书馆等所藏，此外还有日本公藏和私家藏书等。本编虽然采录的图书繁多，但在版本方面还是讲究的，如杨慎的《词品》，编者寓目的明刊本或影印的明刊本有五：1. 明嘉靖刘大昌珥江书屋校刊《词品》，2. 明刊《升庵杂刻》本《词品》，3. 明万历刊本《杨升庵词品》，4. 影印明刊《升庵外集》本，5.《续修四库全书》影印明刊《词品》。本编采录的就是刘氏珥江书屋校刊本。刘大昌，字泰之，别号珥江，四川成都人。嘉靖戊子乡荐，性恬淡高洁，不乐仕进，绝迹公府。刘氏为杨慎妹婿，与杨慎倡和锦城，大见称赏。杨慎著作多为其所订正，刘氏刊本当为《词品》较早的刻本，且较接近杨氏原著。此本"拾遗"之"武宁贞女"一则，为他本所无，内容与卷五末一则"江西烈女辞"实同，不过两者文字却有出入，其末云："始诳之，终弃之，又受其衾裯，而甘视其死，俗有谑词云：'孙飞虎好色，柳盗跖贪财，这贼囚两般儿都爱。'石屏似之，余编《词品》成，特列此事于宋江之后。"知为杨氏所增，对戴复古骗婚之事深恶痛绝的态度较卷五所言要明确得多。又此本末有刘大昌《词品后序》一文，不见附于现今整理出版的诸种《词品》中。又如夏云鼎《崇祯八大家诗选》，录董其昌等八家诗词，有评语，其中陈继儒、季孟莲二家有词一卷，评语少则仅一字，多则五十余言。此书又有清康熙二十一年刻本，名《前八大家诗选》，《四库禁毁书丛刊》收录，然所刻眉评多漫灭，而明刊本却清晰完整，本编据京都大学藏明刊本录入。明刊本有些因印刷质量不高，有字迹漫灭的现象，尤其是眉批、旁批等往往有难以辨识的地方，对此，编者也能据不同本子校勘，保证了资料的精确度和完整性。如《新锓李太史注释草堂诗余旁训评林》，此书有两种本子，其一为南京图书馆藏明万历庚子詹霖宇刻本，其一为日本尊经阁文库藏万历乙未郑云竹刻本，两本相较，南图藏本卷四、卷五各缺一页，尊经本序等个别处略有残破，又南图本眉评多有漫漶或漏印处，而尊经本要优质得多。又尊经本有十二首词为南图本所无，而南图本也有一词为尊经本所不载。本编据尊经阁藏本，并参校以南图藏本录入。又沈际飞辑评的《草堂诗余四集》，本编录得词话共计一千六百四十五则，此书今存明刊本数种，各种本子的评批语因漫漶或漏印而互有出入，此据明翁少麓刊本、明吴门童涌泉刻本和明末刊本互勘，就要完善得多了。

三、明人著作，有些国内已失传，却见于海外所藏。

编者在日本作访问学者时，对此留心访查，本编也采录了一些珍稀图书，略说如后：1. 词集。如许铨胤《名家诗余选》和《古今女词选》。许铨胤，自称高阳生，温陵(今福建泉州) 人。行迹不详。编有《闲情雅言》，包括《名家诗余选》《古今女词选》《古今名妓文》《唐人观妓诗》《古今名媛诗》，各一卷，许氏略有评批。此书仅见于尊经阁文库所藏，为明刊本。2. 诗话。如谢肇淛《小草斋诗话》，此书罕见，日本内阁文库藏有明刊本，存卷一至三；又藏有日本江户写本，五卷。本编据明刊本及写本录入。又如季汝虞《芸林古今诗话》，凡十二卷，此书藏日本蓬左文库，本编据以录词话三十六则。3. 类书。如《新刻天下四民便览三台万用正宗》《新板全补天下便用文林妙锦万宝全书》《新全补士民备览便用文林汇锦万书渊海》《鼎锓崇文阁汇纂士民万用正宗不求人》

《新锲全补天下四民利用便观五车拔锦》等,有十多种,其中所载俗词颇多,可资辑补宋、明人词作。此外如倪绾维《群谭采余》、高鹤《见闻搜玉》、张梦征《青楼韵语》等,多为稀见之书,其中的文献价值也是可观的,如倪绾维《群谭采余》卷六、王昌会《诗话类编》卷六所载洪皓与崔纵诗词交情之事,洪氏《满江红》"万里龙荒"一词为《全宋词》及《补编》等所不载,既可补佚词,又可考知本事。又屠本畯《山林经济籍》卷十二录有宋王十朋《十八香词序》,序文不见于今存的王氏文集中。又众所周知的岳飞《满江红》"怒发冲冠"一词,就始见于明人多家的记载,关于其真伪,今人多有说法。又如黄耀宇《新镌施会元汇纂士民捷用一雁横秋》卷三《奉情郎书》附载"愁风吹落叶"一词,也可资辑补。诸如此类,不一一赘言。

四、《明词话全编》一书所载,可较为全面地知晓明人的词学思想。

尽管明人述而不作的现象比较普遍,但在说词论词中,对几个热门话题的探讨还是有意义的,如关于词的起源、正变、风格、体派、代专(即一代有一代之文学的看法),开启了后人从学理上对词之相关问题作进一步的探讨和研究,椎轮大辂,自有可圈可点之处。明代诗文的创作始终笼罩在拟古风气之中,词学观也受到了一定的影响,如祝允明《祝子知罪录》卷九云:"今所谓词者,或呼为南词,或为慢词,或长短句、新乐府、诗余、近代词曲,名亦不定,妙亦不传。盖其制兴于唐,妙亦息于唐。……然自其后五代宋初,世称文弊,而词学无降。宋自一二辈外,浅薄辽远,无复前规,虽一时所号文宗世家,竟不能步骤前辈一迹。及其愈后愈变,遂至顽嚚粗戆,细屑破碎,儇浮褊躁,丑怪千状。至如驵侩之隐语,哗讼之诡诈,屠沽之骂詈,凶盗之椎搏,鬼魅之啸哭,市瓦纨袴之乳口,蝥蚓蛙鸦之聒噪,可厌可恶之极,而难乎复耳。顾世之资性相近者,转溺爱之,遂令贩鬻之徒,不能刻布《荃》《花》等编,而妄聚宋人冗屑之物,如《草堂诗余》《翰墨全书》之类,盈耳遮目,无计祛除。"推崇唐五代词人,以为词之妙,在唐已发挥至极,至宋则不足论,贬抑两宋词人,尤其用力,受前后七子诗学观左右很明显,这种词学观点极具代表性。

(原载《古籍整理出版情况简报》2013 年第 4 期)

《足本皇华集》评述

李剑国

唐僖宗中和四年(884),十二岁来唐、十八岁中进士的新罗人崔致远,自淮南节度使高骈幕,以淮南入新罗兼送国信等使的身份乘船东还,次年春抵新罗。新罗宪康王留为侍读、兼翰林学士、守兵部侍郎、知瑞书监。明年,即定康王元年(886)正月,进其在唐所著杂诗赋及表奏集二十八卷。崔致远的回国,开启了新罗的汉文学时代,被韩国奉为"汉文学之祖"。从此,新罗及后来的高丽、朝鲜王国,学士文人无不操汉文进行写作,瓜瓞绵绵,历经千余年,汉文著作可谓汗牛充栋。在以中国为中心的汉字文化圈中,韩国和朝鲜处于非常突出的地位。

韩国各大学普遍设有汉文系,古近代汉文研究成为一个必不可少的学科,其中汉文学者不乏知名者。但由于种种原因,坦率地说,眼下韩国汉文学研究并非强项,汉文研究者的环境、条件、学养是有局限的,大抵不足以承担重任。而于中国学者来说,韩国古代汉籍在阅读上毫无障碍,虽为异邦,了解其历史亦非难事,更何况我们可以在更广阔的历史文化视野和学术视野中审视其创作,因此中国学者研究韩国汉文学具有先天的优势。而且,韩国汉文学在很大程度上是中国文学的域外延伸,中国学者将其纳入研究范围,实在是责无旁贷。

近二十多年来,中国学者不少人展开对韩国汉籍的整理和研究,取得许多成绩。拿笔者来说,在韩国岭南大学讲学期间,在崔桓教授帮助下,曾对崔致远的小说集《新罗殊异传》作过辑录和研究,出版了《〈新罗殊异传〉辑校与译注》(韩国岭南大学校出版部,1998 年)和《〈新罗殊异传〉考论》(韩国大邱中文出版社，2000 年)两本书。自然这只是偶尔为之，涉足韩国汉文学研究仅此而已。和其他汉籍研究学者相比，和笔者同事赵季教授相比，实是小菜一碟，未敢自炫自诩也。

赵季教授多年前曾在韩国讲学，回国后遂致力于汉文学文献的整理和研究，以"成绩斐然"誉之，殊不为过。近四五年他先后出版《箕雅校注》二册(中华书局，2008 年)，《韩国诗话人物批评集》五册(含《索引篇》一册，与刘畅、许敬震合作，韩国宝库社，2012 年)，《韩国诗话全编校注》十二册(与蔡美花合作，人民文学出版社，2012 年)等书，都是大部头作品，还和其弟子刘畅合译了《韩国汉文学史》(凤凰出版社，2012 年)。近日，笔者又欣喜地接到他赠送的《足本皇华集》三巨册，150 余万字，凤凰出版社于 2013 年 3 月出版，不由对他的勤奋和高产心生敬佩。这套书精装，典雅考究，而当翻开书浏览择读，更感到内容之丰富、辑校之严善，殊不枉出版者之苦意经营也。

是书是有明自代宗景泰元年(1450)至思宗崇祯六年(1633)朱氏使臣与李氏朝鲜臣僚诗文唱和的汇集，以诗歌为主，多达 6289 首，还有赋 20 篇，各体散文 217 篇，涉及两国作者 353 人，时间长达 184 年，占了整个明代的大半。李朝属明代藩国，两国使臣来往频繁，明使多是文学之臣。《明史·朝鲜传》载，成化四年(1468)巡按辽东御史侯英奏曰："先年曾于翰林院中选有学行文望者出使。"正统帝以为"所言良是"，自后正副使都选廷臣有学行者。使臣来到朝鲜，一骋辞采，不肯给大明丢脸，看弘治元年(1488)翰林院侍讲董越那篇《朝鲜赋》(《皇华集》卷十)洋洋洒洒 8000 多字，就可想见多下功夫。明朝使臣的文学身份对李朝文臣来讲无疑是提供了学习和交流的良好机会，而朝鲜臣工文士自幼普遍研习汉文写作，汉文修养较高，操觚为文实亦寻常家事，所以竞相应和。再看成化十二年户部郎中祁顺《凤山赋》成任的和赋(《皇华集》卷八)，次韵而作，毫不含糊。——成任此人笔者熟悉，编过《太平广记详节》和《太平通载》，笔者常利用书中的材料，这次看到他的大作颇有亲切之感。

《皇华集》反映着中韩(包括朝鲜)明代官方文学交流的特殊现象，如此长期的交流，无论在中国文学史还是韩国汉文学史上都是罕见的，值得关注。因此赵季兄的《皇华集》辑校，也就具备了特殊的价值。这对韩国汉文学的研究，对中国明代文学的研究，对中韩(包括朝鲜)文学交流的研究，对明代使朝史的研究，都提供了宝贵而丰富的资料，难能可贵，功德无量。

具体到《皇华集》的辑校，窃以为有这样几个值得肯定的方面。首先是版本搜集齐备。

其中《御制序皇华集》二十三种，有韩国青云出版社影印的朝鲜英祖四十九年（1733）重刻五十卷本、《四库全书存目丛书》影印的明朝鲜铜活字二十四卷本、台湾珪庭出版社 1978 年影印的朝鲜五台山史库等三家所藏铜活字本，辑校以青云出版社影印本为底本。这一系统的版本不完备，缺《辛酉皇华集》，即天启元年辛酉岁（1621）以刘鸿训、杨道寅为正副使的《皇华集》。经多方访求，终于在中国科学院图书馆觅得天启辛酉六卷铜活字本，即以此为底本，并参校以《四库未收书辑刊》影印的崇祯刻雍正印二卷本。这样二十四种《皇华集》终成完璧，称"足本"者足以当之。古籍整理以搜集版本为第一要义，而古籍散存各处，搜集齐全洵为难事，赵季兄如此费心尽力，此中甘苦，只有他本人知道了。

其次是校勘细心、认真、规范。凡诸本异文一一出校，底本的脱讹加以校补，并出校记。校记要言不繁，点到为止。由于《皇华集》版本不是太多，校勘分量不是很大，但仍需校者具备相当的校勘学识和经验。这里只举一个例子以窥全豹。卷五朴元亨《渡临津次韵》（第 117 页），其中"徐牵锦缆缘苍壁，促进金盘脍紫鳞"二句底本缺，因有张宁原诗，很容易发现此处脱文，但诸本俱缺，按说也就作罢，说明而已。但赵季根据李承召《三滩先生集》卷二《次张给事临津船上诗》补足。从校勘学上说，此之谓他校，而此种非版本异文之他校，尤需功力。这说明两点，一是赵季非常注意搜集校勘资料，二是对韩国汉籍也相当熟悉。书后所附的《辑校参考书目》，所列其他参校本多达近百种，绝大部分是朝鲜时期的文集。校勘之法，不仅要搜罗版本，还得最大限度地掌握各类校勘资料，只就几个版本对对文字，别想弄出个好本子来。

再次是此书的编纂比较完善得体。先辑五十卷本，再辑辛酉六卷，没有将其混编，以存旧观。最后是四个附录：《皇华集诗人小传》《皇华集朝鲜境内地理路线简介》《皇华集评论资料》《皇华集诗人索引》。小传大都引用原始文献，提供资料，有案可查。地理路线简介，引用使臣记录。评论资料很详尽，也都是取自原始文献，很有参考价值。所憾者是诗人索引未善，只列人名不出页码，无法索之。

还有一点，就是异体字的处理也较合适。《辑校说明》说除个别不规范的异体字改为规范繁体字外，其他底本中的异体字（如"恠"等）和简体字（如"盖"等），以及韩俗通假字（如"牧丹"等），均一仍其旧。对此笔者赞同，笔者辑校古籍也是持此原则，有时还要严格些。这样可以看到古人用字习惯，更有利于保存汉字各种字体字形，实际上为研究汉字字形变化提供了资料。

要说不足，笔者发现文字校改有可酌者，兹举几例。69 页朴元亨《次韵》"惊座名声问又谁"的"座"字，底本作"坐"，据四库存目本改。按"坐"亦有座位之义，无须改。217 页徐居正《次韵》"泽跂行而喙息"，"喙"字底本作"啄"，据四库存目本改。按"啄"读 zhòu，鸟喙也，并非讹字。此二例都属于古今字义的差异，容易误判，遇此务须小心，最好查查《汉语大字典》和《汉语大词典》。161 页朴元亨《次韵》"千年古庙檀烟袅，一酌芳尊涧藻新"，"檀"字底本作"坛"，据四库存目本改。按坛指寺庙佛像前摆放香火供品的台子，或称香坛。"坛烟"与下句"涧藻"对仗颇工，"坛""涧"都有处所义，谓烟之所在、藻之所自也。若作"檀烟"当指焚烧檀香之烟，则"檀"者乃指烟之材质，与"涧"相对显然欠工。这些地方虽是小疵，总应精益求精方好，所以特别提出。还有一点建议，就是再印时最好能加几张两个底本的有代表性的书影，让读者能看到原版模样。

赵季兄 2002 年 3 月赴韩讲学，翌年 9 月回国。他是有心人，带回的不是泡菜而是六本《皇华集》。十年磨一剑，终成大器。惊叹之余，谨作三千言评述如上。

（原载《古籍整理出版情况简报》2014 年第 2 期）

身历十六省　著书二百卷

——写在凤凰出版社《缪荃孙全集》(全 15 册)出版之际

吴　迪

　　在晚清民国的文坛上，缪荃孙以其富于传奇的经历和卓有建树的学术成就与贡献，成为中国近代文化学术的领军人物，今年(编者按：2014 年)恰值缪荃孙诞辰 170 周年、逝世 95 周年，凤凰出版社出版了张廷银、朱玉麒等整理辑校的《缪荃孙全集》(全 15 册)，正是对这位中国近代文化大家最好的纪念。

　　缪荃孙(1844 年 9 月 20 日—1919 年 12 月 22 日)，初字小珊，号楚蔺，后改字炎之，号筱珊，晚年又号艺风，江苏省江阴市申港人，出身官宦之家，幼承家学。光绪二年(1876)中进士第。光绪三年，授翰林院编修，后从事编撰校勘十余年。光绪十一年，被任命为国史馆总纂。光绪十四年，任南菁书院山长。光绪二十一年，又受张之洞之邀，先后赴武昌修《湖北通志》、任南京钟山书院山长，又兼掌常州龙城书院等职。光绪二十八年，钟山书院改为江南高等学堂，出任学堂监督、总稽查，负责筹建三江师范学堂(后更名两江师范学堂)，为江南近代教育的起步奠定了基础。1907、1909 年，他受聘先后筹建江南图书馆(今南京图书馆)、北京京师图书馆(今中国国家图书馆)，成为我国近代图书馆之父。民国成立后，他出任清史馆总纂。1919 年 12 月 22 日在上海逝世。

　　缪荃孙一生经历丰富，几与整个中国近代史相始终，和近代中国文化、学术息息相关。学术上深受乾嘉学派的影响，是清代最后一代董理旧籍的典型代表人物，又是积极开创中国近代文化、教育事业的先驱者、开创人、奠基人之一，由此他被赞誉为中国近代图书馆事业的奠基人、中国近代教育事业的先驱者。他集藏书家、校勘家、教育家、目录学家、史学家、方志学家、金石学家等于一身，自称"身历十六省，著书二百卷"。他的主要著述有《艺风堂文集》及《续集》《外集》《艺风堂文漫存》《艺风堂赋稿》《艺风堂诗存》《碧香词》《云自在龛随笔》《艺风老人日记》《艺风藏书记》《艺风藏书续记》《艺风藏书再续记》以及大量与时人的往来书信等。他的诗文作品以及日记和书信，对于了解特定时期的历史、文化和社会状况，对于认知中国典籍的刻印、流传及内容，都有非常重要的资料价值和启发意义；也是探寻当时文人交游及心态的重要途径。他所编辑的书目、撰写的校记、题跋等著作，是全面了解中国古籍收藏状况、准确判定古籍版本和全面认识古籍价值的重要参考。他所撰写的大量学术随笔更是我们认识古籍内容及其价值的珍贵资料。他亲笔书写的完整日记，既是中国历史的细节记录，更是那些年里中国学术运作及学术交流的生动描述。他所倡导的重流通、重实用的图书馆理念在今天依然具有很现实的意义，而他亲手编制的《清学部图书馆善本书目》和《清学部图书馆方志目》，对于图书馆古籍编目工作的示范意义也永远不会过时。缪荃孙在从事古籍文献整理的过程中，留下了大量的整理成果和整理记录。这些成果，包括各种目录、题跋、校记、随笔等，是我们今天了解有关文献及其相关问题的最重要指南，也为我们从事古籍整理与研究工作提供了非常有益的启示和典范。把这些学术成果进行全面系统的整理并予以出版，相信对图书馆界、学术界都是非常必要的。就古籍整理出版而言，缪荃孙也差不多是近代很有学术影响但其成果尚未被全面整理的学术大家了。

由于缪荃孙的著作较多，刊行较少，而且基本是刻本和少量的铅印本，大部分还是抄稿本形态，部分仍为散页而尚未编辑，还有一些则散落于各处需要仔细搜集，这既不利于阅读使用，亦不便于汇集保存。学界早就希望有一套比较完整的缪荃孙全集出现。

今将其著作及著述整理出版，必将会推动中国近代相关学术研究的深入和全面。特别是对于重新认识许多典籍的内容和价值以及刻印、流传情况，无疑将具有十分重要的参考意义。

迄今为止，关于缪荃孙著作的整理，仅有上海古籍出版社点校出版的《艺风藏书记》及续记和再续记，山西古籍出版社点校出版的《云自在龛随笔》，其他的则多为原样影印，如北京大学出版社的《艺风老人日记》，更多的仍然是早期的刻本甚至是稿本，极不便于使用。比如《艺风老人日记》虽然影印出版有年，但由于原文为行书手写，难以辨读，一般研究者使用很不方便。

十多年前著名文献学家山东大学王绍曾先生曾组织人员，以"缪荃孙著作三种"为题，开展对相关作品的点校整理，并已汇辑了许多珍贵资料且进行了初步的点校工作，可惜此事由于王先生的过世和其他原因而中辍。

凤凰出版社出版的《缪荃孙全集》是第一次对缪荃孙的著述文献作全面、深入、系统的整理辑佚校点研究，是首次以全集形式整理点校出版，资料完备，具有集大成的特点，为研究中国近代学术文化提供最基础的文献，为研究缪荃孙学术成就和文化贡献提供了全面的文献材料，具有填补空白作用，堪称嘉惠学林，功德无量。

此次辑校整理《缪荃孙全集》，具有三个特色：

一是搜集汇辑齐全。缪荃孙著作在其生前就有刻印，近些年也有过标点整理，但总体上是比较零散的，不能反映缪荃孙学术成就之全貌。《缪荃孙全集》虽然也有放弃和遗漏，但其主要的著作基本上都包括了。特别是把之前未经公布的散见的书信、序跋以及虽有结集但深藏于图书馆的原始材料予以搜集、汇编，既是对缪荃孙著作量的扩充完备，也解决了学者使用图书馆稿本资料的许多困难。比如，所收录的一千多通书信，无论是集中收藏于上海图书馆的，还是散见于其他机构、个人以及拍卖市场上的，假如没有这次的集中搜集整理，恐很难为世人所见。又比如北京大学图书馆所藏《金石分地编目》稿本有十六卷、50多万字，在整理之前，学者要想全部获得，同样是不可想象的。

二是点校准确。充分借鉴吸收已有的整理成果，使重新点校具有进一步准确的效果。同时采取整理者互校和邀请专家通校的方法，尽量减少讹误。尤其对缪荃孙的稿本以及书信、题跋等散见作品，做了非常仔细、非常艰难的释读，付出了大量可以想见的艰辛劳动。点校、标点，在很大程度上消除了文字、断句所造成的障碍，更便于学者和读者的阅读使用。比如《艺风老人日记》的原稿虽然已经影印出版多年，但许多人感觉使用依然不够便利，从而也极大地影响了其运用的效果。读者以此次整理的文字为参考，再进一步去阅读和利用原始的资料，必定会提高使用的效率和效果。方便和便利读者使用，这应该是古籍整理的最主要目的。

三是具有开创意义。该书首次完成了对缪荃孙现存著作的汇集和标点整理，全集共分六类：诗文、目录、金石、笔记、日记、杂著，体例创新，全集只收录缪荃孙著作以及辑编的目录类著作，其他如方志、诗文汇钞、辑佚以及为他人代撰著作，均不收录，简明扼要，一目了然，方便阅读。

本项目主持人国家图书馆张廷银编审、北京大学朱玉麒教授均受业于启功先生门下，获文学博士学位，于古籍整理研究均有较深的造诣。张廷银先生发表过《缪荃孙与京师图书馆古籍目录》《缪荃孙致凌霞函释读》《缪荃孙、丁丙等关于地志文献的信札》等有分量的论文。朱玉麒先生整理出版过《西域水道记》《仓石武四郎中国留学记》等重要的典籍，并完成了张说集的校勘整理工作等。还有南开大学杨洪升教授，曾出版过《缪荃孙研究》等。他们组成的团队在《缪荃孙全集》的整理上，可谓厚积薄发，为全集整理的学术质量提供了有力保证。

该书整理和出版获得方方面面的支持，列入全国高校古委会直接资助规划重点项目、国家古籍整理出版专项经费资助项目。《缪荃孙全集》从开始动议到最后完成出版，前后历时八年，由十五位学者参与整理，可谓历尽艰辛。当然，由于缪荃孙是中国近代学术大家，著述宏富，该书规模大，难度大，时间紧，文献的收集仍有不够全面之处，点校整理也难免留有遗憾。但瑕不掩瑜，相信经过学术界研讨批评指正，经历时间的考验后，《缪荃孙全集》一定将会更加完备地有用于社会。相信该书问世后，必将有力推动中国近代文化和学术研究与开展，有力推动缪荃孙研究达到一个新的水平。

（原载《中华读书报》2014 年 12 月 17 日）

聚沙成塔成正果，传承经典尽天职

——评郁贤皓先生新著《李太白全集校注》

查屏球

代代相传的经典名著是一个民族精神文化的载体，经典是永远不会过时的精品，而每个时代对经典的接受都有自己的需求，经典的魅力也在于常释常新，因此，依据各个时期阅读需要采用当时所需的接受方式诠释经典，是经典传承的主要形式，也应是人文学者的天职。从 20 世纪 70 年代算起，郁贤皓先生研治李白已近半个世纪，近闻他的《李太白全集校注》（凤凰出版社 2015 年版，2011—2020 国家古籍整理出版规划项目、国家古籍整理出版专项经费资助项目）荣获第四届中国出版政府奖图书奖，可谓实至名归。该书是郁先生积毕生之力，聚一生之学而成，所得甚丰；同时，他又能从多数读者的阅读需求出发，以熔古汇今的方式为当代读者提供了一种李白全集的新注本。与此前同类之作相比，本书最明显的特色就是尽可能从读者角度作注，帮助读者走近李白，感受经典的魅力，这一点在以下几方面显得比较突出：

一、化繁就简，精约存信

自宋杨齐贤注本之后，李白集已出现了多种注本，如元萧士赟分类补注本、清王琦注本，延至当代更有瞿蜕园、朱金城增注本，安旗主编编年本，詹锳主编校注汇释集评本等，各具功能，各有特色，适应了不同的需要，但相对于当代多数读者的阅读需求而言，尚少一种既存全集古貌又便于阅读的今注本。《李太白全集校注》的出版弥补了这一缺憾，郁先生在凡例中反复强调本书诸多做法都是"为了方便读者阅读"，作为一种经典读本，与汇集本不同，汇集本多存相关资料，有工具之用，而非多数读者所需，本书注者在熟悉诸家之注的基础上，重在传承信本，阐明文本，以存真求信通达为上，故于古注、校勘多化繁就简，去芜存真。本文存已校之正文，于校记中分别说明各本异文，只示异文，不引原书校记，简明扼要，既展示了古书之旧貌，又不影响读者的阅读。注家对各类版本精挑细选，既存宋本之旧，又展示了李集传本的校勘成果。如，在诸多传本中，列入清光绪刘世珩玉海堂刊《景宋咸淳本李翰林集》，甚有意义。此本前人多未参用，而其渊源甚早，部分内容或存原抄卷之旧貌，列此为校本，则在底本宋蜀刻本之外，又存一种宋人传本，显示了李集在传写过程中的特点。如咸淳本李白集所收《古风》分为上下两卷，蜀刻本中《古风》仅为一卷，题名为《古风五十九首》。两者所收作品数量及顺序大致类似，但咸淳本古风卷中"咸阳二三月""宝剑双蛟龙"两首在蜀刻本中却列在"感遇"类中，作《感寓二首》。保留了这一古传本的信息，可让人了解李白集由抄本转化为刊本过程中出现的变异，或许不同的刊本所据抄卷的底本就有所不同。校本的选择并不在于多，关键在精，而这又是以熟精各本关系为基础的。"操千曲而后晓声，观千剑而后识器。"关于咸淳本郁先生曾有过专门研究，考证出其底本为宋时形成的当涂本，光绪年间重刊的当涂本存其旧貌，故虽晚出，其文献价值不可低估。

利用敦煌文献与新近出土的石刻文献，已成现代"唐学"特色，郁先生也将这一学术门径运用于解读李白作品中，精取了最近的相关考古成果，书中不仅以敦煌写本 P. 2567（"《唐人选唐诗》"）作为校本之一，而且还援用了新出土的墓志文献，并对之作了更精准的分析。如何昌浩墓志的出土，为解释李白有关何昌浩两诗提供了最新的证据，但让人又生出新的疑义。墓志仅言何昌浩为支使，不言其曾为判官，据《新唐书·百官志》所列幕府职序："观察使、副使、支使、判官、掌书记、推官、巡官、衙推、随军、要籍、进奏官，各一人。"支使职序在判官前，李白为何只称其判官，而不言更高职位支使，据此可否推断李白作诗时，何昌浩还未任支使之职？提"何判官"两诗是不是作于何氏任支使之前呢？本书于《赠何七判官昌浩》题解中引录了墓志中有关何昌浩生平的内容，指出"可知何昌浩一生仅有一次入幕，即'为宣歙采访使宋若思辟署支使'"，其为判官亦当在此年。唐人常以"判官"概指节度使幕僚。宋若思为宣歙采访使在至德二载（757），则何昌浩为判官亦当在此年，李白亦于是年出寻阳狱后曾入宋若思幕，当与何昌浩为同僚，后李白离开宋若思幕，逃难到宿松，李白另有《泾溪南蓝山下有落星潭可以卜筑余泊舟石上寄何判官昌浩》，当是上元年间之作。于后一首题解曰："据墓志，永泰二年卒之前，似一直在宣歙幕府，而李白于至德末被判长流夜郎，至乾元二年(759)遇赦放还，至上元二年(761)始重回宣城。则此诗当于上元二年秋，时李白从宣城来游泾县蓝山落星潭，写此诗寄何昌浩。"此处关于唐人以判官尊称幕府人员的说法，尤有识见，有释疑解疑的效果。仅由《新唐书·百官志》表述看，支使与判官的职序是未定的，如："天下兵马元帅、副元帅，都统、副都统，行军长史，行军司马、行军左司马、行军右司马，判官，掌书记，行军参谋，前军兵马使、中军兵马使、后军兵马使，中军都虞候，各一人。"又，"节度使、副大使知节度事、行军司马、副使、判官、支使、掌书记、推官、巡官、衙推各一人……兼观察使，又有判官、支使、推官、巡官、衙推各一人"。判官职序在行军司马、副使之后，故以判官为幕僚尊称是有可能的。此处释解则最大限度地挖掘了墓志与两诗相合之处，为两诗系年作了新的推定。

这种博览精取的方法也体现在对各家评论的取舍上，在各诗后附以各家评点，这原是郁先生《李白选集》的一大特色，《李太白全集校注》保持了这一体例，不仅取材广，每首皆附，而且以精取为胜，所取都有独到之处。如于《和卢侍御通塘曲》一诗后录曾国藩《求阙斋读书录》卷七所论："结句似与起句相应，言会日虽有耶溪，尚不如浔阳之通塘，会稽之梁孟，尚不如浔阳之卢侍御也。"曾氏之拈出起句与结句的关系，则将本诗意脉理通了。这首诗并不是李白名篇，历代评论甚少，曾氏精彩之论在此实是不可多得。

二、训诂笺解，解难为易

郁贤皓先生长期担任《辞海·语词分册》主编，语词训诂是其本业之一，故于注解诗文语词尤为得心应手，不仅解词信而有征，还从读者立场出发，于众家不经意处出注，尽可能解决读者阅读障碍。如《梁甫吟》"两女辍洗来趋风"，其他注本于此处多关注刘邦与郦食其会面一典，较少留意"趋风"一词，但若细绎之，这词并不易懂，望文生义也难心安，该书注曰："疾行至下风，表示向对方致敬。一说疾如风。"两解皆有所据，《左传·成公十六年》："郤至三遇楚子之卒，见楚子，必下，免胄而趋风。"汉刘向《新序·善谋》："是故虞卿一言，而秦之震惧趋风，驰指而请备。"宋张耒《答林学士启》：

"未，淮楚晚进，场屋后来，辱登门墙，尝备官属，当趋风于末座，乃首赘于长笺。"后一解也见于聂夷中《燕台》诗中："自然乐毅徒，趋风走天下。何必驰凤书，旁求向林野。"该书留注去征，保持了注文的简明化而简注之后皆有扎实的训诂支撑。这种处理似易实难，唯有对词语复杂性有敏感者才可保持原初的阅读记忆，并发现那些真正的阅读障碍，才能以己之劳解他人之惑。

该书在注释中，不仅释解词语，而且还会对疑难句子疏通文意，如对上诗中"猰貐磨牙竞人肉，驺虞不折生草茎。手接飞猱接彫虎，侧足焦原未言苦"一语，在解释了相关词语与典故之后，又说："二句谓朝廷权幸，为政害人，就像猰貐磨牙，竞食人肉，而忠良之臣，总像驺虞那样仁爱，连草茎都不肯践踏。""虽处于贫穷疏贱之地，却仍有勇气和才能去克服艰难险阻。"对于这样一首思维跳跃性较大的诗作，这种疏通串讲是很有必要的。这是一种伴读式注解，源起于文学评点，流行于元明之后各类评点本中，萧士赟、王琦注李集时也多有这类的说明。该书注者对这一方式不仅多有继承吸收，更有发展推进，拉近了读者与文本的距离。又，该书对于一些长篇诗歌多划分段落层次，归纳段意，也是当下全集类注文较少见的一个特点。如对上诗在排版上先将全诗排为六段，在注文与按语中又逐层总结段意，使得这首不易懂的诗，意脉清爽。

该书于每篇作品后，都串讲诗意，辨析写法与章法，阐明艺术特色与源流，对于全集注本来说，这也是一个创举。如《蜀道难》一诗后先以雄放基调、具体描写、渲染气氛、生发渲染，点明写法的转换，又以古老、艰难、恐怖、险要梳理意脉线索，为这首似易实难的名篇提供了一个颇易接受的阅读方法，真正达到了深入浅出的学术效果。由字到句，由句到篇，注家仿佛与读者同步释读、欣赏，将个人的阅读体会与读者分享，这也使得传统的诗文评点焕发了新的活力。

自南宋后期开始，在发达的出版业推动下，串讲式诗文评点开始流行，至明尤盛。理清一篇作品的意脉，也成为解读作品的首要之义。即便如李白这类激情化诗人，看似无绪可求，无迹而寻，若细读文本，仍可感受到其中浑融贯通的文气与前后相连的运势，唯能把握到这些，才能识得诗中之味。萧士赟深谙此理，于此着力颇多，后来王琦也曾吸收其法。但是，自清乾嘉考证之风盛行到现代学术范式的确位后，这类串讲式与评点式注书方式多被斥为"村夫子说诗"，渐渐退出注本体例中，析诗与注诗两事分开了。其实，对于传承经典来说，这种著述形式是很有解读效果的，故恢复这一传统，对于多数读者而言是必要的。吴澄是一大学者，他曾对萧士赟评诗肯定有加，其《萧粹可〈庸言〉序》云："观书贵乎有识，而学者之病有二：卑者安于故常，高者喜于新奇。安故常则踵讹而习陋，喜新奇则创意而凿说，二者皆非也。予与赣萧君粹可交游二十载，听其议论，辄推服焉。盖其观书如法吏刻深，情伪立判，搜抉微杳，毫发毕露。"由萧氏补注看，理清全诗意脉是其解诗最用力处，吴澄认为其解超越了卑陋的俗学与遂奇之凿论，做到了"搜抉微杳，毫发毕露"，今将此语移之于本书当不为过。

三、析疑断案，原创出新

本书的题解多是关于编年与本事的说明，这部分内容，既是对已有成果的梳理，又是郁先生本人多年相关学术成果的浓缩，注家以明晰易懂的笔法解答了众多的学术疑案。如关于《蜀道难》主旨，古往今来有九说之多，本书首列敦煌文献 P. 2567《古蜀道难》异题，再以《乐府诗集》所引《古今乐录》等所载《蜀道难行》等题，表明此确古乐府题。后以李白《答杜秀才五松山见赠》中"章仇尚书倒屣迎"一句，驳宋本所存题注之不可信，再由写作时间上驳斥范摅、萧士赟之解谬误，最后又言胡震亨、顾炎武、詹锳之说未尽切题，引阴铿同题诗中"蜀道难如此，功名讵可要"一句，证明本题原有功业难求之意，再找出姚合《送李余及归蜀》中"李白《蜀道难》，羞为无成归。子今称意行，蜀道安觉危"，为争议之事提供了一个合适的答案，梳理清朗，取材准确，以唐人之解说明诗旨，让人信服。再将本诗的写作时间与李白第一次入长安之事相联，又展开了一个学术空间，供读者思考。显然，对本诗能作出如此推断，还缘于郁先生之前对李白初入长安之事深入的探讨与考辨。笔者颇受启发，想到二例可与姚合诗相印证，独孤及有《送成都成少尹赴蜀序》有言："岁次乙巳，定襄郡王英又出镇庸蜀，谋亚尹，金曰左司郎成可，温良而文，贞固能干，力足以参大略，弼成务。既条奏，诏曰俞往。公朝受命而夕撰日，卜十一月癸巳出车吉。尚书诸曹郎四十有二人，叹轩骑将远，故相与载笾豆、醯笋、封羊、鲙鲂，修饮饯于肃朋观以为好。饮中客有赋《蜀道难》者，公曰：'士感遇则忘躯，臣受命则忘家。姑务忠信，夷险一致，患己不称于位，于行迈乎何有？'""乙巳"是永泰元年（765）；唐末李绰《尚书故实》："陆畅，字达夫，常为韦南康作《蜀道易》，首句曰：'蜀道易，易于履平地。'南康大喜，赠罗八百匹……畅感韦之遇，遂反其词焉。"《蜀道易》正是反李诗意以颂韦皋。这些都可表明姚合所解是唐人的一种流行说法。

由于李白诗中少时间线索，自编集时无编年意识，相关史料也甚少，自宋以来，宋敏求、曾巩等人就已放弃了系年编集方式，只好保留古抄卷分体分类之原始形态。对于现代研究者来说，编年仍是绕不开的问题。在这个方面，詹锳先生作了开创性的工作，然而，遗留的待定之事又引发出了持续不断的讨论，以至编年问题已成为李白研究中最重要而又是最难的问题。在多年讨论中研究者已形成一个共识，这就是先确定若干首具有时间坐标点意义的作品的系年。三十多年来，郁先生在这一方面贡献尤多，本书也体现了这一成果。郁先生从探讨李白初入长安之事开始展开研究，同时，又以此事为坐标，完成了一个系统工程。如，因李白所交往人物多有刺史就专治唐刺史，完成了《唐刺史考》巨著；为确定李白首入长安时间，考证了与此事相关的崔宗之、吴筠、玉真公主、张垍等人生平，完成了李白交游考等力作，就以此为基础与陶敏先生合作再次修订《元和姓纂》；又由张垍开元十八年为卫尉卿后为太常卿之事引出对唐九卿制度的研究，并与胡可先先生一起完成了《唐九卿考》一书。依托这些系列研究就将李白作品置于一个由细密史料编织而成的历史空间中，为各个坐标点提供了强有力的学术支撑，再以此为基点考察相关作品的时间段。如《梁甫吟》一诗几乎没有什么时间线索，郁先生于题解中言："前人多因诗中有'雷公''玉女''阍者'等形象喻奸佞，以为被谗去朝后所作，殊不知开元年间初入长安求取功业，就是因为被张垍等奸佞所阻碍，而未能见到明主，此诗正切合当时情事。""《梁甫吟》，现古曲相传为诸葛亮出山前所吟，本诗入手即问'何时见阳春'，'阳春'即喻明主，证知其时未遇君主。所用吕望、郦食其事亦为渴望君臣遇合，未以张公神剑遇合为喻，深信君臣际遇必有时日。则此诗必作于未见君主之前，与天宝年间待诏翰林和被放还山时事完全不同。按开元二十一年(733)秋冬李白在洛阳，有《和夜宿龙门香山寺奉寄王方城十七丈奉国莹上人从弟幼成令问》《冬日于龙门送从弟京兆参军令问之淮南觐省序》《冬夜宿龙门觉起言志》等诗。詹锳《李白诗文系年》谓此诗与《冬夜醉龙觉起言志》诗同时作，甚是。然系于天宝九载(750)则非。诗当作于开元二十一年即初入长安被张垍所阻而未见明主之后。"正是基于对李白初入长安一事考证以及对相关作品梳理，才能为本篇找到一个合适的时间点。李白乐府多与所处地相关，《乐府诗集》已言："《琴操》曰：曾子耕泰山之下，天雨雪冻，旬月不得归，思其父母，作《梁山歌》。蔡邕《琴颂》曰：梁甫悲吟，周公越裳。按梁甫，山名，在泰山下。《梁甫吟》，盖言人死葬此山，亦葬歌也。又有《泰山梁甫吟》，与此颇同。"又诗中所言三士之墓在齐，古《梁甫吟》："步出齐城门，遥望荡阴里。"故此作与齐地相关，或当在李白开元末期隐于东鲁前后。郁先生之断大大推进此诗系年的精度。

该书对一些有争议的问题，只将相关阙疑处提出，而不急于下定论。如关于《南陵别儿童入京》题解言："《河岳英岳集》《又玄集》《唐文粹》收此诗皆题作《古意》。南陵：前人以为指宣州南陵，今人则多谓唐时兖州有南陵，李白另有《酬张卿夜宿南陵见赠》诗，亦指东鲁之南陵。自开元末至天宝末李白子女一直居于东鲁。宋本、缪本、王本题下校'一作《古意》'，此诗当是天宝元年(742)奉诏入京所作。"东鲁南陵是后起之说，注家关注到其说立论的材料，然限于直接证据不足，仍是将新说与旧说一并列出。既为这首名作提供一种新说，又不遽断为定论，立论审慎，方法科学。

穷毕生之力，聚一世之学，注一家之书，中外成功的学者多有此壮举，远如李善注《文选》，近如孙诒让注《周礼》，都能以一己之力沾溉于数世读者。近年来，随着出版业的发达，中国古典文学论著出现了"井喷式"的繁荣，然而，有一个现象也让人担忧，这就是论著越来越多，中国古典离现实越来越远，由于受到了数字化管理模式的影响，这类书籍多为"经费""评职"出版物，作者选题受各种功利化因素的影响，避热就冷，弃大取小，结果就在这一片繁荣中历代传承的名家名著反而受到了不应有的冷遇。郁贤皓先生《李太白全集校注》的出版对于当代学人实具有范式作用，老先生的执着精神以及一切为读者考虑的著述态度，当引领着当代古典研究的发展，也唤起了我们要回归经典的使命意识。

(原载《古籍整理出版情况简报》2018 年第 5 期)

"《文选》学"史上一部总结性的大书

顾　农

《文选旧注辑存》是一份标目相当谦虚内敛的重大科研成果，如果只是狭隘地顾名思义，以为这不过是一部常见的汇编抄撮之书，那就非常外行、离开实际甚远了。

跃进先生在卷首的《关于〈文选〉旧注的整理问题》一文中说，他花多年时间做这件工作，"只是为进一步深入研究《文选》提供经过整理的资料"，自己加了种种按语，"目的是为将来开展这方面的研究工作提供一些线索"（《文选旧注辑存》第1册，卷首第21页）。而事实上，此书乃是"《文选》学"史上继往开来具有总结性的大书，实为古代文学特别是中古一段之从业者案头必备的要籍。

《文选》成书甚早，又曾经与科举考试有关，所以传播甚广，版本非常复杂：有白文本，有带注本；不同的注本不仅注文各异，而其原文也不尽相同，分卷的办法亦复各行其是。《文选》的注本有单独的李善注、单独的五臣注、合编的六家注（先五臣后李善）、六臣注（先李善后五臣）；有内容更复杂多样的《文选集注》，又有注者不详的各种手写本。各本之间的关系纷纭纠葛，理董不易，其来龙去脉异同优劣须做大量艰苦细致的工作才能弄清楚。麻烦还在于其中比较重要的本子散见于国内外各处，有些是不容易见到的，要想看全了尤为困难。

要之，《文选》的旧注意义重大，内容丰富，令人头疼之处在于线索纷乱难明，而且难以读全。可是离开了对于资料的全面掌握，深入的研究便无从谈起。

令人兴奋的是刘跃进的《文选旧注辑存》一书一举帮助读者解决了这个问题，他在该书卷首的《关于〈文选〉旧注的整理问题》一文中写道：

> 解读《文选》，唯一的途径是研读原文，而更好地理解原文，各家的注释又是不二的选择。从广义上说，所谓"文选学"，主要是《文选》注释学。通常来说，阅读《文选》，大都从李善注开始，因为李善注《文选》，是一次集校集释工作。他汇总了此前有关《文选》研究的成果，择善而从，又补充了大量的资料，因枝振叶，沿波讨源，成为当时的名著。宋代盛行的六臣注《文选》，其实也是一种集成的尝试，将李善注与五臣注合刊，去粗取精，便于阅读。除六臣之外，还有一些古注。清代以来的学者更加系统地整理校订，希望能够对于《文选》文本及其历代注释作系统的集校辑释工作。但总的来看，还留下这样或那样的遗憾。最主要的原因是，《文选》的版本比较复杂，有三十卷本，有六十卷本，还有一百二十卷本，同样是李善注或五臣注本，各本之间的差异也非常大，常常叫人感到无所适从。这就使得集校集注工作充满挑战。还有，新的资料不断出现，尤其是敦煌本和古钞本的面世，不断给《文选》学提出新的研究课题。

> 长期以来，我在研读《文选》及其各家注的过程中，遇到某一问题，常常要前后披寻，比勘众本，总是感觉到挂一漏万，缺少一种具体而微的整体观照。于是，我很希望能有这样一个辑录旧注排比得宜的读本，一编在手，重要的版本异同可以一目了然，重要的学术见解亦尽收眼底……

（第 1 册卷首，第 7—8 页）

于是，他就亲自动手，来做这种于己于人都非常有用的旧注辑存的工作，取得了非凡的成功。

《文选旧注辑存》取淳熙八年（1181）尤袤刻本为底本，李善注一般也首先采用此本（如有敦煌本、北宋本则先行列出），而五臣注则以绍兴三十一年（1161）陈八郎本为主要依据，其余各种旧注完全按时间先后排列（例如李善引用的早期注释即列于最前）。元元本本，整整齐齐，一编在手，所有的传世《文选》旧注皆在眼前，读者可以节省许多披寻翻检的时间和精力。

此外，本书还进而博采史书、文集、碑帖中有关《文选》入选作品的材料，加以比勘核校，提供了许多信息，颇有助于人们扩大视野，从而更深入地审视有关学术问题。

《文选旧注辑存》最值得称道的地方，更在于刘跃进先生不仅逐一辑录了《文选》的全部旧注，而且在仔细研究了《文选》各篇及其注释以后，经过多年的深思熟虑，写下了大量的精彩按语，形成了一部以传统学术方式呈现的刘氏文选学。

这里有相当长的按语，如卷十九曹植《洛神赋》题下，尤本李善注有引用"《记》曰"的一大段故事，把甄后与曹植的关系引入，说此赋原题《感甄赋》，后明帝见之，改为《洛神赋》云。著名的辞赋背后还有这样一段绯闻八卦，古今读者自然大感兴趣。但是胡刻本附录的《文选考异》指出，这一段所谓李善注乃是尤袤误取小说，李善注中原来没有的。查北宋本、奎章阁本也确实没有这样一条李善注。此事后来聚讼纷纭，至今不能取得一致的意见。为此跃进先生写了超过两页的长篇按语（第 6 册，第 3659—3661 页），展开深入的讨论，予人有益的启发。

当然，大部分按语没有这么长。除了涉及文献问题者外，也有关于文艺方面之评说的。跃进此书关注的重点固然在文献，而他并不以此自限。例如《文选》卷十八潘岳《笙赋》，在引用过北宋本、尤刻本李善注之后，"跃进按"写道：

> 奎章阁本李善注与北宋本同。《义门读书记》卷四十五："嵇（康）之《琴》，潘（岳）之《笙》，二赋发端便是文章，各各排突前人之法。"（第 6 册，第 3659—3661 页）

后半引用何焯的意见，评说《琴赋》与《笙赋》的章法，就是讲艺术方面的问题。

将《文选》一书的种种旧注加以汇总并且合理地编排起来，为今后的研究大开方便之门，乃是一件非常复杂繁难的事情，再就其中纠葛纷纭的种种文献问题以及某些艺术问题加以分疏辨析，提出按断，更是十分艰巨的工作。全书平实而求新，谢绝一切花腔，适足以为"《文选》学"的深入发展提供具体的指引。

要做成这样一部"广大教化主"式的大书，至少需要三大条件：一是要能获得资金方面足够的支持(此书列入了三个大项目：2011—2020 国家古籍整理出版规划项目、国家古籍整理出版专项经费资助项目、国家社会科学基金重大项目)；二是要有一支年轻的精力弥满能做实事的团队(本书后记中列举了一批青年才俊的名单，其中颇有我认识的可畏的后生，相信从这里一定能涌现出未来的学术名家）；三是要有一位统领全局的帅才。刘跃进团队具有天时地利人和，经过八年奋斗，终于打出了一片新天地，实在可庆可贺。

像《文选旧注辑存》这样高屋建瓴、脚踏实地的好书，现在并不太多见。通过大型项目来奖掖学术后进，培养青年才俊，具有重要的战略意义。跃进先生作为中国社会科学院文学所所长，做了很好的工作，这种贡献具有超越具体项目的深远影响。对这样充满热情来组织队伍、身先士卒、带队冲锋的学者，应当致以崇高的敬意。

在这样一部二十大本、超过一千万字的巨著里，有若干尚可讨论之处自然是难免的，也不足为病，请略述两条商榷意见，一宏观，一微观，聊供认真研读此书的青年同道参考，并望得到跃进先生、徐华女士和大家的指正。

其一，本书对旧注博采旁收，一一予以著录，工作做得相当细致深入，而且优先安排在前面；而对《文选》各篇正文文本校勘的意见，则大抵安排在其后最末的位置。这样的顺序，读起来似乎有点别扭不安。注释是跟着正文来的，正文不同，注释自异。所以关于正文的校勘意见，安排在最前面才好。

试举一个文字甚少、头绪简单的例子以明之。卷四十四陈琳《檄吴将校部曲文》有下列一小段：

夫见机而作，不处凶危，上圣之明也。

【李善注】 尤衮本 《周易》曰：君子见机而作，不俟终日。

【五臣注】 陈八郎本 向曰：几者，事之微。言见事微者，不处凶危之地。

【跃进案】 机，九条本、室町本、陈八郎本、朝鲜正德本、奎章阁本作"几"。奎章阁本注记：善本从木。（第 14 册，第 8709 页）

这里最好把【跃进案】安排到【李善注】的前面去，读起来比较顺当。也可以径称【校记】。如果关于正文文字校勘的按语内容比较复杂，则更以安排在最前面为适合。先谈皮，后说毛，而不是倒过来。至于关于注释文字的校勘记，则自然应安排在最后（在上述例子中没有这方面的内容）。如果既有关于正文的校勘，又有关于注释的校勘，则宜乎分别写出校记和按语，放在所录注释的一前一后。著者关于此段文字的议论，也放在最后的按语里。

这样来排列当然要麻烦一点，但头绪清爽，利大于弊。这个建议涉及全书的编排，不知是否有当，请予考虑。

其二，《文选旧注辑存》书末附录二《参校本提要》之五"其他散见参校本"中第十二项"新疆伊犁《燕然山铭》石刻"条下写道：

> 新疆伊犁燕然山铭石刻，残。隶书。高二百二十厘米，宽一百二十三厘米。或谓东汉永元元年（89）七月原刻，或谓翻刻者，其拓本今藏于国家图书馆，中州古籍出版社 1989 年出版《北京图书馆藏中国历代石刻拓本汇编》时收录该篇，参校时简称"刻石"。（第 19 册，第 12061 页）

今按新疆伊犁与燕然山（在今蒙古国境内）相去遥远，东汉车骑将军窦宪当年北伐匈奴为纪功而勒石之地绝无在新疆伊犁的道理。这一石刻绝不可能是所谓原刻，恐怕连翻刻也谈不上——这份石刻拓片完全是做碑刻生意之奸商伪造出来的假古董。这样的文本显然没有条件作为校勘《文选》旧注的参校本。建议将此条删去，同时将卷五十六班固《封燕然山铭》按语中两处提及此一石刻的文字也一并予以删除。

（原载《中华读书报》2020 年 8 月 19 日）

正变兼陈　洪纤毕具

——谈《历代赋汇》文献价值与校订意义

许　结

历经近十年的校点与考订、正讹，国家古籍整理出版专项经费资助项目《历代赋汇（校订本）》12 册由凤凰出版社于 2018 年 9 月出版，使这一清代的赋体总集以彩印的形式在现代呈示后（有《景印文渊阁四库全书》本、《文津阁四库全书》本、凤凰出版社影印俞樾本、北京图书馆出版社影印康熙内府本），首次奉献给读者（尤其是专业研究者）一部完备的标点整理本。同时，这部赋总集的文献价值与校订意义，也不仅限于其自身的体例、内涵，而宜置放在整个赋学发展尤其是赋集编纂的历史、中国古代文献制度重视全面性与权威性等方面来体认与评述。

一、历代赋集的集成之作

赋集的编纂，章学诚《校雠通义·汉志诗赋第十五》认为《汉志》著录屈原、陆贾、荀卿三家"人自为篇，后世别集之体"，"杂赋一种，不列专名而类叙为篇，后世总集之体"，以此为赋集肇端。然考诸文献，书目所存赋集名当始于魏晋南北朝时期，如《隋书·经籍志》著录谢灵运《赋集》（92 卷）、梁武帝《历代赋》（10 卷）等，已然为专门性赋学文献。唐宋以后，编选赋集与科举试赋取士关系密切，于是又有了一些涵括闱场赋的赋总集、赋选集，如《宋史·艺文志》著录徐锴《赋类》（200 卷）及无名氏编《甲赋》（5 卷）等。此外，范仲淹编有以唐律赋为主并为当时科场龟镜的《赋林衡鉴》，另有宋人所编闱场赋《三元衡鉴》等，均说明了赋集编纂与闱场考赋的关联。再考诸现存文献，专门性的赋总集与赋别集，元代之前的均已散佚，所存最早的是元人祝尧所编《古赋辩体》（赋总集）、杨维桢的《新刊丽则遗音古赋程式》（赋别集）。迨至明、清两朝，赋集编纂蔚然成风，或古体，或律体，或兼综古律，极为繁盛。仅康熙一朝，赋总集除《御定历代赋汇》，还有赵维烈编《历代赋钞》、陆葇编《历朝赋格》、王修玉编《历朝赋楷》等。在此传统与基础上，康熙帝御定、陈元龙编纂《历代赋汇》，堪称恢弘规模、总束前代的集成之作。所谓"集成"，又在"通"古今之变，这主要彰显于两大特征：

一是兼收古、律以示会通。《赋汇》力图集前人之大成，故与前代尤其是明人赋集相比，除了对汉魏六朝赋的整理，更多的贡献在对唐、宋、元、明四朝赋的汇辑，特别是搜集大量的唐赋，表达了编者古、律兼融的观念。对此，有必要从赋学史的视域作两方面的说明。一方面是有关律赋之兴且用于考功而形成的赋学史之古律的争锋与融通。试举汤稼堂《律赋衡裁·例言》中一段描述："律赋之兴，肇自梁、陈，而盛于唐、宋。唐代举进士者……杂文则诗一赋一及论赞诸体也。……天宝十三载以后，制科取士，亦兼诗赋命题。赋皆拘限声律，率以八韵，间有三韵至七韵者。自五代迄两宋，选举相承，金起北陲，亦沿厥制。迨元人易以古赋，而律赋浸微。逮乎有明，殆成绝响。国家昌明古学，作者嗣兴，巨制鸿篇，包唐轹宋，律赋于是乎称绝盛矣。"从文体与考功分析律赋之兴，历述该体兴于唐、宋，浸微元、明，复兴清世的史迹。所以从历史的观念来看，《赋汇》大量收入唐、宋律赋，是对元、明以来赋集排斥律体的反驳，其现实意义则源自康熙对唐代律赋考功的重视，以及博学鸿词试律等文制变革的影响与昭示。另一方面，是对历代赋总集的取资与借鉴（含文总集中的"赋类"）。从今存祝尧《古赋辩体》与《元赋青云梯》来看，前录历代古赋，以为示范，表达"祖骚宗汉"的批评态度；后辑元人试题七十二题一百一十一篇，显然皆古体，所谓"选录以作程序者"（《四库全书未收书目提要》）。明代不考赋，使律赋几乎退出赋坛，而综观其一朝辑赋之盛，又逸迈前人，或如《文选》系，则有刘节《广文选》等；或如文章总集系，如《文章辨体》等；另有赋总集系，如陈山毓《赋略》五十六卷等，无不以古为尚。《赋汇》以集成的心态，尊奉康熙对古赋之"言志"与律赋之"考功"并重的思想，大量收录唐人闱场律赋，在赋学史上形成具有总结性的古、律融通的态势。

二是由分类观其大全。《赋汇》搜集先秦至明末赋作（包括逸句）四千余篇，共一百八十四卷，分正集、外集、逸句和补遗三大部分。正集一百四十卷，分天象、岁时、地理、都邑、治道、典礼、祯祥、临幸、蒐狩、文学、武功、性道、农桑、宫殿、室宇、器用、舟车、音乐、玉帛、服饰、饮食、书画、巧艺、仙释、览古、寓言、草木、花果、鸟兽、鳞虫等三十个类目，收叙事记物之什，为有裨于"经济学问"及"格物穷理之资"者；外集二十卷，分言志、怀思、行旅、旷达、美丽、讽谕、情感、人事等八个类目，乃抒情言志之作，为"劳人思妇，触景寄怀，哀怨穷愁，放言任达"者；逸句二卷、补遗二十二卷。该书编者"从各人文集及别种书内广加搜罗"，涉及别集千百种，汇集了先秦两汉以来大量的赋作，是超越前人收录先秦至明代赋最为完备的总集，为辞赋研究提供了极为丰富的材料。《四库全书简明目录》称其"正变兼陈，洪纤毕具，信为赋家之大观"。

由于这部古代最完备的赋总集缺少必要的整理，所以取资与利用都受到限制，而正式刊发的研究成果也仅有如马积高《〈历代赋汇〉评议》(《学术研究》1990 年第 1 期)、《读〈历代赋汇〉明代都邑赋》(《中国文学研究》1999 年第 1 期)，叶永胜《陈元龙与〈历代赋汇〉考述》(《金陵科技学院学报》2004 年第 4 期)，踪凡、方利侠《〈历代赋汇〉版本叙录》(《中国韵文学刊》2013 年第 2 期)，踪凡《〈历代赋汇〉的汉赋编录与分类》(《天津社会科学》2004 年第 6 期)等为数不多的几篇。所以整理今本，首先就要对这部"集成"之作的体认，并有助于读者的便览与学者的利用。

二、具有权威性的翰苑典籍

《历代赋汇》作为清康熙年间宏大的文学整理工程之一，虽以陈元龙的个人编纂为主，却有着重要的文化精神与时代背景。由于康熙敕编，所以本书编纂背景及宗旨均与当朝的文化政策相关，并贯彻了康熙本人的文化主张。

一是盛世修典，《赋汇》为其一种且具当朝文化的共建意义。康熙帝玄烨以幼冲登大位，世事多艰，开辟不易，然经历平定三藩、收复台湾，国家一统，朝野祥和，俨然进入"康熙盛世"，于是弘文修典，呈示太平，成为朝廷要务。据《国朝宫史》记述，康熙朝官修图书多达六十余种，其中如《御选古文渊鉴》《御定全唐诗》《御定全金诗》《御定四朝诗》《御定佩文斋咏物诗选》《御定题画诗》《御选唐诗》《御定千叟宴诗》《历代诗余》以及《赋汇》等，皆文学类图书，多具有会通前代之"全"的性质。因此，陈元龙在《御定历代赋汇告成进呈表》中夸扬赋体"本为六艺之笙簧，终作五经之鼓吹"的同时，又着力于赞述："钦惟皇帝陛下，道高允执，学懋缉熙，平天成地，经纶持五运之中；奋武崇文，道法冠百王而上。"其中虽有些以达上听的套语，但观其"奋武崇文"的内容，实为当时文化盛景的写照，也是其编纂《赋汇》贯彻的文化要略。

二是推尊赋功，以张扬赋体的现实致用。对此，康熙《御制历代赋汇序》开篇所言最为明晰："赋者，六义之一也。风、雅、颂、兴、赋、比六者，而赋居兴、比之中，盖其敷陈事理，抒写物情，兴、比不得并焉。故赋之于诗，功尤为独多。由是以来，兴、比不能单行，而赋遂继诗之后，卓然自见于世。"这其中有关赋家继诗人之后兴起，或抒心写志，或润色鸿业，都是泛泛而谈，但是这篇写于康熙四十五年（1706）之"御序"中内含的当朝赋用之功，则真实可考。这又可以联系到康熙十八年（1679）朝廷设立"博学鸿词"科的考赋问题。据《清史稿·选举志四》记载，康熙十七年诏："自古一代之兴，必有博学鸿儒，备顾问著作之选。我朝定鼎以来，崇儒重道，培养人才。四海之广，岂无奇才硕彦、学问渊通、文藻瑰丽，追踪前哲者？凡有学行兼优、文词卓越之人，不论已仕、未仕……朕亲试录用。"又，《圣祖本纪一》记载："（十八年）三月丙申朔，御试博学鸿词于保和殿，授彭孙遹等五十二人侍读、侍讲、编修、检讨等官。"是科考一诗一赋，赋（可古可律）为《璇玑玉衡赋》，排律诗为《省耕诗》。尽管康熙朝"博学鸿词"仅此一试，却影响深远。值得一提的是，清代以诗赋"课翰林"的馆试制度，虽肇端雍正朝而定制于乾隆朝，然康熙曾谕诏翰林官进呈所撰诗赋词章（详参中国第一历史档案馆整理《康熙起居注》康熙十六年[1677]三月十四日诏，中华书局1984年版），已呈示翰苑重辞赋的走向，《赋汇》由翰林大学士编于翰苑，并指导之后的翰苑创作，自成翰苑经典。同时，按清制康熙朝乡、会试均不考赋，然童生县试、院试，生员岁、科试均考古、律赋，故童蒙学馆试赋实为常例，所以清世隆赋，始兴于康熙一朝。在此文化背景与康熙的意旨下，作为"詹事府詹事兼翰林院侍读学士"的陈元龙奉敕编纂《赋汇》，是职守所在，这也与他的生平和学养有关。

作为官方（翰苑）编纂赋总集的一个典范，《赋汇》的形成又内含了赋体与制度的传统。考察中国古代赋体文学与制度的关联，突出表现于"礼乐""科举"与"翰苑"三端，又分别以汉代、唐宋、清代为三大历时阶段。首先，汉代宫廷赋的兴盛，在于天子礼乐制度的建立，呈现于"崇礼官，考文章"

与"立乐府"诸方面，充分显示出"王政"的话语。诚如班固《两都赋序》所述"武宣之世，乃崇礼官，考文章……言语侍从之臣民……朝夕论思，日月献纳"，《汉书·礼乐志》所载"至武帝定郊祀之礼……乃立乐府……多举司马相如等数十人造为诗赋"。对此礼乐制度的建立与汉大赋创作的关联，后人评论亦多，如刘勰《文心雕龙·时序》"孝武崇儒，润色鸿业，礼乐争辉，辞藻竞骛"，费经虞《雅伦》卷四"孝武升平日久，国家隆盛，天子留心乐府，而赋兴焉"诸说，汉赋作品与礼乐制度紧密的关联，于中指向非常明确。其次，唐宋以闱场律赋为代表的创作，与科举制度的关联不言自喻。如胡震亨《唐音癸签》认为"唐试士……觭重诗赋。中叶后……士益竞趋名场，殚工韵律"；李调元《赋话》卷一也说"大历、贞元之际，风气渐开。至大和八年，杂文专用诗赋，而专门名家之学樊然竞出"，均深明这一史实。只是与汉赋与礼乐制度的关联相比，科举与试赋在观觇士子才学，虽然也统属"王政话语"，但已是趋于下的工具，体现出试士制度与闱场赋的关联。与之不同，编成于翰林大学士之手且经帝王"御定"的《历代赋汇》，其与"博学鸿词"考赋，尤其是与翰苑重赋的关联，又成为"王政"高端之话语权力的体现，是兼融唐宋科举与赋之工具化、技术化，复勘进于王朝礼乐制度构建的文化意义。因此，陈元龙奉敕编纂《赋汇》，其赋学思想也秉承康熙御旨，重在以《诗》之"六义"衡赋，并以此为其古赋批评依据。如其《上御定历代赋汇表》开篇即云："古诗之流，赋居其一。摛华揲藻，事既极于铺陈；旨远辞文，义或兼乎比兴。入兰台而给札，才集群英；从漳浦而抽毫，文多大雅。铿锵典则，善此有升堂入室之名；瑰丽雄奇，读之起异代同时之慕。揆厥所自，各有专家，本为六艺之笙簧，终作五经之鼓吹。"这既是其书的编纂思想，也是陈氏对康熙所题御序的理论推述。

对此，《四库全书总目》评述较为详细："《御定历代赋汇》一百四十卷，外集二十卷，逸句二卷，补遗二十二卷。康熙四十五年圣祖仁皇帝御定。赋虽古诗之流，然自屈宋以来即与诗别体。自汉迄宋，文质递变，格律日新。元祝尧作《古赋辨体》，于源流正变言之详矣。至于历代鸿篇，则不能备载。明人作《赋苑》，近人作《赋格》，均千百之中录存十一，未能赅备无遗也。是编所录，上起周末，下讫明季，以有关于经济学问者为正集，分三十类，计三千四十二篇。其劳人思妇、哀怨穷愁、畸士幽人、放言任达者，别为外集，分八类，计四百二十三篇。旁及佚文坠简、片语单词见于诸书所引者，碎璧零玑，亦多资考证，裒为逸句二卷，计一百一十七篇。又书成之后，补遗三百六十九篇，散附逸句五十篇。二千余年体物之作散在艺林者，耳目所及，亦约略备焉。扬雄有言，能读千赋则能赋，是编且四倍之。学者沿波得奇，于以黼黻太平、润色鸿业，亦足和声鸣盛矣。"该提要除了著录《赋汇》卷数等，主要涉及四方面的问题：其一，本书为康熙帝御定，彰显了朝廷的官方意旨；其二，从历代赋学的源流与赋集的编纂，说明本书的编纂由来及收赋准则；其三，表彰本书的汇集与钩稽赋体文献的功绩，以"约略备焉"示其大全的价值；其四，强调了赋体的"黼黻太平、润色鸿业"的作用，其中兼括历史(汉、唐盛世)与当朝(康熙时代)的文化意志，同样揭示了本书的编纂功能与目的。《总目》虽言简意赅，能切中肯綮，然毕竟限于提要，于《赋汇》的编纂、体制、思想均难尽其详。相比之下，《摛藻堂四库全书荟要提要》于《赋汇》的分类及对康熙帝御制序的强调，也有值得关注处，如谓："因题分类，按代编次。有一题而前后数篇者，如《月赋》则汉有公孙乘，刘宋有谢庄，赵宋有汪莘、杨简，明有冯时可；《云赋》则周有荀卿，晋有杨乂、陆机，明有朱同之类，亦皆依题类次，义例秩然。伏读圣祖仁皇帝御制序文，特标班固'登高能赋，可以为大夫'之语，而又推本于《舜典》'敷奏以言'之义，往复垂训，俾学者体察物情，而铺陈事理，以务为有用，则是书固非徒以资博赡也。"这对"依题类次"分类法的举例说明，对《赋汇》"非徒以资博赡"的现实功用的阐述，既有明辨历史渊承的价值，又彰显了当代的学术意义。

盛世修典，是中国文化的一大传统，这其中也蕴涵着士子问学并取法乎"上"的向心力量，所以《赋汇》作为翰苑蓝本，且由康熙帝御定，可谓当时的文化工程，这也是对本书进行系统整理并详加校订的价值与意义的重要方面。

三、编纂历程及问题与补正

作为一部通贯古今的赋总集，《赋汇》的编纂体制首先体现在"通"字上，而作为奉敕官修之书，编者陈元龙的构设体制，也正是最高统治者意旨的显现。康熙帝这种"通"的思想，不仅体现在他御定、御选的大量文化典籍尤其是文学总集上，而且明确地宣之于口。如在《御制古文渊鉴序》中，他对前朝如《唐文粹》《宋文鉴》等断代文章之选提出质疑："夫典章法度粲然一王之制，前不必相师，后不必相袭，此可限以年代者也。至于文章之事，则源流深长，今古错综，盛衰恒通于千载，损益非关乎一朝，此不可限以年代者也。诸家之选，虽足鸣一代之盛，岂所以穷文章之正变乎？"而在《四朝诗选序》中，康熙则大力倡导读文当有通观古今流变的眼光："时运推移，质文屡变，其言之所发虽殊，而心之所存无异。则诗之为道，安可谓古今人不相及哉？"论诗、文如此，论赋亦然。在御制《赋汇》的序文中，康熙关注赋体之用正源自古今之流变："春秋之后，聘问咏歌不行于列国，于是羁臣志士，自言其情，而赋乃作焉。其始创自荀况，宦游于楚，作为五赋。楚臣屈原乃作《离骚》，后人尊之为经，而班固以为屈原作赋以讽喻，则已名其为赋矣。其后，宋玉、唐勒皆竞为之。汉兴，贾谊、枚乘、司马相如、扬雄、张衡之流，制作尤盛。三国、两晋以逮六朝，变而为排。至于唐、宋，变而为律，又变而为文，而唐、宋则用以取士，其时名臣伟人往往多出其中，迨及元而始不列于科目。朕以其不可尽废也。"由此可见康熙对这项赋学整理工作的重视，也说明他对陈元龙研治赋学的信任。

但是，陈元龙编《赋汇》之成，由于时代与个人的原因，以及征录旧籍有限，存在诸多问题与缺陷。观其编纂历程，《清史稿》记载康熙"四十二年，再迁詹事，以父病乞养归，赐参。时正编《赋汇》，令携归，校对增益"。参照其他史料，陈氏生平大略是三十四岁中康熙二十四年（1685）乙丑科进士，殿试一甲二名入翰苑，二十五年（1686）充日讲官记注起居，二十八年（1689）遭弹劾休职回乡，三十年（1691）复任，四十三年（1704）以父年高蒙恩归侍，四十九年（1710）擢翰林院掌院学士，五十年（1711）迁吏部尚书，授广西巡抚，五十七年（1718）迁工部尚书，六十年（1721）调任礼部尚书。雍正即位，为文渊阁大学士，兼礼部尚书。乾隆元年（1736）卒。陈氏除《赋汇》之编，还参与了《御制渊鉴类函》《御制佩文斋咏物诗选》的编纂工作，同时尚有《爱日堂诗集》与类书《格致镜原》等撰述传世。在诸家传记中，有关《赋汇》的编纂，或未提及，或仅一语带过，即康熙四十三年陈氏获准返乡侍奉老父，《清史稿》作"时正编《赋汇》，令携归，校对增益"，《清史列传》作"复令携《赋汇》归，校对增益"，李元度《国朝先正事略》作"命携《历代赋汇》归，校对增益"。而据陈氏《御定历代赋汇告成进呈表》所署日期与康熙帝题序，本书完成于康熙四十五年（1706），而距四十三年陈氏返乡"校对增益"仅两年时间，期间陈氏遵循返乡临行时康熙传旨"此书原系尔所纂辑，彼时因克期告竣，未必全备，今付尔携至家中，从容增益校对"（陈元龙《爱日堂诗集·南陔集（一）》），可见这之前因"克期告竣"，《赋汇》宜初编已成，至于何时开始编纂是书，则无明确记载。然据冯柳堂《乾隆与海宁陈阁老》的推测，当在康熙三十三年陈氏"迁侍讲，寻转侍读"（蔡冠洛《清代七百名人传》）之后。由此至回乡"增益校对"，时历十年。十年间陈氏于三十五年随康熙征噶尔丹，三十八年充陕西乡试正考官，三十九年迁侍讲学士，四十年转侍读学士，四十二年擢少詹事充经筵讲官、迁詹事等，虽主职翰詹，却也不乏外务，在这样的情况下，于这样的时段完成《赋汇》初稿，也是比较合理的。据此大略，陈氏编纂《赋汇》过程，一则诸事繁杂，未能全心投入；二则回乡校核，参资文献有限。尽管陈元龙在编纂本书时态度是极为谨慎的，自谓"所采之原本，每有缺字误字，若有他本可校，择其善者从之。其他无本可校者，不敢以臆见增损改易，谨遵古人阙疑之义，仍依原文誊写，以俟参考"。但由于该书成于众手，所参考的藏书有限，故而存在许多不足之处。

依据学界研究成果，可将《赋汇》的不足处归纳为几点：第一，所录赋作没有注明出处，多数篇章没有注明异文，还有的将断章作为全篇收入书中。第二，所标作者姓名及所属时代多有讹误，还有同一人而用二名的情况。作者讹误者如隋李播《天象赋》署汉张衡，晋殷巨《鲸鱼灯赋》署殷臣。朝代误者如东汉邓耽《郊祀赋》署陈邓耽，唐孙樵《露台遗基赋》署元孙樵。一人用二名者如温庭筠，《锦鞋赋》署温庭筠，《再生桧赋》署温岐，实为一人。第三，有的伪作，有的出处待考者，该书既不注明，也不加以考辨。如署唐江采苹的《楼东赋》，应为宋人假托；署名宋张镜《观象赋》实为十六国时张渊作，署名宋王徽《咏赋》出明人刘节编《广文选》，颇为可疑。第四，所收赋有缺姓名者，有缺朝代者，这些虽可见编者审慎的态度，但也有因失检而出现疏漏者，这些是可以避免的问题。第五，有些赋作重复出现，有误一篇为两篇者，这些当是抄录来源不同，且失于检点，故有此误。此外，该书虽名《赋汇》，然失收者亦夥。有些易见文集遗漏者也不少，如欧阳修《欧阳文忠公集》有赋二十一篇，仅录十五篇；苏轼《东坡内外集》有赋二十三篇（不包括应试律赋），仅录十七篇（包括律赋三篇）；刘基《诚意伯文集》有赋八篇，仅录四篇；李梦阳《空同集》有赋三十五篇，仅录六篇；何景明《大复集》有赋二十二篇，仅录十二篇。甚至连一些著名篇章也在失收之列，如孙樵《大明宫赋》、何讽《梦渴赋》、秦观《黄楼赋》等均未收录。陈氏虽云参考了赵维烈《历代赋钞》，然其中所收明人赋，《赋汇》遗落者竟有九篇之多。至于该编失收者，文字校对不精处，尤其是大量署"阙名"者实作者可考者，亟待考辨。问题是，《赋汇》自康熙内府刻本以后，仅俞樾校本略有正误，其他版本非钞本即影印，多无校勘价值。缘此，我们以康熙四十五年内府刻本为底本，对勘以俞樾校本及四库钞本，参校赋家别集与相关的诗文总集，比勘标点，择善而从，并逐撰校勘记条目以辨其鱼鲁亥豕，以济补与订正上述所列《赋汇》旧编的不足，并附录较为全面的《赋汇》系列文献，试图为当代赋学研究者与爱好者提供一较为可靠且方便使用与阅读的新的标点整理本。

（原载《古籍整理出版情况简报》2019 年第 4 期）

新妆美质望江南

——评《江南通志》整理本

朱玉麒

在人类文明史上，"江南"是一个与经济富庶、风景优美、人文荟萃等品质相联系的文化符号。在中国的各种区域性竞争里，"赛江南""胜江南"种种赞美总是把"江南"作为最高水平的基准线。如果着眼于全球性的比较，江南也一样曾经是世界经济的一个中心。21世纪初美国学者彭慕兰在《大分流：欧洲、中国及现代世界经济的发展》一书中提出了18世纪以前世界多元但没有一个经济中心的理论。他认为，在工业化革命到来之前，古老的中国文明使西方并不具备对世界的支配地位。他的依据，正是来自对欧洲的英格兰和中国的江南之经济对比。

何处是江南？作为文化符号的江南在我们的记忆里留下的都是比较模糊的概念。多少中国人能够准确地寻找到彭慕兰论证的1800年前的江南？新近整理出版的乾隆《江南通志》，应该是帮助我们寻找历史记忆里的江南最为合适的典籍文本。

江南在何处？《史记》以来，"江南"一词就因应长江流域的开发而出现。作为一个地理单元，它并非一成不变。随着时间的推移，长江下游的环太湖流域成为自然地理意义上江南的核心区域，白居易的《忆江南》因此将后世誉为"人间天堂"的苏、杭各写一阕，总领江浙。事实上，古代行政地理中的江南，并不以长江划界，也并不包括杭嘉湖平原的浙江，而是根据人类社会活动的需要，以淮河、长江流入东海的江南、江淮、淮北三个板块为"江南"组成部分，这就是范璨在《江南通志序》中所描述的"东环沧海，西茹长江，北倚河淮，南俯震泽"。元至正十六年（1356），朱元璋占领南京，置"江南行中书省",是上述"江南"同属于一个行政区的开始。清代延续"江南省"的建置,而因区域广大,分为江苏、安徽两个布政使管辖;1927 年国民政府定都南京,又从江苏分离出上海特别市,形成了"江南"行政区域对应于今天的江苏、安徽和上海两省一市的建置情形。

江南地方史志是我们寻找江南文化记忆的重要文本。相比较于其他省区,江南地区虽然有丰富的郡县方志,一省通志却寥寥可数。乾隆以前,仅有明代《南畿志》和康熙《江南通志》传世,而前者限于时代,后者成书仓促,都不能像乾隆元年(1736)成书的《江南通志》那样历时五年、汇集乾隆元年以往史料,修纂成 205 卷、600 余万字的皇皇巨制。其时正值"康乾盛世"的鼎盛之期,乾嘉朴学盛行东南学界,该书以严谨的体例和周密的考订,成为进入中国近代史之前的江南通省集大成的经典之作。

其后因为江苏、安徽、上海的行政分离逐渐增强,不再有包含"江南"地域的通志出现。安徽一省有清道光、光绪《安徽通志》和民国《安徽通志稿》;江苏一省(包含上海)则直到民国年间才有《江苏备志稿》和《江苏通志稿》的修纂,且均为未能完成的定稿。它们都不足以构成完整的"江南"概念,而仅仅是江南的部分拼图。从这样的地域涵盖上来说,乾隆《江南通志》又是最后一部完整意义上的"江南通志"。

作为省志的经典,乾隆《江南通志》由两江总督尹继善等修,前翰林院编修黄之隽等纂。黄之隽曾任翰林编修、福建学政、太子中允,也曾参与修《明史》和《浙江通志》。雍正年间,他以老成之年从事《江南通志》的编纂工作,自然有学问精审和识见闳深。该书采用纲目体,分设"舆地""河渠""食货""学校"等十志,下又列 68 门,如凡例所言"志仿史例",是以正史的纂述为地方通志的体例,因此对方志在编纂理念和体例方式等方面的许多陋习作了改正,如其凡例称"古迹非仅供博览,实为论世考地之资""江南古称泽国……河淮、大江,由之入海,运河自南而北,蜿蜒其中,各次第之,较旧志加详""江南财赋重地……爰于田赋、户口、徭役、蠲赈,记载惟详"等,都将编纂内容的学术和经世价值置于渲染风物的陈词之上,一新方志的面目。即使如《艺文志》部分,也取齐《汉书·艺文志》,在这里读不到"博采诗文"的方志特色,却是目录学的文艺指南,如其凡例所言:"有关地方利弊及考订古今兴废者,则附入各门。至题咏之作,概阙而不录。"取舍之间,都以保存历史文献为本。即使如卷首的"诏谕"，从制度史的角度，也不可忽略，它是集权制社会地方制度建设的重要依据。《南巡笔记》和系列诗文尤其真实反映了康熙自身对于下江南的感受，对于我们研究康乾南巡的历史，是不可忽略的史料。

因此，从文献的角度来看乾隆《江南通志》，它也许不是一个有趣的"江南读本"，却是一个经过精心制作的江南数据库，任何对于江南的理解和发挥，都需要从中取资。站立在乾隆元年这样一个古代中国的鼎盛时期，乾隆《江南通志》为我们提供了一个终极版的古典江南的百科全书。

乾隆《江南通志》于雍正九年（1731）开局编纂，乾隆元年刊刻成书，不久之后有锓修本传世；乾隆三十七年四库开馆，《江南通志》也作为江苏进呈图书之一，被抄入《四库全书》。以上各种刊本之后多有影印传世，并且随着各地图书馆数据库建设的上线，似乎化身千万，取资甚便。事实上，这部"盛世"的志书恰恰又遭遇清代"文字狱"最严酷的时代，看起来比较客观地记录地方风物的方志图书，因为涉及明清之际江南文人中的种种"违碍"，版本之间也发生了种种变异，成为因政治因素干扰而在最短时间内改动最大的图书典型。因此，打算从《江南通志》获得真实的史料，反而可能因为使用版本的不当而发生歧义，留下求真不能的遗憾。

程章灿先生任主编、张乃格先生任执行主编的乾隆《江南通志》整理本，由凤凰出版社于 2019 年 11 月出版，作为这部方志第一次的点校成果，为我们利用《江南通志》提供了一个完善的读本，同时也在方志整理的体式上提供了独特的范例。

整理本《江南通志》排版疏朗，其中引文、小字夹注等另用字体区分，这些物理性质的排版特点，是凤凰出版社一贯的风格。更为重要的是，在整理观念上，整理者以乾隆元年刻本为底本，提供了一个通过校勘后择善而从的《江南通志》读本。其中有在体例、格式、文字上的错误，均据后来的版本进行对校而予以更正；因为避讳造成的改字，也一一回改并作出标记。在具体的数据和名称方面，还参校相关府州县志，予以更正讹夺、缺失，使得整部方志在初刻本上的错误都得到纠正。有些错误，在一般的古籍整理中本可一仍其旧，而整理者却从典籍中比勘校正，免除了以讹传讹。

作者还将领衔纂修者黄之隽的生平资料以及在其文集中有关《江南通志》

的纂修意见附录在书后，使读者对于通志的编纂理念和修志过程得到进一步的参考。在与其所论纂修内容相关的通志正文下，整理者还引文出校，体现了黄之隽忠于时代的编纂态度以及让读者对于比较生疏的"怀宗"为崇祯皇帝的知识有所了解。因此，乾隆《江南通志》整理本首先值得称道的，是它为学界提供了一部完善的读本。

整理本《江南通志》在古籍整理方面更重要的价值，在于它以乾隆元年刻本为底本，并以锓修本、《四库全书》本为参校，第一次汇总了不同版本之间的异同，为我们提供了一部可资比勘诸本异同的方志整理范本。

因为文字狱而造成的避讳，是《江南通志》各本存在歧义最大的原因，整理者在这方面出具了完整的校记内容，很多地方都可以看到《四库全书》本在文字狱禁锢下的重点删除对象。

事实上，文字狱的避讳在乾隆元年的底本里也存在，《江南通志》的编纂者起初就存不惜删改原文而确保图书通过审查的初衷。只是随着文字狱的升级，后来的改动也不断增加，版本变化渐行渐远。

《四库全书》作为《江南通志》最后的一个版本，馆臣也做了不少完善图书的工作，整理者都在校记里留下了"据《四库》本改"或"补"的文字。同时，虽然整理本的《点校凡例》说"凡底本不误，他本误者，不出校记"，但还是把底本不误而《四库全书》有误的异文都在校记中体现了出来。很多错误，都让我们看到《四库全书》不仅仅因为文字狱的关系删改原著，同时也因为《四库》馆臣的自作主张和抄手的误写，带来了较多的错误。因此，就《四库全书》的典籍而言，《江南通志》在解决本身的阅读整理之际，也给我们提供了一种解决方式——在底本的整理中校勘《四库》。

江南对于世界的意义，从来未曾缺席，以今天正在倡导的"一带一路"回眸江南，也可见其至关重要的地位。"丝绸之路"的概念告诉我们，在集中讨论历史上的欧亚大交通——丝绸之"路"时，更不能忽视这一文明通道得以命名的最重要媒介——丝路之"绸"。它的主要产地，正是江南。而江南丝绸的世界贸易，如何在本土酝酿、收成，又如何从长江出海、从运河漕运，以怎样的赋税供求于全球……这些珍贵的资料，都可以在《江南通志》中寻找到丰富的线索。

毋庸置疑，进入互联网的当代世界，江南依旧将是人类共同瞩目的东方明珠，依旧要在丝绸之路上为世界提供丰富的精神和物质财富。正是在这样的时代趋势下，重温《江南通志》中的古典江南，为今天社会的发展寻找值得借鉴的历史经验和地缘优势，应该是题中之义。

（原载《光明日报》2020 年 8 月 8 日）

《长江历史图谱》：咫尺之内　万里为遥

张乃格

在中国地图上，长江、黄河自三江源向东南、东北两个方向滚滚向前，分别在江苏和山东汇入东海与渤海。

它们的经行轨迹，犹如一个大大的"人"字。正是这"人"字的一撇一捺，构成了中国版图的基本框架。

长江与黄河：都是中华民族的母亲河

在空间领域，长江全长 6380 多公里，在世界上仅次于非洲的尼罗河、南美洲的亚马孙河，长度居世界第三位，流域总面积 180 多万平方公里，是黄河流域面积的两倍多。在时间领域，湖南道县玉蟾岩、江西万年仙人洞等稻作文明，距今 4500 年到 3000 年的四川三星堆文明，初现长江古文明瑰丽的曙光。

人类进入文明社会后，异彩纷呈的巴蜀文化、荆楚文化、吴越文化，与黄河流域的中原文化等并驾齐驱、相映成辉。中唐以后，长江流域经济快速发展，位于下游的扬州、中游的成都(古称益州)地位超过长安、洛阳，史称"扬一益二"。殆至两宋及其以后，南方的人口、经济、文化全面超越北方，完成了经济、文化重心从黄河流域向长江流域的转移。

恰如北宋范仲淹所说："苏、常、湖、秀，膏腴千里，国之仓庾也。"南宋陆游也说："朝廷在故都时，实仰东南财富。"民间则有"苏湖熟，天下足""上有天堂，下有苏杭"等俗谚，代代相传，妇孺皆知。

当代以来，长江以水为纽带，链接上下游、左右岸、干支流，形成巨大的经济社会文化内循环，长江流域特别是长江三角洲地区更成为全国现代化经济体系建设的引领区之一。

传统与当今：惟有图谱可以完美融合

为深入挖掘历史资源，努力展示长江涨落荣枯的前世今生、造福人类的深恩天惠，保护好祖先遗产，利用好大自然馈赠，传承文明，古为今用，江苏省地方志办公室精心选编了这本《长江历史图谱》（以下简称《图谱》）。

为什么选择图谱的形式？本书主编、江苏省地方志办公室主任左健伟主要有三点考虑：一是信息时代的选择。当今社会日新月异，知识更新快，生活节奏快，工作步伐快，每天需要接受海量的信息，读书碎片化、读书图像化悄然兴起，有人谓之读图时代。长江历时既久，涉及空间又相当大，一般文字书籍很难在有限的篇幅里容纳这么多的内容。而图谱不仅形象生动，还可以将东西上万里、上下数千年的时空浓缩于尺幅之间，使得读者足不出户便可以一览无余，穷本知末，洞隐烛微。二是古老传统的选择。图为早期地方志的主要表现形式，东汉有《三辅黄图》，唐代有《元和郡县图志》，六朝时期的方志多称作图经、图志、图记，其中"图"通常为地图，"经""志""记"则是对地图的说明。当前令人耳目一新的图像志、影像志，实际上正是这种传统形式的当代回归与嬗变。三是方志功能的选择。地方志属于政书。大到一国，小到一县，"地"都是其执政之基。古代地图主要用来描摹土地山川等地理形势。一图在手，境内地形险易、人口多寡、物产丰瘠，一目了然。故而图既是统治者巡行境内的向导，也是实施赋役征收、行政管理的重要依据。"版图"的常用义项是地图、户籍和国家疆域，正源于此。刘邦入咸阳，诸将无不争掠府库金银、宫廷美姬，独有萧何在第一时间接收亡秦图籍。《史记》载荆轲代表燕国向秦王献督亢（今河北省涿州市东南一带）之图，《三国演义》写张松向刘备献西川地图，也都是这个道理。所以宋代的郑樵在《通志·图谱略》里说："若欲成天下之事业，未有无图谱而行于世者。"近年以来，习近平总书记多次深入长江沿线调研、座谈，谋划、部署长江经济带发展、长江三角洲区域一体化建设，中共中央先后出台《长江经济带发展规划纲要》《长江三角洲区域一体化发展规划纲要》等纲领性文件。

《图谱》的选编与出版，正是方志工作者义不容辞的责任。

为此，选编人员克服新冠肺炎疫情期间各地公共图书馆闭馆等困难，通过各种途径，采用各种办法，在两千多种地方志和舆地、政书、兵书等古代文献中，青灯黄卷，孜孜不倦，爬梳剔抉，精挑细择。其中既有像明章璜《图书编》、清《古今图书集成》这样的类书，也有像郑若曾《江南经略》这样的兵书，更多则是来自长江流经各省的通志及其所属府州县志。编者从中精选160多幅舆地图、名胜图，编纂成这部《图谱》，由凤凰出版社出版。

"全景"与"特写"：力求"浓妆淡抹"两相宜

《图谱》共设七卷首一卷。除卷首外，依次为《长江总图》《上中游大江图》《下游大江图》《长江口图》《沧海桑田图》《江防图》《沿江风情图》，大体上分为四个板块。

河道板块3卷（卷一至三），读之可以明长江大势大略。其中卷一《万里长江图》所绘长江跨州过县，穿山越岭，宛若巨龙；卷二《岷山图》所绘岷山传统以为是长江之源，形似斧劈，《金沙江江源图》所绘金沙江是四川与西藏的界河，为长江上游的一部分，细若游丝。《巫山段大江图》所绘江流在悬崖峭壁间左冲右突，势若奔马。《湖口段大江图》所绘位于长江中下游交汇处，别开一番新天地；卷三《明江阴段大江图》所绘沿江城镇林立、港汊密如蛛网，凸显繁荣昌盛新气象。这3卷的选图标准是"全"，尽可能体系完整，兼顾上游、中游、下游。

上、中、下游之中，下游是选图重点，下游之中，江南是选图重点。这是因为，经过历代的开发，六朝"江东"、唐宋"江南"已经成为南中国的中心，明清江南则是全国的经济重镇和文化高地。唐代的白居易有《江南好》，杜牧有《江南春》，刘禹锡、温庭筠有《忆江南》，宋李煜、苏轼、周邦彦有《望江南》，以江南为题材的诗文不绝如缕，便是明证。需要说明的是，"江南"的地域范围，不同时代具有不同的外延，这里采用较为晚起的意义，主要是指以今江苏为中心的长江三角洲地区。

江南之中，江苏又是选图的重点。首先，今江苏南京是六朝"江东"、唐宋"江南"和明代南直隶的中心，清江南省的省会，而明南直隶、清江南省的辖境大体上相当于今上海市和江苏省、安徽省。其次，清康熙六年（1667）江苏、安徽虽然分省，但安徽省省会最初一直寄驻在江苏，时长近百年，直到今天人们还戏称南京为"徽京"。再次，今上海市建政较晚，元世祖至元二十九年(1292)才建县。明清时先后隶属于南直隶松江府、江南省松江府、江苏省松江府，直到 1927 年国民政府定都南京，将上海升格为特别市，由中央政府直辖，上海才不受江苏节制。至于上海市其他地区，明清时先后分属苏州府、松江府和太仓直隶州，民国后直属江苏省。中华人民共和国建立后，最初在江苏省设松江专区。1958 年，松江专区撤销，并入苏州专区。同年底，原属松江专区的南汇等 6 县及江苏省南通专区的崇明县，划归上海市。

以下三个板块的选图标准是"特"，尽可能突出事物的独特地位与深刻内涵。其中长江生态板块 2 卷(卷四、卷五)，读之可以明长江沧桑之变。之所以单设这一板块，主要是因为我国地势西高东低，长江自"世界屋脊"青藏高原，经横断山脉、云贵高原、四川盆地，洪流夹泥沙奔腾直下。过湖口以后进入下游，自此地势较为平坦，河宽流缓，泥沙逐渐沉积。另一方面，受地球自转偏向力的影响，历史上长江主泓道摆动较大，造成江岸的坍涨不定。斗转星移，沧海桑田，正是滚滚长江反复诉说的永恒主题。以长江入海口为例。据研究，两千年前长江口约在今扬州、镇江附近，当时河宽约 40 里。唐代中叶，扬州、镇江间江面缩窄至 18 里。现在的长江河口段上起徐六泾，西距镇江已近 400 里，河宽进一步缩到 5 公里左右。《老子》云："人法地，地法天，天法道，道法自然。"尊重自然、敬畏自然，树立顺应自然、保护自然的生态文明理念，为子孙种福田，替民族谋福祉，功在当代，利在千秋，功德无量。

江防板块 1 卷(卷六)，读之可以明忘战必危。长江既是我国航运的黄金水道，同时也是敌对势力顺流直下、外敌入侵逆流而上的天然通道。明倭寇侵扰东南，大多就是从长江口进入内地的。清道光间第二次鸦片战争中，英军舰队也是从长江口长驱直入，先侵吴淞口，再犯镇江城。咸丰间太平军进军江宁(今南京)，则是先攻占武汉，再水陆并进，沿江东下的。

沿江风情板块 1 卷(卷七)，读之可以明祖国山川壮美，激发爱国主义情愫。

内容与形式：努力实现完美统一

在编纂形式上，编者仿照古代图志体例，各卷前为图，图下注明出处，卷后附有图说。图说主要是对图中显示的古今地名、地理范围与主要内容进行说明。其卷五《古金山四面图》卷后所附图说云："金山位于镇江西北，原屹立于长江中流。唐张祜《题润州金山寺》诗有句云：'树影中流见，钟声两岸闻。'北宋沈括《夜登金山》诗有句云：'楼台两岸水相连，江北江南镜里天。'南宋孝宗《题金山》诗有句云：'卒然天立镇中流，雄跨东南百二州。'直至清光绪末年前后，金山才与陆地连成一片。"既简明扼要，又大大拓展了图的文化内涵。

在成书形式上，装帧设计采用金镶玉形式，选用优质宣纸影印，手工线装，分为5册，合装一函，古色古香，较好地烘托了长江悠久的历史。

为了展现长江的雄伟气势，《图谱》特地选用赵黻的《江山万里图》作为全书的卷首。赵黻是南宋镇江人，他的《江山万里图》是现存最早有关长江的水墨画卷，也是古代长江题材绘画中的杰作，历代收藏家、鉴赏家题诗作跋，清乾隆、嘉庆等帝王无不视之为拱璧。画家采用长卷形式，进行全景式构图，纵45.1厘米，横992.5厘米。为最大限度地保存原作长卷样式，书中采用经折装，精心彩印。读者手捧10米长卷，徐徐拉开，一幅万里长江图赫然呈现眼前。画面西起西蜀，东至东吴，由虚而实，由远而近，烟霭弥漫，江波浩淼，崇山峻岭，层峦叠嶂，江上乘风破浪的小舟，空中穿云破雾的飞鸟，岸上老树掩映的村落，孤峰凌空耸峙的寺塔，最终以排空巨浪、茫茫大海收笔，势吞山河，大气磅礴。近景、中景、远景穿插有致，浑然一体，淋漓尽致地表现了长江浩浩汤汤、奔流不息的壮观景象。

此图原件藏故宫博物院。这次在院方鼎力支持下，方得以走出"深闺"，面对世人。赵黻《江山万里图》的收录与印制，既给全书观感增色，也为此书内容与形式的完美统一凭添画龙点睛之妙。

（原载《中国水运报》2021年1月24日）

开创区域艺文志编撰的新局面

黄镇伟

在地方志中设艺文志或经籍志专记当地人士著述，始于南宋高似孙的《剡录》(今浙江嵊县县志)，其卷五《书》著录戴逵、王羲之、谢玄、支遁、谢灵运等人的著作 42 种。迄今地方志纪著述的艺文(经籍)志累计千余种。清代，方志艺文志出现别出单行的类型，旧称郡邑艺文志，如孙诒让的《温州经籍志》、胡宗懋的《金华经籍志》、项元勋的《台州经籍志》，近现代则有宋慈抱的《两浙著述考》、蒋元卿的《皖人书录》、王绍曾主编的《山东文献书目》等。《江苏艺文志(增订本)》(以下简称增订本)由凤凰出版社于 2019 年岁末隆重推出，全书大 32 开本，精装 28 册。其规模宏大，编例完备，后出转精，编撰的方法和体例可圈可点，可以说开创了我国区域艺文志编撰的新局面。

一、艺文志体现了时代特征

党和国家十分重视我国优秀传统文化的传承，改革开放以来，我国古籍整理事业大放异彩，好戏连台，古籍整理、古籍珍本的影印大规模有序推进。大量传统文化典籍的整理影印出版，充分反映出新时期中国文化建设的时代特征。进入 21 世纪，《故宫珍本丛刊》《中华再造善本》《明别集丛刊》，以及美国、日本珍藏中文善本丛书等陆续影印问世。这些昔日深藏库房难觅身影的古籍善本，现在现身各大藏馆，随时可与其握手见面。国家图书馆的古籍书目数据库、高校古文献资源库《学苑汲古》，以及全国古籍普查登记基本数据库、江苏省古籍普查登记系统等古籍检索平台先后建成上线。这些前贤难以看到，无法想象的人物和书目信息及先进的技术手段，为当代编目者在搜集文献的广度和发掘史料的深度上超越前人提供了切实的保证。

《江苏艺文志》初版由江苏人民出版社于 1994 年至 1996 年出版，凡 11 卷。增订本根据 2016 年江苏省的行政区划更新为 13 卷，2014 年启动增订工作，任务主要针对初版在作者、小传、书名、著作、版本、出处等项内容上的舛误和失载进行订正和增补，同时补充著作的收藏单位，以发挥联合书目的功能。

编目的基础和依据是文献资料。新时期我国古代文化典籍的大量整理出版，使增订本的内容在初版成果的基础上更加丰硕，是实现在文献搜集方面求全求实目标的坚实基础。增订本列出了自己的参考文献，包括"一般"和"地方"两部分，共 1590 余种。"一般"部分体现出宏观视野，凡 345 种，包括史传（包括传记资料索引）84 种，目录 126 种，总集 61 种，丛书 74 种等四部分，其中 129 种是 1995 年以后，也就是《江苏艺文志》初版以后出版的，尤其是丛书部分，74 种中有 53 种是后出的，且大部分是大型古籍珍本影印丛书。"地方"部分展示了微观深度，凡 1240 余种，主要包括地方志、地方文献目录、家（族）谱等。如《苏州卷》地方部分多达 320 余种，其中地方志乘 96 种，宗谱 111 种。参考文献的截止年限为 2018 年，如丛书类中的《清代家集丛刊续编》（国家图书馆出版社 2018 年版），正文中引用的清吴承恩《射阳先生文存》（《江苏地方文献丛刊》本，广陵书社 2018 年版）。有这样广泛扎实的文献基础，增订本才能在初版的基础上，人数和著述有所增加，著述存佚有所界定，各项信息有所匡正，使人物和书目信息相对完整和准确。

二、艺文志规模宏大

增订本共收录作者 29617 人，著作 85309 种。以《清史稿·艺文志》为参照，其著录四部书 9633 种，再以武作成的《清史稿艺文志补编》增补四部书 10438 种，二者共得 20071 种。若以 50% 为散佚之本，增订本的著录书仍达《清史稿·艺文志》的一倍强，可谓是一部规模空前的区域艺文志。

再看作者小传，《江苏艺文志》的体例是"以年系人，以人系书"，所以人物小传当是全书的灵魂。在增订本中所收录的江苏古代人物是最多的，我们以臧励和等编纂的《中国人名大辞典》为参照，这部近现代发行最多、规模最大的人名辞典，共收录中国历代人物 4 万余人，而增订本以一省之域即达其三分之二强，足见编者们搜讨之勤，发掘之功。

三、艺文志著录全面系统

增订本在著录方面更是达到了目前地方艺文志的最好水平，除了条目繁富以外，其质量更佳。

首先体现在稿本、抄本著录丰富。明清以来，稿本、抄本多为地方士人的著作，是图书典籍中最能体现地方文化特色的部分。增订本中著录丰富的稿本和抄本多为地方图书馆的收藏，如《苏州卷》"沈钦韩"条，著录其辑著28种65个版次，其中稿本14种，抄本20种，除独山莫氏旧藏《幼幼堂文集》100卷（未刊稿）外，均一一注明收藏者。"王汝玉"条，著录著作5种10个版次，8个为抄、稿本；"翁心存"条，著录29种，其中15种为稿本，5种为抄本；"杨沂孙"条，书目部分著录34种，其中稿本20种，抄本4种；而"徐兆玮"条更是著录多达89种稿本，皆系常熟图书馆藏本。《淮安卷》"童振藻"条，根据杭州图书馆所藏童氏260种稿本整理所著书目。《南京卷》"宗舜年"条，著录南京图书馆所藏《金陵艺文志》《咫园书目》等稿本。淮安区藏书世家陈氏曾两次将祖上遗存古籍700余部2000余册捐赠淮阴师范学院，其中包括近200种淮地文人的珍稀手稿或抄本。这些稿本或抄本，在《江苏艺文志》初版中多标注为佚或仅存书目。这次增订将信息一一增补在《淮安卷》中，说明增订本重视地方人文资源的发掘整理，并由此成功树立起地方艺文志的文化品牌。

其次为著作与刻书合璧。著述与刻书本是古代文化传播中互相促进、不可或缺的两个方面，也是古代文化活动的重要组成部分。历代史志书目或记藏书，或载著述，多不及刻书。《江苏艺文志》明确提出收录重要的校刻之书，对于艺文志的体例具有创新意义。一书在手，著刻合璧，不仅为江苏艺文志增添了更为丰富的历史内容，也使我们看到了明代金陵书坊、苏州金阊书坊的通俗文学出版，无锡华氏、安氏的活字印刷，常熟毛晋汲古阁刻书等在中国古代文化传播史上书写的精彩篇章。如《南京卷》明代金陵著名书坊唐昶富春堂，周曰校万卷楼，陈邦泰继志斋，仅三家所刻图书就达110余种。

增订本作为一部地方性艺文志，其编目工作勉力追求完备，其编例、规模都创造了历史，充分展示了当下文化建设事业欣欣向荣的时代特色。江苏历史上，南朝皇室成员的编纂著述活动、唐代扬州的文选学、清代以苏州为中心的考据学研究等，都具有全国影响。增订本对上述有关著述的详尽著录，无疑将对推动全国的相关文化研究发挥积极的作用。

最后特别指出，《江苏艺文志》的增订工作由主编江庆柏教授、《苏州卷》主编曹培根教授等 29 位同仁参与，这是一支充满生机和活力的学术队伍。薛以伟在徐州卷《增订本后记》详细记述了自己为搜求寻访资料，踏雪顶日，披星戴月，奔走于城市街巷、远乡僻村的过程，这应该是全体成员投入增订后的工作状态缩影。我们热切期待他们新的优秀成果问世。

（原载《新世纪图书馆》2021 年第 8 期）

"瓣香私自奉高邮"

——写于《俞樾全集》出版之际

虞万里

　　平生第一次接触到"俞樾"这名字，应该是五十多年前好不容易借到半本没有封面的《七侠五义》，懵懂少年被尚武意气驱使，沉浸在南侠、北侠和锦毛鼠任侠好义的行迹及高超的武艺格斗中，全然不会去理会"石玉昆述，俞樾重编"之题注。即使不经意扫一眼，也会浮现"先生不知何许人也"的疑惑。十多年后，有心向学，曾在旧书店买到国学基本丛书本《诸子平议》，因为那时钻研重心在古音学，也只是浏览几页便束之高阁。觅得《正续清经解》后，我抄录四百种经解书名，将《四库简明目录》《丛书综录》《贩书偶记》等目录书中相应版本信息一一标注，才知俞樾著作之多，多到使我瞠目结舌。考入《汉语大词典》编纂处编纂词典，日与古书交道，始经常查阅《笔记小说大观》中俞樾的《茶香室丛钞》《春在堂随笔》等。古籍整理工作兴起，中华书局先后将《茶香室丛钞》《九九销夏录》等点校出版，亟购置以备审稿之用。及至自己撰写论文，关注经典经说、异文，方仔细阅读《礼记异文笺》《礼记郑读考》《郑康成驳正三礼考》等；又为收集同义复词资料而阅读高邮王氏四种，才知俞樾的多种作品简直就是二王著作的续篇。一代经学宗师、乾嘉朴学殿军的形象，就是在这样的读书历程中逐渐形成。这样一位大学者的著作，对于素有嗜书之癖的我，当然必欲置诸邺架而后安。只是早先见于旧书店的线装，屡因价高而却，而俞著篇幅大、内容广，整理困难，上个世纪一百年中始终无完整点校本。2010 年得知凤凰出版社已出影印，刚准备购置，闻有两批学者在整理点校，及至最近凤凰出版社将汪少华、王华宝两位教授主持整理的《俞樾全集》寄到，终于遂了我可以随便翻阅、恣意浏览的心愿。

俞樾《自述诗》有云："十年春梦付东流，尚冀名山一席留。此是研求经义始，瓣香私自奉高邮。"自注："是年夏间无事，读高邮王氏《读书杂志》《广雅疏证》《经义述闻》诸书而好之，遂有意治经矣。"据《群经平议序》和《年谱》所记，"是年"为咸丰八年（1858），俞氏三十八岁。《群经平议》初刻刊成于同治六年（1867），前后适十年（《诸子平议》刻成于稍后的同治九年），虽戏称"春梦付东流"，却自喜可"名山一席留"，"尚冀"只是"自知明艳"的故自"沉吟"。两《平议》模仿、继踵二王《杂志》和《述闻》，作为自己著述之第一步，可见俞氏学术起点之高。但这样的高起点并非人人可以随便模拟。王念孙十岁已诵毕十三经而旁及《史记》《通鉴》，从《杂志》《述闻》中随意征引，可见其对经典熟悉之程度。而俞樾亦六岁而授读《四书》，过目不忘。二十岁读《日知录》，作《小笺》，已显露出学术功底和考据倾向。

　　《平议》既由读二王著作引发兴趣，步趋撰作，则《读书杂志》与《诸子平议》，《群经平议》与《经义述闻》，自有也必有千丝万缕的联系。因为同对一经一子予以校正讹误、疏通文意，自会交会于同一字词文句的讹误而产生仁智之见。今《诸子平议》中言"王氏""王氏《杂志》""王氏《读书杂志》""王氏念孙""王氏念孙《读书杂志》""王氏引之"等约有一百七八十次，《群经平议》中言"王氏经义述闻""王氏引之经传释词""王念孙曰""王氏念孙读书杂志"等亦一百四五十次。综此三百多条引说中，有赞同王氏父子之说者，有补充二王之说者，也有不赞同其说而予驳斥者，无论其所同所申所驳是非错对，都表明俞书继承王书的事实。《平议》是俞氏中年著作，二书刊成之后，作为瓣香高邮的俞樾，并未停止步武二王的足迹。其《弟一楼丛书》中的《易贯》《玩易》《论语小言》虽非纯粹考证，亦属经义札记；二卷《读书余录》中《内经》《鬼谷子》《新语》《说苑》属于《诸子平议》内容；尤其《汉碑》四十一条，更是拟王念孙《汉隶拾遗》而作。《曲园杂纂》中《易说》《书说》《诗说》，仍是继承《群经平议》考证之文，而读《吴越春秋》《越绝书》《鹖冠子》《盐铁论》等，亦是《诸子平议》之续篇；至于《春秋岁星考》《卦气直日考》《七十二候考》等，明显是步王引之《太岁考》之后尘。光绪十四年编成的《茶香室经说》十六卷五百七十条，系授课讲论笔记，虽自嘲不知"稍胜于前"还是"疏舛更甚"，终亦属于经解札记著作。

　　王念孙对《杂志》与《述闻》本有一定体例，但因道光七年以后，年届高寿，精力不济，于是匆匆将《春秋名字解诂》《太岁考》等附入合刻。王氏逝世，子引之又匆匆整理两人未完成的《后汉书》《老子》《庄子》等八部书二百多条札记编成《杂志余编》作为二王著作的总结，刊刻了事，这无疑是一个遗憾。俞樾应该深谙王念孙意图，所以在《群经平议》中加入《论》《孟》，完足经部，将《春秋名字解诂补义》别编入《弟一楼丛书》，其《诸子平议》不仅于《杂志》因未完成而未收，《余编》亦仅聊聊数条、数十条的《老子》《列子》《庄子》《韩非子》《吕氏春秋》作考订，更进而对《商子》《文子》《公孙龙子》《楚辞》乃至《韩诗外传》《潜夫论》《论衡》《中论》《抱朴子》等秦汉魏晋诸子亦一一考订札记，虽数量不多，但可以看出他似乎在有意完成王念孙的遗愿。《俞楼杂纂》所收《广雅·释诂疏证拾遗》，系俞樾早年对《疏证》的补作，只是晚年精力衰退，无力续成，于是作为"拾遗"收入，存此印记。今观其每条下都用"樾谨案"起首，既得王氏父子著述条例，也表达出自己对王念孙的礼敬。

俞樾高第章太炎曾将《古书疑义举例》与《经传释词》比并，缪荃孙也以为是小变其例而加以推衍。其实《释词》专论虚词，与《举例》异辙。《举例》是俞樾在二王《读淮南子杂志》第二十二和《经义述闻·通说》所罗列古书讹误条例基础上，结合自己一生读书校书心得，总结、抽离、升华而概括出来的阅读古书条例。二王的条例，明显是撮取《杂志》和《述闻》实例的归类排比，约略显得机械。《举例》则是一本经融会贯通、精心安排的专著，其内容更丰富，涵盖更广泛，条理更清晰。相较于《杂志》《述闻》所举，《举例》不仅是青胜于蓝之作，其梯梁来学之功，愈久而愈显，刘师培"叹为绝作"，洵非虚语。

像乾嘉凡治朴学考证学者无不重视《说文》一样，俞樾在《平议》撰作过程中，曾避居天津，钻研《说文》，著《儿笘录》四卷，参据前辈学者顾炎武、钱大昕、段玉裁、桂馥、姚文田等人之说，或从或违，以厚植其小学根柢。至于其所著之《礼记郑读考》《郑康成驳正三礼考》《九族考》《玉佩考》《丧服私论》，篇幅虽短，是又在札记考证形式上迈出一步，罗举诸书，断以己见，接轨近代论文。

晚清民国以还学者多以高邮二王的学术标杆高度，来审视俞氏两本《平议》及其他考证札记，对之不无微词，所以俞氏影响虽大却一直不在学界研究的中心。本世纪初已有多位年轻学者就俞氏著作作专门研究，其功过得失始逐渐清晰，诚如《全集》主编汪少华教授指出，俞樾之疏漏处是在没有充分证据前提下"随意引申""滥言通假"和"因声求义"。俞氏于古音颇疏，纵观其所有经义著作，多用"一声之转，义亦相通""同声通用"，而不别声纽韵部界画，这是他与二王的差距，决定了其著作的深度。其次是引证少而主观判断多，以致不免以偏概全。但就古籍流经千年、讹误五花八门而言，证有不足，论有可商，即王氏父子著作亦有所不免，即俞著指正王说也多有可取者。总之，俞樾的经义札记为我们阅读经典、追迹秦汉经说提供了很多启迪性思路，尤其《举例》一书更是为后世提供了一把阅读古籍的钥匙。更值得称道的是，俞樾在晚清乾嘉考据学式微，今文经学兴起和西学已经东渐的环境中，独自扛着二王考证求是的大纛，坚持行走半个世纪，其高寿与王念孙相齐，其毅力与精神亦与王氏相埒，这点非常值得后人敬仰。

俞樾一生著作宏富，总计近五百卷约近千万字，除少量涉及史部外，经、子、集三部篇幅都有相当数量。《全书》版本虽然单一，但刻工不甚精，故当时就有校勘记订正。且俞著征引繁富，遍涉四部，其整理的工作量和难度可想而知。此次整理，凡有不同版本，对校求是；遇引文有疑，校核原书。今观其《平议》《丛钞》诸种，多有纠正原书讹误之校记。辛苦自己，方便读者，完善俞书，这种奉献精神，与俞氏一样值得我们尊敬。

但《全集》有三十二册，书脊只标示书名。这些著作，有的有篇名有目录，如《茶香室丛钞》《荟蕞编》等；有的有篇名却未编目录，如最重要的《群经平议》《诸子平议》等；有的仅是条记心得而无篇名，当然没有目录，如《春在堂随笔》等。整理本依《春在堂全书》序次，四部内容分散，就群经、小学和诸子类札记而言，已分散在十多册之中，要寻找非常不便。俞樾一生所写文章过千，诗作三千余首，今所辑得之书函亦有一千四百多通，笔记则更屈指难数，若要寻找其某一学说言论，几同大海捞针，无从下手。记得俞樾学生、为《春在堂全书》作校勘记的蔡启盛曾为《清经解》编过索引，非常便于利用。由此想到，《全集》出齐之后，若能将有篇名的作品全部编成索引，无篇目而能拟出篇名的也尽量编成索引，作为附册，这将大大提高《俞樾全集》的利用率，可以更好地推进晚清经学、子学、文学和学术史的研究。

（原载《中华读书报》2022 年 8 月 24 日）

"水浒戏"与《水浒传》的"互动史"

石　麟

　　由孙琳辑校的《水浒戏曲集成》是迄今为止汇集"水浒戏"最为完备的集大成之作。该书共收录各类水浒戏曲一百四十多种，是对傅惜华先生《水浒戏曲集》的补充与拓展。在我看来，该书或许会有少收、漏收的可能，如前言所言，在经多次校对后可能还会有极个别的错字、讹字，但作为文献整理，此书至少具有文化史、文学史、校雠学、版本学等方面的多重价值，能够节省"水浒"的爱好者和研究者的大量时间和精力。如该书通过历代"水浒戏"不同版本和形式的比勘、分析，清理出戏曲本身在主题、人物、曲辞、表演等各方面的延续、发展与新变，这就是它的"戏曲史"价值。但我更看重的是《水浒戏曲集成》与《水浒传》的关系，亦即小说与戏曲之间文学发展内部的"互动史"。

　　谈到"互动"，首先得明确每一部"水浒戏"作品与《水浒传》孰先孰后的问题。《水浒戏曲集成》共有五册四编：第一编（第一册）是"杂剧"，第二编（第二册）是传奇戏，第三编（第三册和第四册）是宫廷大戏《忠义璇图》，第四编（第五册）是各剧种的"折子戏"。

　　第二编"传奇戏"以下的作品，全都产生于《水浒传》之后，应该没有问题。关键在第一编中的"杂剧"部分，按照时间先后，我们可以将其分为三大块。

　　第一块是"元杂剧"，有六个剧本的十二个版本，外加所附的《木梳记·宋公明智激李逵》，这些，应该都是《水浒传》以前的作品。这六个剧本是：《双献功》《燕青博鱼》《李逵负荆》《还牢末》《争报恩》《黄花峪》。至于《木梳记》，据孙琳考证："此剧未见著录，仅收录于明人戏曲选集《八能奏锦》卷一。似出自于《鲁智深喜赏黄花峪》。"

第二块是"元明间杂剧"，有六个剧本的八个版本。六个剧本为：《五虎大劫牢》《七虎闹铜台》《王矮虎大闹东平府》《宋公明排九宫八卦阵》《黑旋风仗义疏财》《豹子和尚自还俗》。这些，基本上都是元末明初的作品。它们出现的时代，正是《水浒传》最终集大成的时代。这些作品，其人物情节或与《水浒传》交叉，或与《水浒传》并行，或相互影响，或毫不相干，情况最为复杂。

第三块是"明清杂剧"，有三个剧本，即《宋公明闹元宵》《戴院长神行蓟州道》《十字坡》，前面一个是明末的，后面两个都是清代的。这三个剧本，毫无疑问都产生在《水浒传》之后。

我们再看杂剧之外的"水浒戏"。明清传奇戏共有《宝剑记》《灵宝刀》《义侠记》《水浒记》《元宵闹》《偷甲记》《宣和谱》《翠屏山》《曾头市》《金兰谱》《射红灯》十一种十二个版本（《翠屏山》有民国间抄本），前五种是明代作品，后六种是清代作品。这些作品全都产生于《水浒传》之后。

宫廷传奇大戏《忠义璇图》，是经过很多人多次改编而成的，最终形成十本二百四十出，其基本情节依照一百二十回《水浒全传》，当然也少不了增删修改之处。

各剧种的"折子戏"，基本上都产生于清代，有"花部"，有"雅部"，甚至还包括某些讲唱文学如"子弟书"之类。这些作品当然都产生在《水浒传》之后，它们大都是改编《水浒传》中的情节片段，有的则是借用《水浒传》中的人物"节外生枝"而成，可视为"水浒外传"。某些戏曲是否算作"水浒戏"，可能学界同仁会有不同的观点，而将这些处于"似与不似"之间的作品呈现于一处，对于相关研究相信会有一定程度的推动。

总之，《水浒戏曲集成》中产生于《水浒传》之前的作品，主要对《水浒传》起到了"灌溉"作用；而与《水浒传》的集大成时期同步的作品，或并行发展，或相互渗透；至于产生在《水浒传》之后的作品，则在受容《水浒传》的前提下多有"流溢"现象。如此种种细节，非本文所能阐发，待笔者再撰文详加讨论。

（原载《中华读书报》2023 年 6 月 21 日）

舆图说江南

江庆柏

　　"江南"一词，有地理学方面的意义，也有文化学方面的意义。苏州市地方志办公室编纂的《江南旧志图选》是"志说江南"系列丛书之一。"志说江南"包括了江苏的南京市、镇江市、常州市、无锡市、苏州市、扬州市、泰州市、南通市，上海全域，浙江的杭州市、嘉兴市、湖州市、宁波市、绍兴市，安徽的安庆市、黄山市。这个范围，兼顾了地理意义与文化意义上的江南。

　　地方志中的舆图，是地方志的重要组成部分。"志说江南"计划编纂、出版多种"图选"，以满足新时期"存史""资政""育人"的需要，这是一件非常有意义的事。凤凰出版社出版的《境域》《城池》，是《江南旧志图选》中的两种。笔者此文，就这两种志书以及志书的功能试作分析。

图以济志之难达

　　我国古代非常重视地图的绘制，南宋郑樵说："即图而求易，即书而求难。"（《通志总序》）在地方志中绘制舆图，是地方志纂修的传统。嘉靖《永丰县志》卷一"图表"小序云："图以形之图见，而地舆可坐知也。"嘉靖《固始县志》卷一《图像志》张梯识语也说："图像备而易简之理得矣。今志首图像，盖欲使观者形感而得之深也。"这些对舆图的意义、作用作了概括的说明。

　　江南地区的地方志对舆图同样重视。光绪《溧水县志》"凡例"云："县志以志地为最重，所以辨方舆、知险要也。志首必有图，其疆域之广袤，城垣之环绕，洵宜详列。至若公廨之规模，山川之胜景，虽属铺张，亦资浏览。"光绪二十一年江苏布政使邓华熙撰《江苏全省舆图序》云："兹图之成，可以核省并之规，可以辨广轮之限，可以定偏高之度，可以明夷险之交，可以审潴泄之宜，可以识市集之盛衰，可以悉任使之轻重。"嘉靖《重修如皋县志》则认为，方志有图并非为观赏"江山之秀丽"，而是有助于地方治理、教化。这些凡例、序文都对舆图的作用作了简洁而又概括的说明，强调了地方志中图的重要性。

对舆图的制作，江南地区同样非常重视，而且有具体说明。同治四年，江苏省舆图总局颁布了由沈宝禾、吴汝渤等编印的《苏省舆图测法绘法条议》及其《图解》。《条议》共二十则，包括测向罗盘、代弓绳、矩等工具及其制作、使用法，陆路、水路、山、城、太湖、各海口、方向等测量与标示法，上图、绘法等方法。这是江苏省第一部官方测量的规范图解。同样，地方志中对舆图的绘制，也会根据一定时期绘图技术的发展，提出切合实际的做法。如同治《苏州府志》卷首《修志凡例》，用了五条专门指出地图的绘制。其第一条称："旧志各图，粗存大略，方位远近，皆不可据。咸丰初，苏城以防堵绘图，始用新法，履地实测，成九邑全图。同治初，奉旨绘苏省全图，郡设舆图局，亦因其法，皆视旧图为准。今参用两图，缩绘入志（局图山水、桥梁、坊巷等名多用俗呼以取醒目，今仍之）。"第三条说："各图皆纵十三格，横十八格。至每方若干里及若干步，则各图不同。"介绍绘图方法非常具体。

挈全纲　领要地

地方志舆图的种类各不相同，最重要的是境域图与城池图。

一般情况下，地方志都会有这两类图。例如被李兆洛评为"法度厘然""足为凡为志乘者之式"的宋代咸淳《毗陵志》，卷首所列"图"就是郡治、郡城、郡境和当时所属晋陵、武进、无锡、宜兴四县的县境图。这是我国现存较早的地方志之一，可见当时所重就是境域、城池两类舆图。再如嘉靖《江阴县志》，卷首"图"所列目录，即县境、县城两类。光绪《高淳县志》卷首《图记》写道："首四境，以挈全纲；而县治、学宫，举领要地。皆图之所宜急。"这句话，概括说明了地方志舆图中境域图与城池（县治）图的重要地位。

《江南旧志图选》出版《境域》《城池》两编，正体现了这种挈全纲、领要地的重要作用。

地方志重视境域图、城池图，是由地方治理与政治资源在地方的相对集中等原因决定的。我国现存地方志主要是明清两代的，明清两代的地方政区一般实行府、县两级制，知府、知县成为地方最重要的两级行政官员。《清通志》卷六十九《职官略》记道：知府"掌一府之政，统辖属县，宣理风化，平其赋役，听其狱讼，以教养百姓"。《清史稿》志九十八《职官三》记道："知县掌一县治理，决讼断辟，劝农赈贫，讨猾除奸，兴养立教，凡贡士读法、养老祀神，靡所不综。"知府、知县执掌虽有差异，但"靡所不综"这一点则相同。正是这一点，需要知府、知县掌握一府、一县的全部情况，境域图无疑可以为府县行政长官提供最直观、最全面的资料。

康熙《高淳县志》卷一《图纪图说》道："夫莅官展采，欲周知封内广轮之数，辨其山川，悉其利害，则舍图无由矣。"说明了境域图在考察、分析域情方面的重要作用。

以救灾为例，江苏是水乡，境内江河纵横，湖泊密布。发达的水系既有舟楫之便、灌溉之利，但亦易引发水灾，所以自古以来治水即为治省第一要务。境域图为治水、救灾决策提供了重要依据。例如宣统元年四月间，宜兴、荆溪二县暴发"蛟雨奇灾"。受灾最严重的为金泉、从善、五贤、成任四乡。洪灾发生后，地方人士实地调查勘测，拍照报告。其报告称："砺山在金泉乡上方，距永丰乡、张渚镇十五里。""其地当金永群山蛟洞八十六处之冲。"其余各处报告称："圩内平田六千数百亩，被灾已阅三月，水尚不退。""田可行舟，积水二尺至四五尺不等。"督抚根据呈送的摄影照片和报告，委派县令等前往复勘。查此次灾害波及之地，在《境域》依据光绪《宜兴荆溪县新志》所选宜兴荆溪全境图中均有标注。当然实际救灾仅依据这个县境图是不够的，但通过这个图可以了解到受灾地区的大致方位，也为后人查考提供了线索。

辨疆域　明纷争

划界问题一直是许多地方产生地域纷争，甚至发生冲突的重要原因。例如刘庄、白驹二场，地处兴化县与东台县交界处，两县为其归属一直纷争不断，都认为行政区划在本县内。1917年，东台成立修志局。县志协纂袁承业依据《扬州府志》《中十场志》等，撰述《刘白属东证明文件》，认为刘庄场、白驹场应该属于东台，对归属兴化之说予以驳斥。针对袁承业此书，兴化续修县志局依据雍正及嘉庆《扬州府志》、咸丰《兴化县志》、嘉庆《东台县志》及《两淮盐法志》等记载，撰《丁草刘白疆域属东驳议》一书，驳斥袁氏其说，明确指出刘庄、白驹，包括丁溪、草堰四场本为兴化所属。

撇开具体争议不说，就《境域》所录舆图来看，嘉靖《惟扬志》之"今兴化县图"，将刘庄场、白驹场、草堰场三地归于县图中，万历《扬州府志》之"兴化县四境图"标注"东至丁溪场"。再看《境域》没有收录的嘉庆《东台县志》，卷二《沿革表》记东台置县在乾隆三十三年，卷八《都里》"县北"记有丁溪场、草堰场、白驹旧场、刘庄场。由此可见，在东台置县之前已有刘庄等场，其地属兴化。东台置县之后，此四场入东台。可见袁承业与兴化续修县志局所说，均有依据。

此处自然无意介入以往的疆界之争，但由此也说明《疆域》所录舆图，可为疆界争议提供历史凭据。

绘整体　资稽考

地图的主要功能和绘制目的在于对地球的地表以及自然与社会现象的空间分布和相互关系进行图形呈现。

我国古代实行的治理体系使得城市成为一切资源的集中地，而府城、县城又是一府、一县的中心，是一个行政区内的政治、经济、教育、文化、商业、服务业等中心。古代城池，是一个行政单位的中心，也是各类官署所在地。志书各图对此均非常重视，会有明确标注。

例如清代苏州府城，官署林立，有省、府、县三级行政机构，还有各类专属机构及驻军机构，《图选·城池》所选"苏城全图"，用插页的方式完整地展示了苏州城内各类官署的名称和地理位置。在东北角图中，有粮道、北织局等，西北角图中，可见西大营、宝苏局、守备、吴县等，东南角图中，可见长洲县、元和县、织造（织造衙门）、织局（织造局）等，西南角图中可见巡抚、布政司、按察司、司狱司、苏州府等。

宝苏局是清代江苏省钱局所铸之钱，代字为"宝苏"，其铸钱局称宝苏局。粮道，即督粮道的简称，道员的一种，掌管漕粮督收、运输等事务。《大清会典则例》卷四十二《户部》记道："分省漕司，山东、江安、苏松、江西、浙江、湖北、湖南各设粮道一人。""苏城全图"中所标"粮道"，即苏松粮道衙门，管辖苏州、松江、常州、镇江等府及太仓州的粮务，后实际负责江苏全省粮务。清代在江宁、苏州、杭州三地设织造衙门，负责皇室所需纺织品之制造。苏州城内有三处标示，即织造、织局、北织局，可见其重要性。根据图中所示，可以轻易找到各官署的地址，并找到与今地图对应的位置。这些官署名称等，在清人诗文集中常常被提及，这对文献考订、学术研究，乃至城市开发，都有重要价值。

人们通常认为，苏州是一个经济发达、文化繁荣的城市，而"苏城全图"还显示出苏州城市也是一个行政中心。它不仅管理着苏州府，还在一定程度上管理着江苏省，在政治上也有着重要地位。因此，这类地图通过地理信息明确的空间位置，能给读者形成一个整体分布状况的概念。

记人文 述变迁

各地老地名具有丰富的文化内涵，是历史记忆的重要体现，是当地社会文化的重要组成部分。

在《城池》各图中，可以看到许多富于历史意义的老地名。如光绪《丹徒县志》中的"旧城坊巷图"，有一条水陆寺巷，巷名因水陆寺而得。在这条街上，有一座有一定影响的"私立江苏流通图书馆"。图书馆由镇江陈涛、文昭夫妇创办。受九一八事变影响，陈涛认为要挽救国家民族之危亡，利人救世，就必须唤醒民众，故决定倾个人之全力创办一所图书馆。他在水陆寺巷西口购地二亩，兴建馆舍两层，上下共六间，鼓励民众走进图书馆借书，还附设无线电收音民众识字班。从坊巷图中，可以感受到这条街巷的古老。《江南旧志图选》，为我们文化寻踪提供了充分依据，也让我们在阅读图志时能感受近百年前的暖意。

古往今来，城池的变化很大，《江南旧志图选》中选录的同一地区不同朝代的图片，可以直观地看到城池不断扩展、延伸的过程。这个过程也是社会发展的过程。芙蓉湖的变迁就是一个典型的例子。

芙蓉湖在武进县东、无锡县西北、江阴县西南，也称为"上湖""射贵湖""无锡湖""三山湖"等。唐李绅诗云："水宽山远烟岚迥，柳岸萦回在碧流。清昼不风凫雁少，却疑初梦镜湖秋。"康熙年间任无锡知县达十三年之久的吴兴祚，编撰了一本《治湖录》，其中写芙蓉湖道："此湖自唐宋元明之前本属大川，为蛟龙出没之处，汪洋浩荡。"可见这本是一个碧波万顷、烟波浩渺、气象万千的大湖。

而自明代开始，当地围湖造田，导致水域面积大减，直到后来逐渐消失。这一情形，在舆图中都有确切反映。如弘治《江阴县志》卷十四《离合图谱》列"宋志全境图"中，西南角秦望山、焦山山麓，可以清楚地看到一个很大的湖泊，名为"三山湖"。然而在反映修志年代县域面貌的"今志全境图"中，这个湖泊已经完全消失。县志卷六《疆土·山川》记芙蓉湖道："周围一万五千三百顷，又号三山湖。（原注：今皆壅涨为圩田矣。）"证实了芙蓉湖消失这个事实。其后修纂的嘉靖《江阴县志》与此相类。县志卷二下《山川》记芙蓉湖则谓"今皆为圩田"。1935 年出版的芮麟等编《无锡导游》，亦列有芙蓉湖景点，但其解说词道："当年浩浩荡荡，今悉东南其亩，无复旧观。"也是颇为无奈。古语有云，"沧海桑田"，这种巨大的变迁，舆图是其见证。

在历史的发展过程中，许多地名亦发生了变化。《江南旧志图选》对地名考证也有用处。例如在康熙《江南通志》的镇江府图、万历《重修镇江府志》的镇江郡属总图等图中，大江中都有"顺江洲"——一个沙洲。今其地改名为高桥镇。丹徒土地志编纂委员会编《丹徒县土地志》云：今高桥镇"至清乾隆年间，渐与北岸邗江县的南新洲连接，称顺江洲"。镇江市丹徒区地方志编纂委员会编《镇江市丹徒区志》第一章《地质、地貌》"顺江洲（高桥镇所在地）"条亦谓："位于区境东北部长江中，成洲于明成化、弘治年间。清乾隆时，补沙、还沙等几个小沙洲渐与北岸的南新洲连接，始称顺江洲。"

而从《江南旧志图选》可知，万历《重修镇江府志》、康熙《江南通志》均已见顺江洲之名，可知乾隆年间始有此名的说法不正确。其实明人著作，如胡宗宪《筹海图编》、茅元仪《武备志》等，都已有顺江洲之名。

图志亦有不足

《境域》《城池》各图也有不足。如《境域》各图由于涉及区域较广，在位置标示上尚难以做到精细。再如《境域》中有三幅"靖江县境图"，其中第一、第二幅分别选自万历《重修常州府志》和康熙《常州府志》。靖江设县较迟，到明成化七年始置县，属常州府。《靖江县志》修纂已在康熙年间。《境域》选用万历《重修常州府志》以显示早期靖江的地理景况是可以的，但在已有康熙《靖江县志》且其中也有"县境图"的情况下，仍用康熙《常州府志》则不妥。因为《靖江县志》中的"县境图"与《常州府志》中的"靖江县境图"有重大差异。

靖江原是长江中的一个沙洲，名马驮沙。明天启年间，北大江淤塞，开始与北岸泰兴接壤。在康熙《靖江县志》的"县境图"中，县境南面依旧是波涛滚滚的长江，而北面为靖(江)泰(兴)界河(界河今仍在)，两地已经相连。但在康熙《常州府志》中，靖江四面依旧都被长江围住。与此相同，靖江北面的地形、地名，两幅图也有许多差异。显然《靖江县志》反映的是现实的地理情况，《常州府志》依然是历史上的情况，与实际情况已有很大差异。图像要有时代性，这里用康熙《靖江县志》当更为妥当。

虽然如此不足，《江南旧志图选》的出版，仍为我们查考江南的地理情况提供了方便，也展示了古代舆图绘制、出版的成就，值得充分肯定。

（原载《光明日报》2023 年 6 月 26 日）

《唐刺史考全编》：存文于史，寓论于考

李德辉

一

南京师范大学郁贤皓教授以李白研究精深而驰名海内外，但他同时还是唐代刺史研究最好的专家，所出唐刺史及李白研究各书，嘉惠学林，不止一代。凤凰出版社 2022 年 12 月出版的《唐刺史考全编(增订本)》，326.4 万字，精装6 册，皇皇巨著，为其唐刺史研究的最新成果。末附《州名索引》《刺史姓名索引》二种，十分便于读者检阅。

该书首版名《唐刺史考》，1987 年江苏古籍出版社出版。后来作者感到资料搜集及考订还有疏漏，于是又花十多年对原著做了大规模增订，因而有2000 年安徽大学出版社修订版。鉴于增订较大，为表区别，遂改名《唐刺史考全编》，使用者同样很多。这一版出版至今又有二十二年，新发现的石刻史料及域外汉籍陆续刊布，而学者的订补之文也有不少，出版新增订本的时机已成熟，因此作者又吸收相关成果，再次对该书做了订补，因而有这个第三版。

此书资料收集全备。唐刺史考证本质上是一种文献辑佚和资料重编。凡是这样的书，都是对某个专题资料的重新组合，首要要求是齐全完备，如果遗漏过多，那就不能称善。据卷首作者《自序》，全编增补资料近二千条，订正错误百余条，因此这一版考出的唐代刺史(该书未考证五代刺史)较之前两版更多。据估计，全编共考出唐代刺史 1.6 万余任，去除同一人出任几州刺史的情况，任过刺史的也有上万人。因而全书是一个空前宏富的资料库，读者可据以拓展的学术空间极大。

就唐代刺史考证而言，列入的刺史必须是真正到任的实职，不能是其他。为此，就须在州郡和刺史这两端都严格审定和考实。州郡方面，唐代近三百年，州郡制度屡变，大的调整也有贞观、开元、天宝、元和的不同，究竟以何者为准？作者选择以开元二十九年建制为准编列唐代州郡，以便和谭其骧主编《中国历史地图集》一致。此前此后废置的州郡，另成附编置于全书之末，这些做法都增强了科学性。刺史方面，不收那些名为刺史而实未到任的，及卒后赠官，和以亲王、重臣遥领的授官，还排除了文献记载为刺史但经考查实为误载的，此外也不收羁縻州刺史。收录府尹、大都督府长史、别驾这几类和真正刺史权位相当者，及刺史阙而由长史、少尹代行刺史职权者，所列刺史中包含不称刺史而称其他的多种变例，这样就在收录类型上保证了齐全，是非常正确和有见识的。

全书以州郡为单位，刺史为条目，年代为序，将唐代各州刺史逐一考出，州郡顺序以开元十五道为准，每道为一编，十五道即有十五编。每州之下，先列刺史姓名、任职年份，后列任职年代，下注所据资料，眉目十分清晰。鉴于此书迭经修订，凡后两次增补中新发现之刺史及材料，其前均以【补遗】二字标示；其他方面的订补则随文修订，不再说明。直接说明任职的资料加以征引，其他资料以"略同""又见"注明，为读者提供研究线索。重在注明资料出处和考证结论，考证过程尽量从简。凡参考今人成果处，均载明出处，以示尊重。经过这么处理，全书的科学性就很强，所得也极多。唐代三百四十六州，确定了任职年代的刺史占大多数。少数限于资料无法确定者，或予以推定，置于相应位置，以便读者研索；或暂时存阙，列入各州卷末之"待考录"。这样，不仅刺史本人的任职年代多可检寻，就是其他任职也可由此推定。因为，刺史只是其仕历的一个阶段，到该州任职前后，还会有其他仕历。这样，刺史从何处来，调往何处，就颇为值得关注了。陶敏先生的《全唐诗作者小传补正》援引该书成果就多达一百二十二次，据此推断出百多位唐代诗人的其他仕历，表明该书研究成果的可信度很高。

二

一般认为该书是唐代文史考证成果，用途是研究唐人仕历和交游，读之可以了解和检索唐文人何年在何地任过刺史，唐代每州有多少刺史。这当然不算错，但这只说对了一半，这么做也只用了一半，还有同样重要的文学研究这一头，一直以来未能很好地开发利用。这里拟对其这方面的功用加以表出。

从文学研究角度看，此书的成就和特色，则可用"存文于史，寓论于考"括之。刺史考证属于史学研究，但从该书体例和内容看，还有文学研究资料集成性质，材料编撰上有"存文于史"的特征，作者实际上是将文学研究功夫内蕴于史学著作框架中；同时，还将对唐刺史的文学研究，以考证方式呈现出来，这又是"寓论于考"。

文学研究方面，该书的功用在于考察"刺史与州郡的文学关联"。刺史与州郡的文学关联这个问题，其实自秦代以后的历代都有，只是唐代表现更突出。要对这一问题做深究，就须从刺史和州郡两头下功夫。州郡方面，必须清楚唐代州郡在国家政治版图中的分量轻重，从政治、经济、文化上做综合考量。唐代州郡的分量轻重，是根据地理位置、人口规模、经济分量、政治作用来决定的。大而论之，也有大小、远近之分，不同性质的州郡刺史，政府的处理是不同的。这一点，在此书中可以看得很清楚，书中的大郡、近州刺史，就与远州、小郡刺史，授任情况迥异。书中考出潭州刺史多达九十八位，就包含多种授任类型。看似都一样的刺史，其实差异极大。而且平均两年多即有一任，表明调动之频繁。这还是湖南观察使下辖七州中地位最高的，潭州尚且如此，其他像岳州、道州、连州，情况愈甚。原因何在，说明什么，值得思考。读者使用此书之前，最好先对这方面情况有所了解。因为这些内容，即使在唐代史书、小说、文集中也不明显，得靠读者自行辨别，而在本书中却有多种记载提供佐证。一旦搞清楚了这些区别，我们就可以从政治、经济、文化、文学等角度，对唐代州郡进行"差异化研究"。文学研究方面，不同由来和去向的刺史，在该州的政治业绩、经济建树、文学担当，就可窥探一二，研究就可深入一层。

与此相应，唐代刺史的任命也有多种情况，大的区分也有正授和责授两种类型。

正授的又分为五种情况。第一种是自朝廷正常派出，而无任何特背景。如韦应物、刘禹锡、白居易之授苏州刺史，就是普通的刺史授任，并无任何特别处。第二种是为执政所不喜而被排挤出朝，虽非贬谪而形同贬谪。如杜牧会昌二年出任黄州刺史，就情非得已。第三种是因对时政不满或政局不稳等而请求外任。如白居易长庆二年出为杭州刺史，就是白氏主动请求，非帝王或执政之意。杜牧大中四年秋出任湖州刺史，也是为了给其弟杜颛治疗眼疾，京官俸薄，不足开支，加上不满朝政，深感在朝无所作为，倒还不如到地方上展开手脚，较少窒碍。第四种是自大郡转授小郡，形同贬黜。如张说开元三年自相州刺史改任岳州刺史，就是如此，是一种进一步的贬谪，因为他在此前自朝中出任相州刺史，就是因为和姚崇不和而出为外官，已是一次贬官。所以这次贬谪对张说打击极大。在任期间，自编《岳阳集》，穷愁著书以自见，深恐老死江潭。有送别诗云："谁念三千里，江潭一老翁。"当此之时，思欲生入京华，老归田里，脱身瘴疠而不可得。像他这种情况，就非常典型。第五种是等同于擢升的自小郡改授大郡。如杨凭永贞元年自潭州刺史、湖南观察使迁任洪州刺史、江西观察使，实际上就是一次擢升，所以其迁任诗就看不到任何迁谪之意。

责授的方面，少数是自贬所量移而来，如白居易元和十三年冬自江州司马迁任忠州刺史，韩愈元和十四年十月自潮州刺史改任袁州刺史，这属于准例量移，"遇赦移官罪未除"（韩愈《量移袁州，张韶州端公先以诗相贺，因酬之》）。多数是自台省官责授，所授又有远州、近州两种。近州如元稹贬同州，这是帝王为安置近臣而采取的权宜之计，这种情况极少。远州如韩愈贬潮州，这是以示惩罚，事例极多。唐人认为，出任远州刺史乃是"极贬"。

总之，我们可以对唐代刺史与州郡的文学关联做全方位的深度考察，这里面的学术空间很大，研究工作也有意义，值得尝试。

（原载《中华读书报》2023 年 7 月 26 日）

《苏轼诗文汇评》：一部苏轼诗文阐释和接受史

周兴陆

评点是我国古代文学批评的独特形式，兴起于唐宋时期，因随文而行，三言两语，即兴会意，自由灵活，切合国人传统的阅读习惯，且有些批语出于行家里手，切理餍心，颇具理论价值，近年来逐渐为学界所关注。苏轼作为北宋文坛的一代大家，也是中国文化史上的巨人，其精神境界和人格理想凝聚于中华民族心理结构之中，是中华文士精神的典范。自南宋始，苏轼作品就成为评点的重点对象，特别是明清时期评点蔚然兴盛，关于苏轼诗文的评点本层出不穷，评点者中不乏吕祖谦、刘辰翁、方回、袁宏道、李贽、茅坤、张岱、陈继儒、查慎行、赵翼、纪昀、何焯、何绍基等名家。但许多名家手批本尚未得到整理，篇目零散，字迹漫漶，亟待抢救性整理。

有鉴于此，山东大学樊庆彦教授历时十余年，广搜群书，拾缺补残，钩沉索隐，详细校勘，终编著成《苏轼诗文汇评》（以下简称《苏评》）。此书是苏轼评点文献的集成式汇辑，弥补了苏轼评点文献零碎分散的缺憾，为苏轼研究提供了大量的重要文献资料。

一、搜罗宏富，编排合理

苏轼诗文评点本版本众多，情况复杂，其中有不少未刊的手批本，这些未刊评点因其多属名家抄校及前贤手稿，尘封于各地图书馆，往往难为读者所知见，搜寻起来颇为不易，也无法充分利用。编者不迷信已出版的评点本，先后多次赴北京、上海、南京、武汉、广州、成都等地，往返于国内各大图书馆，日复一日坐冷板凳披阅古籍，汇辑收录了自宋迄清的苏轼诗文评点本七十余种，评点与本文超过 270 万字。其中发掘了 30 多种尘封于各地尚未整理的未刊本，如国家图书馆藏清何焯批点《施注苏诗》、何绍基批点《施注苏诗》、钱廷锦和严虞惇批点《东坡先生诗集注》、翁同书批注《施注苏诗》，上海图书馆藏杭世骏批《东坡先生诗集注》、钱陆灿批《东坡先生诗集》、萧奇中评点《东坡先生诗集注》、李鸿裔选评《苏诗便读》，南京图书馆藏张廷济批校《苏文忠公诗编注集成》，贵州省图书馆藏毛西原选评《苏文忠公诗录粹》等。汇集这些评点文字，使珍贵文献资料得到保存和利用。

别集的编纂或分体，或编年，各有优劣。对于苏轼这样一位遭际曲折、阅历丰富的文人来说，编年方便于读者知人论世，把握苏轼的文学世界和艺术人生。苏轼文学风格之演变贯穿其人生际遇，评点者也随时间维度对其进行细致的辨析。《苏评》按照编年时间，以清蔡士英刊本《东坡全集》作为苏轼诗文的底本，并依据"东坡七集"、《苏文忠公集》、《苏文忠公全集》、《重编东坡先生外集》等作补遗，将各批注版本的题下评、眉批、夹批、旁批、尾评等全部收录，并依照原样放置，针对同一对象的所有评语均按评点者年代先后为序。这种体例设计为研究工作者对读比较诸家异说提供了极大的便利，省却前后翻检之劳，不但为学界提供了苏轼研究的大量原始文献材料，也有利于读者把握苏轼文学风格的变化，是最适当的编排方式。

二、推原溯委，简明提要

名家评点，字字玑珠，古人也很重视，辗转过录，乃至失却本来面目。苏轼诗文评点更是如此。编者推原溯委，尽可能地厘清评点本的来龙去脉，还其本来面目。如纪昀、查慎行的苏诗批语，先后被赵克宜、李鸿裔、孙原湘、丁菊泉手批，彭元瑞等过录，不免张冠李戴，随意增减。所以如何既保证资料的完整不遗漏，又要细致地甄别真伪，是需要下大功夫的。编者在整理苏轼评点时，从各个选本重复雷同的评点中择出最早或最完整之语，努力做到了取舍有理有据。

古代的评点，有时是针对前人的评点而发，近似于历时性的对话，汇集起来，就是一部阐释史。《苏评》收录了大量对评点的评点，呈现出一部苏轼诗文阐释和接受史。如纪昀对查慎行批语的评点，谭元春对袁宏道批语的评点等，也有同时期的学者围绕一些篇章的写作背景与艺术成就相互争论，形成观念的交锋。编者将众家立论汇集起来，注重批语之间的继承性与整合性，展现了诗学层面的多元对话，形成一个个饶有兴味的学术话题，既为研究者提供了进一步探究的学术空间，也为普通读者的比较阅读提供了便利。

编者在通读考校评点文献的基础上，为所收录的相关文献撰写提要，简述其书名、编选者、校注者、评点者、选评目的、评注语内容、材料来源、版刻时地及特点，兼记藏馆，辨其版本源流。编著者揭示这些评点本的基本面貌、内容价值，可借此觇见时代思潮之变迁；评论诸家评点的得失，亦言之成理，持之有故。如翁同龢跋《东坡先生诗集注》提要，《苏评》分析翁氏阅读、评点苏诗时正处于变法失败后，被"开缺回籍""永不叙用"的坎坷境地。翁同龢"念念不忘'神京'，并痛骂'参大计'的庸流"，"在面对仕途坎坷、宦海浮沉时难以泰然处之"，这种心境展露于苏诗评点之中。

三、通作者意，开览者心

当然，一部优秀的评点汇编不仅能为研究者们提供翔实可靠的文献资料，有助于加深对古代文学评点发展的理解，还对读者的审美经验有着催生和促化作用，为探索文学规律提供深层启示。评点者并不是总以客观通透的态度分析文本作品，他们常常将自己的心灵投射到文本之中，鉴赏时寄托自己的情感体验，或倾心娱乐排遣，或抒发共鸣感悟，或发表文学主张，对文本进行考辨解读、作注批释、指摘疑误，这些增饰与改订成为一种再创造活动，是所谓的附文本，推动文本的传播和流通。优秀的评点，通作者之意，开览者之心，是读者与作者之间的桥梁。在文学活动中，读者阅读是重要的一环，如果没有读者的参与，那些深远悠长的意境、奔腾浩瀚的情感、精妙绝伦的用词，皆将随作品被束之高阁。名家评点便是优秀读者的阅读记录，对于后来读者具有启发意义。《苏评》广阔地展示了明清时期许多著名文士对苏轼诗文内容、结构、句法、语言、艺术等方面的阐发，展示了他们对苏轼的思想精神和审美趣味的把握。读者通过这些富有创见的评点去理解苏轼透彻的思想，借助名家评点对苏轼作品哲理意蕴的理解，似乎可以发现苏轼诗文在后世所引发的一次又一次的心灵撞击。

总而言之，《苏评》为苏学研究提供了一部重要的参考资料集，也是樊庆彦教授心血浇灌的一部力作。相信该书的问世，必将为苏轼研究开创一个崭新的局面。

（原载《中华读书报》2023 年 12 月 20 日）

第二辑　近代文献

民国史研究不可或缺的重要参考资料

——介绍《中华民国史档案资料汇编》

尹亚伟

任何史学研究都离不开史料，否则就成了无源之水、无本之木，民国史研究也不例外。如果民国史研究脱离了民国时期的档案史料，其研究结果就会缺乏权威性，亦难以令人信服。随着民国史研究的不断深入，对于民国时期档案史料的挖掘、整理就显得尤为迫切和重要了。综观以往出版的民国史料，大多属于专题性质，缺乏全面性、系统性和完整性，由中国第二历史档案馆编辑、江苏古籍出版社出版的《中华民国史档案资料汇编》则弥补了这方面的缺憾。经过二十年的不懈努力，皇皇近百卷、5000 余万的《汇编》现已全部出版了。这套《汇编》是从中国第二历史档案馆馆藏历史档案中选择具有重要史料价值的资料编辑而成的一套综合性资料汇编，汇集了南京临时政府、北京民国政府、广州国民政府、武汉国民政府、南京国民政府的重要档案，从而为民国史研究提供了极具参考价值的第一手材料。

中国第二历史档案馆是我国集中典藏民国时期历届中央政权机构档案的国家级档案馆，其前身是成立于 1951 年的中国科学院历史研究所第三所（即近代史研究所）南京史料整理处。该处成立之初就接收了国民政府在宁各机关的档案，接管了原"中国国民党党史史料编纂委员会"和原"国史馆"所有的档案史料，并从广州、重庆等地收集、接收了大量的国民党政权中央机构的档案，同时接收了保存在北京的北京政府档案。1964 年，南京史料整理处正式更名为中国第二历史档案馆。该馆除继续在全国各地收集民国时期的档案外，集中力量将已经收集到的档案全宗进行系统整理。目前，该馆收藏有 897 个全宗，160 万卷，排架长度达 40000 余米，占有库房面积 15000 平方米。这些卷帙浩繁、汗牛充栋的重要档案，为《汇编》的编辑出版提供了必不可少的物质条件。

《中华民国史档案资料汇编》（1912—1949）分为五辑，第一辑《辛亥革命》（1911），第二辑《南京临时政府》（1912），第三辑《北洋政府》（1912—1927），第四辑《从广州军政府至武汉国民政府》（1917—1927），第五辑《南京国民政府》（1927—1949）。全书共90册。

孙中山领导的辛亥革命，推翻帝制，创立民国，是中国历史上的重要里程碑。南京临时政府存在的时间不长，其所形成的文件档案，本来数量不大，民国时期又历经辗转，颇有散失。现在中国第二历史档案馆仅藏100多卷，但内容极为珍贵，其中不少是孙中山亲笔批示和签发的文件。这部分档案经过整理，辑录成《汇编》第一辑《辛亥革命》和第二辑《南京临时政府》。

1912年3月，袁世凯窃取了政权，并在北京建立了由北洋军阀统治的中华民国中央政权，继袁世凯之后，段祺瑞、冯国璋、张作霖等北洋军阀相继控制北京政府。北洋军阀是一个特殊的政治军事集团，在其统治中国的16年中，代表不同利益的各系军阀间，内战频仍，中枢屡变，在此期间，北京政府更换了13届总统（包括临时执政、摄政内阁、大元帅等）、46届内阁。虽然北京政府内阁更迭频繁，政府机构亦屡有变更，但政府各机构的档案，大都延续保存下来。现在中国第二历史档案馆收藏的北京政府档案共有52个全宗、近6万卷。这部分档案经过整理，其中有重要价值的史料已辑录成《汇编》第三辑《北洋政府》，共17册，约1000万字，为北洋军阀史的研究提供了丰富而有价值的档案史料。

1917年孙中山在广州成立护法军政府，广州逐渐成为南方革命运动的中心。从护法军政府直至武汉国民政府，这一时期的南方革命政权所形成的档案经过整理，择其要者辑录成《汇编》第四辑《从广州军政府至武汉国民政府》，共2册。

1927年国民党在南京建立了政权，在22年的南京国民政府时期，形成了数量极为庞大的档案。现在中国第二历史档案馆收藏的南京国民政府时期的档案共585个全宗，计130万卷。其中具有重要参考价值的档案资料已辑录成《汇编》第五辑。鉴于南京国民政府时期的档案极为丰富，因此《汇编》第五辑又按历史时期分为三编：第一编为《南京国民政府的建立与十年内战》

（1927.4—1937.7），第二编为《第二次国共合作与八年抗战》（1937.7—1945.8），第三编为《蒋介石发动全面内战与南京国民政府的覆灭》（1945.8—1949.9），以上各编各按政治、军事、外交、财政经济、文化、教育等分为若干分册。该辑《汇编》共计70册、4000余万字。中国第二历史档案馆还收藏有抗日战争时期沦陷区日伪政权的档案，这些档案较为完整地反映日伪对于沦陷区残酷统治和掠夺的历史真实面貌。其中有价值的档案被编成2册，以附录的形式收录在《汇编》第五辑第二编中。

中国第二历史档案馆还收藏着一部分知名人士的个人档案，其中有蒋介石、冯玉祥、蔡元培、张静江、孔祥熙、吴稚晖、戴传贤、王宠惠、陈布雷、陈友仁、黎元洪、熊希龄等人的个人档案，主要是他们的文稿、日记、函电、书信等。虽然个人档案大多只是一些零星的材料，但是史料价值却十分珍贵。《汇编》择其要者，分别辑录于各分册之中。

全面性、系统性、完整性是《汇编》的重要特点，《汇编》所辑录的档案资料涵盖了1912—1949年民国时期38年间有关政治、经济、军事、外交、文化、教育等各个方面。可以说，《汇编》是迄今为止在民国史资料出版方面最为全面的一套综合性资料汇编。《汇编》所辑录的民国史档案资料均来源于第二历史档案馆，其重要的史料价值是毋庸置疑的。这批珍贵的馆藏原始档案史料的出版为民国史研究提供了极为丰富的优质资源，必将有利于民国史研究的不断深入。

（原载《古籍新书目》2000年10月28日）

京剧学的基础工程

周传家

实现中华民族的伟大复兴已成为中华儿女的共同心愿和光荣使命。但民族复兴不是一句大话和空话，必须真砍实凿地落到实处。中华民族伟大复兴，有赖于中华文化的深度挖掘、有效继承和发展繁荣，有赖于民族文化软实力的不断提高、与日俱增。文化软实力包罗万象，每一个民族都有不同于其他民族的独特的文化资源，像京剧这样历史悠久、成就辉煌、普及广泛、影响深远的"国粹"，自然是文化软实力的重要组成部分。法兰西学院院士克萨维耶·达尔科斯热在谈及法国构建文化软实力的经验时强调："必须明确自己所拥有的独一无二的东西，并切实保护这些文化财富……制定灵活、务实的对外文化政策，在不断调整的过程中提高国际影响力。"法国构建文化软实力的经验，值得我们借鉴。独树一帜的京剧不是亚文化、次文化、准文化或泛文化，而是能够代表民族精神、值得扶持的优质文化，应该引起政府和全社会的高度重视和热切关注。

京剧丰富多元，博大精深，是一门大学问，不仅可以称为"学"，而且应成为"显学"，成为中华文化研究中最为重要、内涵最为丰富的领域。固然，戏剧是立体的、鲜活的综合艺术，巍峨的京剧学大厦必须以历代京剧艺人口传心授的非物质口头遗产作为基础，但同时也离不开文人及有文化的艺人的文字记载即京剧文献。在科技尚不发达，还没有音像手段的年代，历史文献是对过去的记录和见证。即便是进入当代，阅读实体书依旧是人类主要的阅读方式，是保护传统文化的重要手段之一。以京剧为例，不论是挖掘继承、活态保护，还是发展革新，都需要从京剧的历史文献出发，进行经验总结和规律探寻。

有清一代是京剧发展史上的重要阶段，仅从京剧孕育诞生的清中叶到鼎盛兴旺的清末的百来年间，就留下数量极为可观的京剧历史文献史料。令人焦灼的是学术界对京剧文献的整理和研究虽然从未中断，但一直处于比较零星、散乱、随意的滞后状态，难以上规模、成系列、营建构、成体系。在这种情况下《京剧历史文献汇编（清代卷）》的出现，标志着京剧研究进入既有量的积累，又有质的突破的新阶段。这套书是中国戏曲学院"京剧学研究"创新团队申报的国家"十一五"重点图书出版规划项目，由全国古籍整理出版规划领导小组资助出版，是迄今为止关于清代京剧历史文献中最为系统、全面、完备的集大成之作。这项京剧学基础工程的完成，从根本上改善了京剧研究文献资料严重匮乏的状态，为京剧学研究者提供了便利的平台，令人欣喜。

《京剧历史文献汇编（清代卷）》规模空前，工程浩繁。团队五历寒暑，呕心沥血，厥功甚伟。全书分为十卷，第一、二卷为专书，第三卷为清宫文献，第四、五、六卷为报纸，第七卷为日记，第八卷为笔记、碑刻、序跋、戏目、竹枝词等，第九、十卷为画报。所收 62 种专书中的多部系"养在深闺人未识"的珍稀文献，首次得到整理集中出版。为了保持京剧艺术民间性、草根性特色，编者不自以为是地对文献进行整容和规范，而是尽量保持其原始形态。在尊重前贤的前提下，对曾经被《中国古典戏曲论著集成》和《清代燕都梨园史料》收录过的，尽量找到原版或善本，重新校勘整理，更正瑕疵，弥补疏漏。所收清宫文献数量大概是已经公开面世的清宫文献的两倍左右，其中早期宫廷京剧比较完整的舞台美术规范和导演手记——"穿戴提纲"和"串头"颇有特色。报纸收录数量最大，首次从《正宗爱国报》《顺天时报》《大公报》《新闻报》等京、津、沪、台四地 30 多种报纸里搜集整理了 100 多万字与京剧有关的文献史料，特别是对《申报》中有关京剧的文章进行了"竭泽而渔"式的全面检索。在前人研究基础上，对 44 种笔记小说、29 种碑刻序跋爬梳钩稽，披沙淘金，多有发现。从各路名人日记中大海捞针般筛选出数十万字与京剧有关的史料，弥足珍贵。收录的韩国影印出版的《燕行录全集》提供了外国人看中国京剧的另类视角，而图文并茂的画报和唱片宣传册则为汇编增添了几多色彩和趣味。

《京剧历史文献汇编（清代卷）》不仅内容丰富，形式多样，而且选择精当，具有较高的学术价值。由于时代并不久远，举凡专著、笔记、档案、杂志、报刊、日记、碑刻、序跋、画报等均保存比较完整，可信程度较高，全方位、多层次地反映了清代戏曲八音繁会、诸腔杂陈，在花雅争胜、花雅互补的兴衰消长过程中，京剧从徽班脱颖而出并大红大紫的曲折历程和真实面貌。本书秉持开放的、务实的、科学的学风，面对纷纭复杂的戏剧历史和学术界众说纷纭、百家争鸣的局面，不画地为牢，不武断仲裁，更不过早地下非此即彼的结论，"宁愿最大限度地收录各种相关文献史料，让研究者和爱好者通过原始记载，自己去探寻答案"。其时间上限不以"京剧"称谓出现为始，而上溯到花雅之争、徽班进京；其空间不限于京师，而包括京、津、沪、台乃至全国各地；其内容不是单纯的就京剧论京剧，而涉及中国戏剧的文化土壤、生态环境，创作手法、表演风范、舞台景观，观众市场、传播接受等。

"引而不发，跃如也。"《京剧历史文献汇编（清代卷）》绝非是随意而编，"跑梁子唱戏"，在文献、史料的搜罗、筛选、编排中，有深意存焉。细心人不难从中发现许多有趣味、有意义、谜一样复杂微妙的现象，如雅俗的对峙与交织；京、津、沪三地京剧文化的差异性、竞争性和互补性；清廷对京剧为代表的花部的双重态度，以及对京剧发展所发挥的双重作用；清代京剧界一度流行的相姑堂子、私寓文化、狎伶现象、文人品花等。林林总总，不一而足。不仅还原了历史，而且可以知兴替、明得失，从中悟出一些古今相通、带有普遍性和规律性的问题，会给我们今天的京剧带来有益的启迪和借鉴。

（原载《人民政协报》2013 年 9 月 16 日）

史料的价值永不过时

刘跃进

近现代连接着古代与当代，连接着中国与外国；近现代又具有浓郁的政治色彩，很多内容曾被遮蔽、也被挖掘、并反复讨论。近现代史与我们当今的生活密切相连。想要深入了解现代中国的一切，就必须了解近代历史的发展。

中国社会科学院文学研究所近年来不仅恢复了近代文学室的建制，而且其他研究室都有学者专门研究近现代文学。很多年前，《文学评论》《文学遗产》杂志就把近现代文学研究作为组稿的重点。中华文学史史料学会还与中国现代文化研究会有很多交叉重合，就是想把近现代文化研究推向深入，结出硕果。"中国近现代稀见史料丛刊"就是其中的成果之一。这套丛刊是由我的两位年轻同事张剑与张晖(我常常称他们为文学所很有学术潜力的"二张")发凡起例，并列入了中华文学史料学学会重大规划项目。

过去，学界的研究多关注大家名家、关注重要作品，这当然很重要。毕竟，文化的主流都是通过这些大家、名著体现出来的。但是，如果没有细节去支撑，这种主流文化终究会显得干枯乏味，缺乏历史感。从这套丛书看，所谓"稀见"，编者更加注重日记和杂著。这些作品，个人化、私人化色彩比较浓重，可以从若干不同的侧面反映时代的浪花，隐含着很多不为人知的信息。《文学遗产》常常会在来稿中，不经意地发现很多有价值的史料，会给学术研究带来意外的收获，也给我们读者带来惊异。

我们知道，就史料谈史料没有多少意义，但是学术研究如果没有史料支撑，就不能称为学术研究，很多所谓的研究成果，只能说是学术创作，它的基本特征就是脱离史料去探究史实。傅斯年在《历史语言研究所工作之旨趣》中说："近代的历史学只是史料学,利用自然科学供给我们的一切工具,整理一切可达着的史料。"他从三个方面论述了史料的价值:(一)凡能直接研究材料,便进步,凡间接地研究前人所研究或前人所创造之系统,而不繁丰细密的参照所包含的事实,便退步。(二)凡一种学问能扩张他所研究的材料便进步,不能的便退步。(三)凡一种学问能扩充他作研究时应用的工具的,则进步,不能的,退步。"总而言之,我们不是读书的人,我们只是上穷碧落下黄泉,动手动脚找东西。"这些话也可能有些过犹不及,但是在学术研究上强调史料的价值,永远不会过时。我甚至说过一句话:"谁绕开史料,学术界将来一定会绕开他。"

当然,史料不能解决一切问题,这里牵涉到一个史料与史识的问题,胡厚宣先生对此有过很好的比喻。他说,如果说史料是建筑材料的话,史识就是建筑构图。没有材料,再好的图纸也盖不成房子。当然,没有图纸,再好的材料也只是材料。我已故的同事张晖曾编过一本介绍黄侃学术的《量守庐学记续编》。他在后记里提出了一个很有学术意趣的话题:即学术研究是贵在发明,还是贵在发现?黄侃主张贵在发明。他对十三经的注和疏都非常熟悉,常常会在寻常材料中发现不寻常的内容,提出独到的见解。在他眼中,王国维似乎更重在发现。今天,我们硬要区分发明、发现的孰是孰非,也许没有什么意义了,因为学术既要贵在发明,更要贵在发现。王国维说"新学问大都由于新发现",但是这种发现绝不是凭空而来的,它是建立在大量的史料基础上得出来的。这一点,已经被学术史反复证明,几乎没有异议。

从这个意义上说,"中国近现代稀见史料丛刊"的出版,不仅仅是对近现代史研究具有重要的参考价值,更重要的是,这套书出版对于扭转当代浮华不实的学术风气,也具有重大的推进意义。我想,我的这些想法不仅仅属于我个人,也属于我们这个学术群体,已经是一种学术上的共识。

(原载《光明日报》2014年5月26日)

从《历代小说话》编辑出版的意义说起

苗怀明

黄霖教授编著的《历代小说话》刚一面世，立即受到学界的普遍关注和高度评价，有位同行朋友预言，这将是一部高引用率的古代小说资料集。笔者是认可这种观点的。

依笔者的理解，该书之所以能成为一部高引用率的著作，主要有如下两个方面的原因：

一是质量的精良。既然要引用，则所依据的文献必定是权威的、可信的，无论是出处，还是内容本身，必须准确可信，没有错误，才能让人放心使用。《历代小说话》从20个世纪70年代末起意编撰到如今最后完成，黄霖教授和他的学术团队前后用了四十年的时间，慢工出细活，其质量和价值是经得住读者和时间检验的。

二是内容的完备。该书对小说话这种小说批评文体进行了严格、科学的界定，在此基础上将历代小说话资料一网打尽，汇于一编，所收范围从明代中后期到20世纪20年代，厚厚十五册，篇幅达到四百多万字之巨，不仅内容上系统全面，收入各个时期各种类型的小说话资料，而且其中有不少颇为稀见的小说话珍贵文献，特别是清末民初这一时期的相关资料，以往查找使用相当不便。

了解内情的学界同行都知道，将这些资料搜集到一起是相当困难的，查找困难，录入校对同样不容易，需要大量时间精力的投入。正是因为资料的完备和珍贵，才会被研究者频繁翻阅和使用。

高引用率自然也就意味着经典，大家只要看看各学术平台发布的高引用率著作书目就可以看出这一点。在笔者看来，《历代小说话》编辑出版的意义还不仅在此，如果将其放在中国古代小说研究乃至中国文学研究史上进行观照，可以看得更为清楚。

不少同行朋友不约而同谈到，该书的出版弥补了小说话研究的一个薄弱环节。众所周知，此前已有不少诗话、词话、曲话、文话等批评文体的资料集及研究著述出版，但有关小说话的资料集及专著则几乎没有。

有关小说批评的资料集和专书也曾出版过一些，但都没有旗帜鲜明地打出小说话的旗号，而且也没有对小说话进行严格、科学的界定。因此，该书可以说是第一部系统完备的小说话资料集，为相关研究提供了丰富的文献资料，奠定了坚实的文献基础。

在笔者看来，这部书出版的意义还不仅于此。拈出"小说话"乃至"话体文学批评"的概念并非只是换一个说法，更不是新瓶装旧酒，就笔者的理解，黄霖教授和他的学术团队还有更深一层的用意，那就是与此前的小说批评研究进行区分，以文献资料的搜集整理为基础，逐步建立民族特色、中国本位的中国古代小说批评体系。

众所周知，具有现代学术意义的中国小说研究始于20世纪初，无论是王国维的《红楼梦评论》还是鲁迅的《中国小说史略》、胡适的系列小说考证，都深受西方思想文化的影响，到20世纪二三十年代逐渐发展成型。

这一过程是伴随着西方文艺思想的传入、现代高等教育体系与现代学术制度的建立而完成的，这些也都是深受西方的影响乃至照搬西方的模式建立起来的。

就中国古代小说的研究而言，以西方文学理论律中国小说的研究模式成为此后小说研究的主流，直到当下仍是如此。一百多年来，形形色色的国外文艺理论被一一拿过来，放在中国古代小说作品上演练。

随着研究的深入，这种研究模式存在的弊端越来越多的显露出来。毕竟国外文艺理论特别是西方文艺理论是在其特有的社会文化语境中形成的，与中国文学自身发展演进的情况有着很大的不同，各有其评价小说的标准、模式及表达方式，比如评点、小说话这两种批评文体就极具民族特色，在西方很少见。

以西方文学理论律中国小说，必然会出现削足适履的情况，适履的情况一一试过之后，势必会更多地在削足上下功夫。于是，不符合西方文艺理论规律的中国小说不仅不算文学作品，而且评价也往往不高，被打入冷宫。这样中国古代小说存在的意义就变成了证明西方文艺理论的普适性。

进入新世纪后，学界对这一问题开始进行反思，而且是从什么是小说，小说从何时萌芽、何时发展成熟、小说有哪些要素组成、小说文体为何等这些最为基本的问题进行反思。中国小说研究已有近一个世纪的历史，如今又重头开始，这颇具戏剧意味，却是学科内部发展的内在需要，当然这不是简单的重头再来。

研究中国小说，需要符合中国小说创作实际的批评体系、标准和模式，这是一个很正常也很基本的要求，但让人感到尴尬的是，这样的要求到目前还无法满足。

这不是一个简单的循环，而是重建中国小说批评体系的新尝试。事实上，自进入新世纪以来，不仅小说研究如此，诗文词曲赋乃至文学理论的研究也都是如此。在学科反思的基础上重新开始，建立民族特色、中国本位的中国文学批评体系，应该说这已经成为学界的一个共识，研究者已经逐渐放弃了那种将国外文艺理论往中国作品生搬硬套的研究模式。

黄霖教授和他的学术团队借编撰出版《历代小说话》的契机，旗帜鲜明地提出小说话这一具有浓郁民族、本土意味的概念，显然也有这个学术用意在。该书的出版既是小说话文献资料的一次汇编整理，也是重新建立中国小说批评体系的重要成果，其意义是多方面的，也必将是深远的。

重建中国小说批评体系，这是一个相当庞大的学术工程，需要众多学人的共同努力，黄霖教授和他的学术团队为此做出了卓有成效的研究和示范，在接下来的时间里，他们还要完成中国小说论著集成、民国话体文学批评文献整理与研究等一系列重大课题，这些为这一学术领域的深入研究奠定了良好的基础，期待今后他们有更多更好的成果面世。

（原载古代小说网 2019 年 6 月 30 日）

完整的批评史如何可能

——评《现代(1912—1949)话体文学批评文献丛刊》

孙　超

一

　　"五四"以后,反传统的"新文学"崛起,脉承传统的文学往往被视为"旧文学"而遭到批判、压抑,乃至被遮蔽百年。因此,一般所谓"中国现代文学史"实际只是"新文学史",而现有"中国现代文学批评史"也几乎清一色是"新文学批评史"。这样的史述显然残缺不全。早在 20 世纪 90 年代,一些学者就已展开为"旧文学"及相关文学批评正名的学术建设。黄霖先生是其中一位坚持从史料出发的领军人物,他早年所著《近代文学批评史》(上海古籍出版社,1993 年)就是一部以真实完整是求的信史。本世纪以来,他将研究领域拓展到现代,指导学生进行民国"旧文学"及相关文学批评的资料收集与研究。近日出版的由黄先生主编的《现代(1912—1949)话体文学批评文献丛刊》(下文简称《丛刊》)便是其团队的最新成果。《丛刊》系统整理了现代话体文学批评文献,同时在观念视角、著录叙录上都体现出信史"基石"的特征,它选录具有代表性的现代话体文学批评文献,将其放置在民国时期社会、文化转型的大背景中钩玄提要,以揭示它们独特的文献、理论和传播价值,为如何真实完整地呈现中国现代文学批评史做出了经典示范。

　　在《丛刊·总序》中,黄霖先生对现代话体文学批评的真价进行了重估。如他所言,"这些话体之作是有旧有新,亦旧亦新"(《诗话卷一》,第 2 页),"新文学家"断其为"旧"而彻底加以否定是十分片面的,若至今还抱持这种态度就不能认识完整的现代文学批评史。当然,我们要注意区分趋时创变和裹足不前两类现代话体文学批评文献，做到取精去糟。其实，话体文学批评在现代时期不仅没有"死"去，还以其数量的空前繁荣及无所不"话"的超强活力联通了古今中西的各种文体、文类、文论。可以说，现代话体文学批评在承续中国文学理论批评传统方面有重要贡献，与当时延续传统的其他文学理论批评体式一道有力地阻遏了中国文论的彻底西化。因此，整理与研究现代话体文学批评文献，将更好地揭示中国现代文论与文学演变的一条规律，即只有在中西融会、古今贯通、新旧共济的大道上，才能不断地获得新生。黄先生这些论断是《丛刊》各卷具体编著工作的指南，让编著者明确了拣选标准和叙录立场。

二

文献史料的整理是任何历史类研究的基础，黄霖先生无疑是文献整理的大家。他治中国文学批评史五十余年，从做小说批评史之初便重视发掘整理相关原始资料，先后推出的《中国历代小说论著选》（1982）、《金瓶梅资料汇编》（1987）、《文心雕龙汇评》（2005）、《中国历代文论选新编》（2007）、《中国历代小说批评史料汇编校释》（2009）、《历代小说话》（2018）等都是具有重要影响的史料性著作。正是因为有之前的丰富积累，黄先生主持编纂这部《丛刊》在文献整理方面也颇具特色。

首先，《丛刊》作为现代话体文学批评的汇编成果，跳出了目前类似整理一味求全的既定模式，希图达到"全"与"精"的统一。这套《丛刊》众体皆备，凡属文学批评史范围的现代话体文学批评文献皆予收纳，包括具有悠久历史的诗话、词话、文话，明清始勃兴繁盛的剧话、联话、小说话，以及与现代电影伴生而新兴的影话。对于其他数量虽亦可观，然严格说来与文学批评史关联较小的书籍话、书法话、画话、印话等则被排除在外。这样的边界划定是科学的，避免了似"全"而"乱"。

由于各类话体在现代时期都程度不同地发生了新变，因而导致现代话体文学批评文献鉴别难。针对这种复杂状况，黄霖先生在《丛刊·总序》中首先开宗明义：

> 所谓"话体"，就是如诗话、词话、文话、曲话、小说话一类形式独特、自成一体的文学批评著作。话体文学批评的基本特征，就是既有别于传统文学批评中诸如序跋、评点、书信、论诗诗、曲谱、词谱、单篇文章

等其他文体，也有别于现代有系统、成体系的文学论著，其主要表现形态为笔记体、随笔型、漫谈式，凡论理、录事、品人、志传、说法、评书、考索、摘句等均或用之，其题名除直接缀以"话"字之外，到现代就往往用"说""谈""记""丛谈""闲谈""笔谈""枝谈""琐谈""谈丛""随笔""漫笔""卮言""闲评""漫评""杂考""札记""管见""拾隽"等多种名目，也给人以一种"散"的感觉。（《诗话卷一》，第1页）

上述对"话体"内涵和外延的界定非常明确，为避免非话体文献的混入设置了防火墙，有效地防止了各卷选目求"全"而"杂"。

就各卷所收篇目来看，也注意在兼顾全面的同时，突出重点，发掘精品。以《诗话卷》为例。该卷共三册，收录诗话二百五十七种，与早先出版的《民国诗话丛编》（张寅彭主编，收录三十七种，2002年）相较，突破了只收"旧体诗"诗话的限定，兼收"新体诗"诗话，体现出编者很强的现代文学整体观。所涉资料也突破书籍，而以民国报刊为主。实际上，民国报刊诗话数量巨大，质量良莠不齐，若单纯求全，不仅短期内难以做到，即使最终完成，也可能会引来"搬运"之诮。综览《诗话卷》选目，除王蕴章《然脂余韵》被《民国诗话丛编》收录外，其余均为首次辑录。其中珍稀诗话颇多，如高旭《愿无尽庐诗话》、徐畹兰《鬘华室诗话》、陈小蝶《香奁诗话》、叶楚伧《诗学述臆》、周瘦鹃《新诗话》、刘永济《旧诗话》、胡怀琛《一叶诗话》、王维克《法兰西诗话》、潘伯鹰《诗话》、赵景深《诗话的诗话》、郑逸梅《服御诗话》、史大木《古今诗话》、陆澹盦《澹盦诗话》、朱亚凤《嘤鸣诗话》、胡石予《炙砚诗话/涤砚诗话》、邓散木《一窾诗话》、沈文炯《翠娱堂诗话》、陈诗《红柳盦诗话》，等等。《诗话卷》选录作品所"话"对象以"旧体诗"为主，也有一些专论"新体诗"，还有的特意融"新""旧"体诗于一炉，另外还出现了专题诗话、外国诗话和诗话的诗话等，所用语体既有文言，亦有白话，无论是内涵还是形态都很大程度地体现出求新求变的现代性。对于一些流传既广、精编精校的诗话则不再收录，以避重复。很显然，《诗话卷》能在呈现现代诗话整体面貌的同时凸显其最富活力的部分。遍览《丛刊》的其他各卷选目亦是如此，以呈现某类话体的整体面貌及生命活力为鹄的，并希图与其他涉及民国话体文学批评的史料性著作形成互文关系。

其次，与古代话体文学批评文献完全载于书籍不同，现代诸类话体作品登载于报刊者甚夥。若认真考究起来，一些原本认为只以单行本行世的话体著作也往往先在报刊上发表再结集出版。例如陈衍的《石遗室诗话》就是陆续由《庸言》《东方杂志》《青鹤杂志》揭载，再汇编成书单行的。这便给现代话体文学批评文献的整理工作带来前所未有的困难。因为民国报刊数量庞大，分藏海内外各类图书机构，查阅、收集这些报刊上的话体作品需要投入极大的精力。虽然有一些数据库可供检索，然收录并不完整，尤其是大部分报纸资料仍需到收藏处仔细翻阅、抄录。更麻烦的是中国文学的现代转轨叠加报刊的现代大众传媒属性，使得民国报刊上的各类话体都程度不同地发生了新变。譬如白话之使用日渐增多，逻辑思维在以"话"为名的文学批评中日趋增强，杂糅"话体""论体"（论文与专著）的文论作品不时出现。鉴别这些传统话体的"变体"极费工夫。另外还需从中遴选出有价值、有代表性的作品，剔除那些偏于广告性质、报道性质及制造公共舆论性质的作品，这就意味着要继续披沙拣金。对此，《丛刊》的编著者力求辑存第一手的报刊首发资料，为建构现代话体文学批评的信史奠定坚实的文献基础。其中《词话卷》《小说话卷》《影话卷》的文献全部采自报刊，《诗话卷》的绝大多数文献来自报刊，《剧话卷》《文话卷》《联话卷》的大半文献选自报刊。综览《丛话》各卷涉及的报刊既有《新闻报》《申报》《时报》《民国日报》《小说月报》《半月》《时事新报·文学旬刊》《甲寅》《语丝》《论语》《青鹤》《中学生》这样的大报名刊，《晶报》《金刚钻》《小说旬报》《词学季刊》《歌场新月》《戏报》《影戏画报》《电声》这样的小报专刊，还有《盛京时报》《天津商报画刊》《越风》《西北文化月刊》《上海工业专门学校学生杂志》《江苏省立第三师范学校校友会杂志》《南通师范学校校友会杂志》《东莞留省学会杂志》这样的地方（学校）报刊，搜罗范围之广确实前所未有。

同时，《丛刊》采集文献还特别注意书籍与报刊的联动。可分两个层面来谈，一是在全面收集报刊话体文学批评文献的同时兼收载于诸"话体"书籍（专书）者，如《文话卷二》所收吴承烜《论骈文》、刘锦江《论书牍》、钱基博《〈古文辞类纂〉解题及其读法》、梁堃《桐城文派论》、高语罕《语体文作法》、姜书阁《桐城文派评述》；《剧话卷一》所收宗天风《若梦庐剧谈》、唐友诗《梨园轶话》《平剧二百年》等都是直接采自书籍。一是对于既有单行本又曾登载于报刊的"话体"文献，无论所用底本为书为报，都注意互勘互校，力求准确完整。这充分体现在《剧话卷一》中，该册《凡例》说明："部分单行本系报刊剧话之整理结集，此外亦多有与单行本同题之文章散见于各报刊，或为单行本之节录，或为独立内容。凡此类同题剧话，均综合文本内容予以合并。"（《剧话卷一》，第1页）细读该册，所收八种剧话中有五种属于此类情况，即韩梯云《补庵谈戏》、张肖伧《菊部丛谈》、张乙庐《老副末谈剧》、张聊公《听歌想影录》、张冰独《上海观剧杂记》。这五种剧话的内容版本相当复杂，如张肖伧《菊部丛谈》所辑入的《蒨蒨室剧话》在单行本之外尚见同题剧话登载于三十余种不同的报刊。正是由于该册编著者重视书籍与报刊的联动，才尽可能地集齐了全部内容，详加梳理校勘后，为今日读者提供了一个真实可靠的文本。

在现代话体文学批评文献建设尚处于草创阶段的当下，以民国报刊为主兼顾相关书籍的文献采集方略显然最切实际，同时重视书籍与报刊之联动也能真实地展现因传播载体现代转换导致文本不断增删修订的复杂过程。

再次，《丛刊》各卷的文献审定严谨精良，底本均采自民国时期的报刊或图书，报刊资料采用初次发表者，单行本和相关书籍则选择初版本。对于个别异体字、明显误字、衍文则予以径改，对不同版本的异文一般保持底本原貌或出校记加以说明，对于字迹漫漶不清难以查考者以"□"代替。另外，基于原文或无标点，或分段、标点错讹较多的状况，编著者对所有辑录文献重新进行了分段并准确标点。就笔者阅读所见，《丛书》各卷较少出现错别字和标点符号错误，这是编著者再三核校的结果。由于《丛刊》所采文献多来自民国报刊，不少作品在最初发表时并无通盘考虑，随写随刊，显得零星错乱。《丛刊》各卷或依作者、或按报刊，以时间先后为序将其编排得井井有条，为今后整理报载文献史料做出了示范。

最后，《丛刊》各卷编著者为每篇文献撰写的叙录平实且精彩，能"通作者之意，开览者之心"（施耐庵《李卓吾批评忠义水浒全传·发凡》，李贽评，黄山书社，1991年，卷首）。通过叙录，读者可以了解文献出处、作者生平著述、作品主要内容、理论贡献、文献价值，以至创作背景、传播状况，等等。对于刊载话体作品的报刊、书籍亦有简要介绍。试以《词话卷》的《缒春楼词话》叙录为例，以窥一斑：

> 载于1912年《妇女时报》第七期，作者署名"毕杨全荫"。原文前有小序云"壬子清明后三日芬若自记"，可知本文写成于民国壬子年（1912）

清明节后。作者杨全荫，字芬若，生卒年不详，江苏常熟人，著有《绾春词》《绾春楼诗话》《绾春楼词话》，曾选清代闺秀词九十五家二百三十一阕辑为《绿窗红泪词》。其父杨圻(字云史)为近代著名诗人，著有《江山万里楼诗词钞》。其母李道清为李鸿章女孙，著有《饮露词》。其夫毕振达(号几庵)为通俗小说家，著有《人间地狱》《芳菲菲堂词话》等。王蕴章《然脂余韵》卷三云："《绾春词》，杨芬若女史作，仪征毕几庵室也。几庵选《销魂词》，以女史之作为殿。凤尾鸾心，自成馨逸。"

　　此词话共十九则，主要评述清代闺秀孙碧梧、陈契、史景芝、葛玉贞、钱孟钿、俞彩裳、孙汝兰等人词作。作者自言："余与词酷嗜《花间》，每有仿制，殊痛未似。"是以本文多选评闺怨相思之词作，倾向于凄艳含蓄之词风。该词话对梁令娴《艺蘅馆词选》评价极高，称赞其为"博视朱垞《词综》，而无其浩瀚；精视皋文《词选》，而矫其严苛"。此外，本文较为重视特殊体裁词作，选评了五首回文体《菩萨蛮》、一首独木桥体《百尺楼》。《滑稽时报》1915年第四期曾转引本文"阳湖庄佩莲"一则，雷缙辑《闺秀词话》曾转引三则。另，《小说新报》1921年第七卷第六、七期刊登《守诚斋词话》，共十六则，前有小序，作者署名稚农，内容全抄自《绾春楼词话》，唯顺序微有不同。(《词话卷》，第1页)
《丛刊》各卷像这样用语准确雅洁，讲求知人论世、考镜源流、信息丰富的叙录所在多是。若整体观之，这些叙录还能彼此联络组成一部现代话体文学批评简史，因其撰述本就立足古今通变，故能聚微观史述显现话体文学批评在现代时期的发展变迁。

<h1 style="text-align:center">三</h1>

　　与一般的文献整理成果不同，《丛刊》是黄霖先生及其研究团队为重构真实完整的中国现代文学批评史采炼的基石。缘乎此，整体阅读《丛刊》各卷，就会发现它已初步显现出话体文学批评在现代时期发展繁盛的真相。

　　据《丛刊·总序》所说，"现代时期的话体文学批评十分繁荣，其文体之全面，数量之丰富，都是可以使话体之作最繁富的清代也瞠乎其后的"(《诗话卷一》，第4页)。翻阅《丛刊》各卷可知，当时不仅被视为"旧派"的名家包天笑、王蕴章、周瘦鹃、姚鹓雏、林庚白、叶楚伧、许指严、李定夷、胡怀琛、陈蝶仙、陈小蝶、张春帆、许廑父、赵苕狂、顾明道、范烟桥、冯叔鸾、郑逸梅、程瞻庐、陆澹盦、姚民哀、何海鸣、蒋箸超、杨尘因、程小青、许啸天、刘豁公、闻野鹤、张碧梧、张枕绿、施济群、柳亚子、陈去病、高旭、范菊高、周剑云、姚光、刘哲庐、江山渊、钱释云、严芙孙、冯小隐、朱鸳雏、沈禹钟、成舍我、张慧剑、柴小梵、李薰风等积极从事各类话体创作，一些"新文学家"周作人、刘大白、王任叔（巴人）、朱自清、俞平伯、叶绍钧、梁遇春、高语罕、唐弢、阿英等也撰写了一些话体作品。另外，作者队伍中还有擅长传统诗文的宿旧，如王闿运、吴承烜、易实甫、王揖唐等；痴迷听戏观影的专门家，如徐凌霄、补庵、张肖伧、张厚载、张乙庐、张冰独、唐友诗、洪深、汤笔花、欧阳予倩、李君磐、麦黛玲等；知名的教育家和青年学者，如唐文治、夏丏尊、骆鸿凯、赵景深、钱锺书、陈子展、陈柱、姚华、周振甫、姜书阁、杨世骥、王力、萧涤非、余冠英、徐中玉，等等。更可贵的是，《丛刊》各卷还收录了一大批普通作者的作品。若将《丛刊》与现已出版的其他涉及民国话体的史料性著作合观，其作者队伍之大，其作品数量之多，其传播范围之广（刊于各类书籍、报刊），远超我们的想象。

《丛刊》各卷均不乏大家力作，以下分卷简述。先看《诗话卷》，姚鹓雏撰有诗话多种，其《赭玉尺楼诗话》（1916—1917）力倡出唐入宋，反对门户习气，论诗兼顾学问与性情，客观评价近代诸诗家，在当时即产生了较大影响。胡石予不仅专门致力于创作诗话，而且堪作传统诗话尊体派的代表，其《炙砚诗话/涤砚诗话》（1933—1934）重在存诗纪事，所录所评之诗之事以师友、门生和本人为主，读来颇感兴味又时见卓识，所存诗作还有未刊之稿，具有较高的文献和理论价值。胡怀琛则是诗话创新的代表，其《一叶诗话》（1927）秉持新旧融合的诗学主张，客观地评论旧体诗和新诗，并提出了"以旧格式，运新精神"的意见。其《福履理路诗话》（1934—1935）则在诗话形式上寻求突破，全部用很自由的白话撰写，夹杂着各种俗语、口头禅、对白，并纯熟地运用各种巧妙的比喻、联想，将阅读体验与理论思考融为一体，很能说清问题并吸引读者。陈蝶仙、陈小蝶父子着力于闺秀诗话的编撰，蝶仙曾以《女子世界》为平台征集女性诗作并评述，今辑为《闺秀诗话》（1914—1915），小蝶则与同人合撰《香奁诗话》（1914—1915），这在当时催生出一大批女性诗话，成为民国诗话史上的一道亮丽风景线。李定夷以撰作滑稽诗话知名，曾一度掀起报载滑稽诗话的热潮。郑逸梅喜欢撰写名物诗话，对诗中所咏名物进行辑评，其《食品诗话》（1933）、《服御诗话》（1947）叙述食品、服饰入诗现象，可作为研究近现代相关专门史之材料。

再看《词话卷》，王蕴章是近现代诗词名家，所作《梅魂菊影室词话》（1914）、《秋云平室词话》（1933）是正体词话的代表，重在辑录评述历代词人词作词事，兼及考订词集版本、发表词史词论观点。朱衣作为青年词人，所撰《新词话》（1944）可视为变体词话的代表，不仅用白话撰写，而且特意避开使用"含蓄蕴藉""言外之旨"等传统词学术语来评赏温词。林庚白针对当时词坛弊病而著《孑楼词话》（1933），阐发以平凡通俗之语造自然之美的词学主张，的是深得词学三昧之论。闻野鹤《悃簃词话》（1917—1918）内涵丰富，既对一些近现代词人词作词事加以辑录评析，又对古代词人词作加以品第以声明学词宗尚，还对历代词话进行评价以彰显自己的词学主张。朱剑芒《重阳词话》（1925）、《申江本事词》（1926）、《秋棠室词话》（1926）、《垂云阁恋爱词话》（1928）等，或以"重阳""恋爱"为专题评析历代绝妙好词，或对历代名篇进行修辞批评，或就身边词友轶事展开记录，充分体现了传统词话"散"的特点。朱鸳雏《双凤阁词话》（1916—1918）以辑评乡邦词人词作词事和评论清代词人为主，保留了与松江及南社相关的不少珍贵词学资料。

《文话卷》中古文名家钱基博的《精忠柏石室文话》（1918）以历代古文为范本对读者讲述观读、写作古文之法，娓娓道来，实为难得的经验之谈。夏丏尊、叶圣陶合撰《开明国文讲义·读写的故事》（1934）恰可与之对读，该文将当时国文科所涉读与写的主要问题放置在设定的故事情境中——讲解，明白晓畅，深受中学生和普通读者欢迎，对上世纪三四十年代的中学语文教育产生了深刻影响。夏、叶二人组织编写的《开明国文讲义·文话》（1934）是其姊妹篇，侧重于讲述诸种现行文体及写作方法，通俗易懂，引人入胜，同样具有广泛的影响力。胡怀琛的《韩柳欧苏文之渊源》（1926）代表我国文话一贯的考镜源流传统，余冠英的《文章浅话》则借严复论翻译之"信、达、雅"原则讨论写作好文章的标准问题，代表文话在现代时期积极吸收其他领域学术资源的新面向。另外，现代文话中还兴起了一类"文学"（文艺）话，周作人《文艺批评杂话》（1923）、许钦文《文学细话》（1933）、朱自清《什么是文学》（1947）是此类文话的精品。周氏提出的"科学的分析的文学原理，于我们理解文学的人诚然是必要的，但决不是一切。因为研究要分析，鉴赏却须综合的"（《文话卷三》，第 73 页）观点，许氏对国内各种文艺思潮、各国文学概貌的介绍，以及朱氏关于"什么是文学这问题大概不会有什么定论，得看作品看时代说话"（《文话卷三》，第 676 页）的立场，都值得我们重新认识和反思。

《联话卷》虽因联话本身处于现代文学批评的边缘地位而辑录的篇目赶不上其他诸卷丰富，但也不乏耐人玩味的精品。如陈方镛《楹联新话》（1921）分类辑录联语联事，并特别增加传统联话中所无的"时事"类，以传示撰述者留心时务之心，具有一定的时代气息。朱涤秋《秋籁阁联话》（1924—1927）评联首重应用性，颇谙联语文学体性，对作联之技巧能道前人所未道，具有较高的理论价值。刘大白作为撰联名手，所著《白屋联话》（1929—1931）探讨楹联的起源、体制、题材、风格等都颇见心得。该联话用白话写作，较具系统性，是联话的现代变体。

《剧话卷》中的精品琳琅满目，试举数例。冯叔鸾的《戏学讲义》（1913—1915）尝试用话体的形式来建构具有民族特色的戏剧理论体系，所谈涉及"戏学"的定义、戏剧之分类、京戏与新剧、戏剧心理学，以及与舞台实践相关的其他方面，于现代戏剧学之建立有很大贡献。长期从事传统戏剧改良的韩梯云所撰之《补庵谈戏》（1924）可与之合称现代"戏学"双璧，意图建立不分"新""旧"、有助于通俗教育的中国"戏学"。该剧话虽为杂记体，但实具一定体系，有较高的理论价值。所论笼罩群剧，而以皮黄、秦腔为独多，涉及戏剧学的曲本戏本、音律声腔、戏剧术语、赏剧风气诸多方面，不乏真知灼见。其对各剧种源流之梳理及相关人事之评述亦具有较高的史学价值。冯小隐刊于《晶报》（1919—1924）的系列剧谈是为当时剧坛撰写的剧评合辑，主要是进行戏剧内容、演出活动、戏剧演员等的介绍评判，也体现出作者在戏剧创作、表演和戏剧批评等方面的独特识见，当时为很多观众所瞩目，于今有很高的史料价值。张乙庐是传统戏剧的行家，其《老副末谈剧》（1938）一出便获得极高评价，刘菊禅认为"是书一出，京剧之秘奥尽抉，而皮黄一道无难题矣"（《剧话卷一》，第 442 页）；刘慕耘赞曰"其辞核，其言瞻，其文章宏博，虽卷帙无多，而发挥乐理，阐扬剧风，率皆道人所未道"（《剧话卷一》，第 443 页）。该剧话精于戏剧实践，句句落实，故能为梨园所重。姚华长于传统曲学，所著《菉猗室曲话》（1913）、《曲海一勺》（1913）通过评点、考订前辈曲学著作、辨明曲之源流体性传承正确的曲学知识，提升戏曲地位。周剑云是民国知名的新剧评论家，在报刊上发表的系列剧话意为新剧张目，他的《负剑腾云庐剧话》（1914）、《新剧月旦》（1914）、《新剧家传略》（1914）、《新剧概论》（1914）、《新剧评议》（1915）等对认识新剧发展史有重要价值。张冰独的《上海观剧杂记》（1946）是对1942年6月至9月间在上海上演之话剧的剧评合辑，张氏重视舞台实践，所评所记涉及剧本、演员、表演、布景、导演等方方面面，提供了了解当时上海话剧演出实况的重要史料。

《影话卷》以首开用话体作影评之风的周瘦鹃《影戏话》（1919）冠其首，周氏的这些影话涉及电影缘起、电影与小说之关系、影片类型划分、电影简介、演员轶事等很多方面，是考察电影作为舶来品初入中国时国人认识的宝贵资料。徐卓呆是中国早期电影的实践家，其《影戏话》（1921—1926）介绍欧美影业情况，热望发展本国影业，强调电影与话剧有密切关系，在当时产生了积极的影响。周剑云与郑正秋、张石川合称"明星三足鼎"，其《影戏杂谈》（1922）视野开阔，多为有得之见，既梳理了电影与"新""旧"戏剧之关系、肯定了电影的文艺地位，又细谈了电影制作的一些细节，表达了对发展国产电影充满期待。洪深的《课余漫笔》（1925—1926）为其初入明星公司时的作品，是其将美国所学戏剧理论用于探讨电影制作问题的成功实践，具有很高的理论价值。程小青《电影编剧谈》（1926—1928）以美国电影理论为指导介绍自身的编剧经验，主题一贯，别开生面。欧阳予倩《导演漫谈》（1926—1928）提出"剧本是灵魂，导演是骨干，演员是筋血，摄影是肌肉"（《影话卷》，第275页）的综合艺术论，对如何做好导演进行了比较具体的阐发，具有较强的实践价值和理论价值。李君磐是早期话剧的开创者、电影表演艺术家，其《影艺谈荟》（1932）随谈电影的艺术属性、剧本作法、导演与制片家责任等，多为有识之见。麦黛玲的《麦黛玲影话》（1948—1949）追踪欧美电影前沿，介绍好莱坞、苏联、英国电影及影业情况，大大开拓了国人的电影视野。

《小说话卷》是黄霖先生《历代小说话》的文献补充，其收录佳作亦为数不少，试举几例。眘秋《小说闲评》（1920—1921）评论《水浒传》《红楼梦》《花月痕》《海上花列传》《二十年目睹之怪现状》等古代近代小说名著，从而显现小说变迁发展的连续性，表彰"旧小说"而讥讽"新文学"，见识立场颇具时代性。胡惠生《小说丛谈》（1921—1922）对中国小说发展史、小说文体、小说类型以及小说与社会之关系等发表自己的看法，颇多新见。黎九《欧美小说界杂谈》(1922—1923)主要记录欧美的小说作家作品，并对好小说的标准进行了评说，拓展了国人欣赏小说的眼界。张慧剑《小说杂话》(1926)讨论近代以来一些被忽视的名家之作和名家名作未引起人们注意的内涵，别具只眼，论断犀利。陆澹盦《说部卮言》(1932—1933)对《水浒传》《红楼梦》《三国演义》《儒林外史》进行了细致评述，所涉广泛，时见新意，大大增加了这些名著的研究内涵。郑逸梅《说林掌故录》(1940—1943)、《小说丛话》(1941—1942)、《说林凋谢录》(1943)等作品评介民国小说界的名家名作、逸闻轶事，为全面了解民国小说史提供了珍贵史料。赵景深所作《小说琐话》(1942)既用文言，亦用白话；既谈所谓"旧小说"，亦谈"新文艺小说"；讲求用新材料阐明新观点，是传统小说话的变体。钱锺书《小说识小》(1945)谈论中西小说，貌似随意，实则深寓先进的比较文学意识，主要用白话写作，杂糅外语和文言，是小说话变体作品中的妙文。

从以上据《丛刊》各卷选文、叙录所作梳理及对现代诸"话体"大家力作简要评析来看，"话体"这种历史悠久、根基深厚、富有民族特色的批评体式在现代并未"死"去，而是继续发展且进一步走向繁盛。

四

综观《丛刊》和其他涉及现代话体的史料性著作，话体文学批评在现代时期能够守正出新、适时创变，既延续了传统，又完成了现代转型。其批评对象既有旧体(含古代)诗、词、文、剧、联、小说，也有新体诗、文、剧、小说，还有电影这种欧美舶来的新文艺；其内涵也随之不断拓展生新，有作品还试图联通古今中西的文艺作品与文艺理论，不断融合汇通来自各方的文学观念、文论思想；其语体，不再单纯使用文言，也使用白话；其形式虽仍主要是传统的笔记体、随笔型、漫谈式，但体系性明显增强，有作品已近于现代"论体"；其作者以所谓"旧派"作家为主，也兼有一定数量的"新文学家"、教育家、学者、学生和其他从业者。这些新特征和上述繁盛景况都说明"话体"在民国文学批评领域具有广泛的适用性与接受性。它如水一般，与时流变，随作品之变而赋新内涵，始终是我国现代文学批评的主体体式之一。

现代论文专著等"论体"的学术价值自不待言，然若没有现代"话体"

这样连接古今、生动活泼、紧贴作品做感悟式文本赏析、理论阐发、录人纪事的文学批评体式，现代文学批评史一定会显得"高冷"、深奥、窄狭，即纯专业化，从而因曲高和寡而脱离广大读者，因丢掉传统而完全西化。可以说，"话体"与"论体"实际上是互为补充，互相成就的，二者作为当时进行文学批评的主力军共同推动了现代文学（文艺）的发展。一方面"话体"的随兴感悟运思、片段化形式，讲求知人论世、创作经验和鉴赏实践的传统，对于现代诸类（体）文学（艺）仍可产生有效批评，一方面"论体"所做学理化、逻辑性评论则将文学（艺）研究引向前所未有的艺术哲学，并试图与西方文学批评接轨。从事现代话体文学批评的作者大多具有丰富的创作实践，略举数例，姚鹓雏被誉为"南社诗人眉目"（语出柳亚子向陈毅推荐姚鹓雏的信札，见《姚鹓雏诗续集》，三峡出版社，2002 年，第 250 页）；吴梅与王蕴章被评为"曲必瞿庵，而词必莼农"（金天羽《艺林九老歌·序》，《天放楼诗文集》卷八，上海古籍出版社，2007 年，第 222 页）的双绝；钱基博青年时期所作古文已与前辈名家林纾相颉颃，朱自清则是新文艺散文的宗师；刘大白是撰联妙手；范烟桥是小说名家；张乙庐长期活跃于梨园，周剑云和欧阳予倩是中国话剧、电影的开拓者。由这些行家所作之批评一般都能切中肯綮，揭出具体问题，改进创作实践。以胡怀琛为例，其所作诗话中有关"新派诗"的探索，"正是沿着梁启超的'新意境入旧风格'的道路走下来的"（周兴陆《中国文论通史》，复旦大学出版社，2018 年，第 481 页），在当时为诗歌发展提供了一条新的试验路径；其所作小说话坚持认为"中国之旧小说固然有坏处，但须以中国之法补救之，不可以完全外国之法补救之"（胡寄尘《小说管见》，见黄霖编著《历代小说话》第九册，凤凰出版社，2018 年，第 3439 页），为中国小说现代转型提供了一个有别于全面学习欧美的方案。今天来看，这些在近现代文坛摸爬滚打多年，成绩斐然的作家在"话体"中发表的不少意见，对推进传统文学创新性发展且避免过激做法起到过非常积极的作用。也许现代话体文学批评缺乏西方式的冷静、客观、理论高度，但却充满来自作者切身体验的真知灼见。李长之先生曾指出文学批评"不用感情，一定不能客观，因为不用感情，就不能见得真切"（李长之《我对于文艺批评的要求和主张》，《现代》1933 年第三卷第四期），这一点移用作对"话体"的评价倒也十分恰切。

另外，现代话体文学批评对古代文学作品、现象的论析及史述亦丰富多彩，有效地阐释、传播、保存了宝贵的文学遗产。今天从事现代各种"话体"文献整理研究的学者对此一价值阐发尤多，不再赘述。

话体文学批评是现代文学批评的重要组成部分，应该引起治中国文学批评史者的高度重视。对于如何真实完整地呈现中国现代文学批评史，黄霖先生及其团队已指出了努力的方向，并做出了经典示范，有筚路蓝缕之功。不过，由于"五四"以来长期以西例律中国文学的惯性思维还很具影响，要想真正突破多重历史遮蔽，呈现完整真实的现代文学批评史，还有一段很长的路要走。我想，以文献整理为基础的现代话体文学批评史撰述应该早日提上日程，同时加快整理研究现代文学评点、序跋、书牍等承续传统的其它文学批评体式，最终对所谓"新""旧"文学批评的历史做整体汇通之研究，这样才能著成一部真正的"现代文学批评史"。

（原载《上海书评》2021 年 10 月 8 日）

大运河研究的新进展

——《近代大运河史料丛编》的价值与意义

李　玉

中国的大运河，几乎无人不晓。一方面在于它历史悠久，一方面在于它影响巨大。2014 年，中国大运河成功入选世界文化遗产名录。

大运河是一条人工河，是一项中国古代人民集体开创并持续建设的巨大工程，是中国古代人民力量与智慧的结晶。由此决定大运河是一条民族之河，是中国人民团结进取、戮力前行、踔厉奋斗的象征。大运河与长城是中华民族最为伟大的人文地理标识，纵横相交，南北相会，与其它名山大川一起构成中华版图的骨架与经脉。而大运河则是中国人民深度改造自然与有效利用自然相结合的伟大工程，体现了中国人民伟大的创造力与建设能量。

大运河可以说是一条政治之河，从唐宋开始，历代都将治河当作极为重要的政务，运河也堪比历朝国家机体的"主动脉"。运河通，则政权固；运河安，则国家安。大运河更是一条经济之河，像一条玉带，串连起中国东中部从北京到杭州的 20 个城市，沟通了海河、黄河、淮河、长江、钱塘江五大水系，是中国古代的交通干线、经济通道，运河上的漕船更是关乎国家财政大局。大运河还是一条科技之河，中国古代在治河、开港、造船、疏浚、防洪、排涝、修堤、筑坝等方面的领先性探索，莫不在大运河上得到体现。由此决定大运河是一条文化之河，大运河故事分布范围广，艺术品位高，社会价值大。

在新的历史时期，大运河的时代价值得到进一步提升。2017 年 2 月和 6 月，习近平总书记先后对大运河文化带建设作出重要指示和批示："保护大运河是运河沿线所有地区的共同责任"，"大运河是祖先留给我们的宝贵遗产，是流动的文化，要统筹保护好、传承好、利用好"。2020 年 11 月 15 日习近平总书记在大运河江苏扬州段考察时指出，"运河滋养两岸城市和人民，是运河两岸人民的致富河、幸福河。希望大家共同保护好大运河，使运河永远造福人民。生态文明建设关系经济社会发展，关系人民生活幸福，关系青少年健康成长。加强生态文明建设，是推动经济社会高质量发展的必然要求，也是广大群众的共识和呼声。要把大运河文化遗产保护同生态环境保护提升、沿线名城名镇保护修复、文化旅游融合发展、运河航运转型提升统一起来，为大运河沿线区域经济社会发展、人民生活改善创造有利条件"。江苏省及运河沿岸各省市认真学习并深刻领会习总书记讲话，全方位发掘运河文化内涵、高品质呈现运河故事的新时代价值与意义，开展系统性、科学性与实践性的大运河研究工作。作为重要的学术基础工程之一，煌煌五十巨册《近代大运河史料丛编》，新近由凤凰出版社正式付梓，这是国内外目前规模最大的近代运河专题史料集成。

据丛书执行主编之一、江苏省社会科学院历史研究所所长叶扬兵研究员介绍，本丛书收录近代大运河文献 36 种、25000 余页，总体分为"水利""运河""导淮"三大类。其中，水利类文献收录 10 种，编为 24 册；运河类文献收录 12 种，编为 20 册；导淮类文献收录 14 种，编为 5 册。每种文献均配有简要说明，以便读者阅读。最后一册则为该丛书的详细目录，为读者进行检索提供了较大便利。

这部史料集系多位学者穷数年之功，通过各大数据库，并联络北京、上海、南京等地图书馆广泛收罗、精心选择而成，版本质量高，印制效果佳。

本丛书虽然收录文献种类有限，但其各方面的价值并不能因此低估。

首先在于其文献价值较大。据编纂者介绍，此丛书 90% 的内容系"首次完整影印出版"。书中收录的一些民国时期出版物初始印量本来就不多，加上社会变迁、时局动荡，以及文献收藏条件限制等方面的原因，有的已成孤本。

其次是文献的系统性较强。本丛书选录的不少都是大型文献，例如置于第一至三册的《顺直水利委员会会议记录》，原书共计 8 册；第三至七册收录的《京畿河工善后纪实》，原书共 8 册；第九至十一册收录的《江苏水利全书》，原书共 3 册；第十二至二十册则为《江苏水利协会杂志》，共计 23 期；第二十一至二十三册收录的《河务季报》，共计 10 期；第二十九至三十八册的《督办江苏运河工程局季刊》，共计 29 期；收入第四十二至四十四册的《江北运河工程局年刊》等，规模也较为庞大。这种对于原始文献的系统性呈现，非常有利于研究者利用。

再次是学术价值独特。本丛书编纂者多为资深的历史学研究者，在选录文献时，已就其学术价值进行了评估，系统性收录重要文献，主要是为了便利学术研究之需，而非为打造"出版工程"。书中展示的大量系统性文献对于深入了解近代中国治水实务及水利治理与政治治理、社会治理、地方治理的关系都有较好的参鉴作用。例如《顺直水利委员会会议记录》囊括该机构的 36 次常会和 185 次审查会，这种近乎史料长编式的文献自然能为学者相关研究提供相应线索，有助于研究者尽快"进入"历史，掌握一定的"内情"。再比如《督办江苏运河工程局季刊》创办持续十余年，记录了大量的历史信息。著名实业家张謇是该局首任督办，他与会办韩国钧协力同心，为江苏治水、治运多所努力，正如他所言："謇、国钧自设局任事以来，日以勤慎，督饬员司，夙夜在公，既须蓄泄之得宜，要在防范之有素。"（张謇《与韩国钧呈大总统徐世昌文》，1921 年）张謇非常关注水利对于民生和社会发展的意义，《督办江苏运河工程局季刊》也是在他任上创办，该刊关于张謇治运的相关记录对于丰富张謇研究内涵也有很大的助益。

最后是科技价值犹在。众所周知，从古到今，治水、治河是一项专业很强的工作，本丛书收录的大量文献有不少都是当时的勘察报告、调查报告、施工方案、经费账目等，包括大量工程事务性内容。这些旧文献在当代的科技价值往往容易为工程技术部门忽略，但如果加以充分利用，无疑也会为当代运河治理、航道管理、水利开发、防洪减灾提供一些借鉴。因为历史虽去，地形仍在。因地制宜，古今皆同。正如张謇所言："治运之重心在工程，工程之因革损宜在地形，在历史。历史证古，地形准今。"（张謇《运河工程局就职宣言》，1920 年 4 月 1 日）

（原载《团结报》2022 年 4 月 21 日）

中国近代日记研究的拓展、反思与未来

——从"日记研究丛书"说起

唐姆嘉

日记这种文献类型和书写方式，在中国具有悠久的传统。作为一种微观史料，日记具有一种反映整体历史的能力，尤其是那些长时段记录或身份特殊人物的日记，其意义绝非仅仅止于个人生命史，更兼具政治史、经济史、社会史、文化史等诸多价值与内涵，某种程度上可看作时代的缩影，具有百科全书的性质。这对于管窥时代风貌，揭示人物所置身的社会历史情境无疑具有重要意义。

现存的大量日记主要产生于近代。这一时期中华文明波澜壮阔的时代变迁不仅见诸皇皇正史，在诸多私人文献里更是得到了真切而具体的表达。早从2014年起，张剑、徐雁平、彭国忠等人主编的以日记为主要内容的"中国近现代稀见史料丛刊"即以每年一辑的形式陆续推出，目前已出版九辑，整理日记超百种。近期，又有"日记研究丛书"问世，虽然只有《谭献稿本日记研究》《过渡之舟：〈胡适留学日记〉研究》《晚清日记中的世情、人物与文学》《私史微观：中国现代作家日记的多元透视》《常熟翁氏日记研究》五种，亦可视作由近代日记整理迈向近代日记研究的一大步推进。

日记作为一种既建构自我，又承载集体记忆的重要书写方式，对于理解中国历史变迁与国人"心史"有着不容忽视的重要价值。在当前以及未来一段时间内，发掘近代日记史料文献，从日常生活史研究入手对中国文人士大夫与现代作家的阅读史、情感史、心态史进行深描，对日记的本质属性、日记研究的学术价值与局限加以反思，都是极为重要的工作。

日记的私密性与真实性

日记最显著的特征是"排日记事"，绝大多数人在阅读日记的过程中常怀揣着日记是一种"私密性文本"的概念预设。然而，日记真的属于一种私密性极强的文本吗？这可以通过考察日记文本的生成过程进行检验。

在《常熟翁氏日记研究》中，通过对读翁心存与翁同龢日记，贾宏涛发现翁氏父子在日记中除对共同事件叙说相近以外，于书写顺序、语气措辞、情感表达甚至位置编排上都高度一致，据此推测翁氏父子二人由于当时同居于京城，在记录日记的过程中很可能存在着借读对方日记或相互交流日记撰写方式的可能。同样的研究模式也出现在唐海嘉关于《胡适留学日记》的研究中，唐海嘉认为《胡适留学日记》前后期的记述中存在"日记"与"札记"两副不同笔墨并各自承担着不同的文体功能，胡适启用"札记"写作日记带有明确的发表欲望与诉求，与最初的止于自我记忆的初衷不同。这从胡适乐于将自己札记性质的日记邮寄给许怡荪等国内朋友请友朋传观，并促使其在《新青年》上发表即可看出。

因此，从日记文本的生产过程来看，近代日记并不是孤立发展而来的私密性文体，在出版流通之前，很可能就已经置于一张内部沟通网络中被不断传播与接受了。而面向公众写作的意识更是促成了日记"私密性"属性的淡化与退场。

除了"私密性"，"真实性"也是日记研究的一个重点问题。

张燕婴在《浅谈日记资料的有效性问题》一文中曾指出："日记这类文献虽然在史实复原的精细化方向上具有独特的价值……但是日记是经过作者的主观选择与过滤，因此会有遗漏甚至刻意的屏蔽；而且由于作者闻见所限，也可能导致所记信息不够准确。"（《华南师范大学学报》2019 年第 1 期）此说揭示了日记主观性、碎片化的文献特征，也提示我们如果只单纯依靠日记文献进行研究，很容易造成对相关史实的认识不清甚至误读。

吴钦根将谭献的《复堂日记》置于现存书信、别集等其他相关文献的相互交织与映照中，对谭献的日常交游与文章著述展开考索，即为我们如何规避日记文献的局限性，如何通过互相补充、相互拼合的方式展开日记研究提供了极佳的示范。通过对胡适与留美诸君的日常书信往来、胡适的演讲提纲等与日记的综合对读，唐姆嘉考察个人生命史视角下的文学革命动态发生过程，也是基于此一思路展开的研究实践。因此可以说，日记研究必须结合书信、图像等更多的史料，通过对多重史料多向度的综合比较与对照，在多重文献互证的方式下展开才有可能更为全面、立体、客观、生动地对研究对象加以把握。

呼唤"中国日记学"

现在，学者对日记研究的重心渐渐从挖掘日记的"历史文献"价值转移到阐释日记的"文化文献"价值上来，表现出一种极具微观史视野与深受新文化史影响的研究方法与格局。

在《晚清日记中的世情、人物与文学》中，张剑通过对《翁心存日记》《佩韦室日记》《日损斋日记》《绍英日记》等的研究，既关注日记与政治时局的关系，又深耕于人物史研究，挖掘了大量与日常生活史、医疗史与心态史有关的内容。《谭献稿本日记研究》《常熟翁氏日记研究》颇为注重对日记中人物书籍世界、文学交往活动等家族史、阅读史、书籍史的考察；《过渡之舟：〈胡适留学日记〉》则开掘出了有关人物演讲活动、日记中的"剪贴报"等声音与图像史的研究维度；《私史微观：中国现代作家日记的多元透视》也贡献出了"旅行与日记""作家心史"等多重视域。这种兼具多重视野、重视新文化史的研究方法对于日记文献如何摆脱"补正史之阙"作为补充或考证性质的"历史文献"的研究范式，转换和建立起多向度开掘的作为"文化文献"的日记研究模式，无疑是极具启发性与方向性的。

在整理、研究的基础上，建立"中国日记学"也应进入学术规划之中。在《晚清日记中的世情、人物与文学》的前言中，张剑指出，既有的中国近代日记研究存在缺乏总体性研究、日记文献整理不足、日记文献整理品质不高、缺乏新鲜视角与深入挖掘等问题，希望通过全面清理中国近代日记文献遗产，写出一部具有学术导航和学术深度的"中国近代日记文献叙录"，精心选择一批学术价值高、流传稀少以及数据库难于辨识的稿钞本日记做有难度和深度的整理，并在整理的基础上加强对日记作者的自我形象建构，日记的产生与流转过程，日记与科举，日记与民俗，日记与身体、情感、心态等诸多关系的研究，尤其强调要加强对近代日记理论研究的重视，在现有数据库基础上，进一步开发具有高级分析功能的中国近代日记文献数据库。他呼吁以中国近代日记文献为核心，以"叙录"描绘其形貌，以"整理"锻造其骨肉，以"研究"凝聚其神魂，以"数据库"开发其潜能，注重文献整理与理论阐释相结合，以期多角度、多方位地建立起有血有肉、多元共生的"中国日记学"。在《私史微观：中国现代作家日记的多元透视》中，廖太燕也提出，"中国日记学"的构建已经具备了相当成熟的条件。

日记文献具有重要的文学价值、学术价值、应用价值、社会价值，积极推进日记研究有利于更为有效地服务当下的学术发展与文化建设，对于我们真实全面地理解近代以来中华文明的历史发展进程至关重要，建立"中国日记学"正当其时。

（原载《光明日报》2022 年 12 月 12 日）

第三辑　学术论著

弘扬优秀文化传统　丰富民族精神底蕴

——专家学者谈任继愈主编的《佛教大辞典》

中国佛教研究结果的结晶

楼宇烈（北京大学教授）

经过六十余位学者十余年的辛勤工作和江苏古籍出版社的努力，由任继愈教授主编的一部崭新的大型《佛教大辞典》，终于得备于广大专业研究工作者和各界读者的案头了。这是佛教学界的一件大事，中国佛教学术研究中的一项重大成果。

人们常以"十年磨一剑"来比喻学术研究的认真和艰辛，也只有这样磨来的作品才可能经得起学术的推敲和历史的检验。这部辞书编写出版花了十余年，那还只是从1991年落实动手编写算起来的。如按该辞典副主编杜继文教授在《后记》中讲的该辞典的编写动议则早在1981年就开始了，那就是二十余年的事了。其实，据我所知，任继愈教授早在上世纪的60年代时，就有编写一部佛教大辞典的想法。而且从那时起就已着手收集国内外的有关资料，分类抄录整理，以备编写新的佛教大辞典之用。而在十年动乱一结束之后，任先生在十分繁忙的学术、行政工作的同时，仍然把编写新的佛教大辞典这一件事放在重要的工作计划中，并立即恢复了资料的收集整理等准备工作。由此算来，这部辞典何止是花了十余年的问题，而是磨了一位学者四十多年心血的产物。

我粗粗翻阅了一下这部《佛教大辞典》，感到有以下一些特点和优点：

这部《佛教大辞典》，在已有的佛教辞书中并不是收词最多、篇幅最大的一部。但它不仅采入了以往各佛教辞书中那些最基本和最重要的词目，更根据佛教发展的现状和佛教研究的新发现、新成果，增加了大量以往各佛教辞书中未收的词目，是一部收词量要而不繁，适合时代和学术研究需要的实用佛教辞书。对那些与以往各佛教辞书相同的词目，在这部大辞典中，其词目内容都是重新撰写的。而与以往各佛教辞书原有的词目内容相比，其中有订正史实、史料者，有补充新资料者，有做出新论断者，等等。由于所有词条都是由对此词条有专门研究的学者来撰写的，因此这部大词典中每一词条的内容都具有内在的整体感和很高的学术性。尤其是这部大辞典完全是用现代汉语来释义的，比起以往一些佛教辞书那种或用文言、或用半文半白的语言来释义，清楚明白多了，也更适合现代读者的阅读习惯。

在这部大辞典所增收的大量新词条目中，给人最突出的印象是增加了大量藏传佛教、南传上座部佛教，以及西夏佛教等方面的内容。其中，有不少都是编撰者多年来田野考察、文献研究的新成果。这些词目的增加，使人们对于整个佛教，特别是中国佛教的历史和现状有了更为全面深入的了解。

这部大辞典收入的佛教典籍词目之多，也是非常突出的一点，约有2000条，占全书词目总数的六分之一左右，大概是现有佛教综合辞书中收入典籍词目最多的一种。所以，举凡汉译大小乘经律论中的重要典籍、汉地高僧大德的重要著述、藏传佛教典籍、南传巴利文佛教典籍，以及敦煌遗书中的重要佛教典籍、西夏文与其他文字的佛教典籍等，在该辞典中大致都能查到有关的解释。更值得称道的是，该辞典对每一种典籍的解释都是经过对原典籍认真研究以后写出的，所以对每一部典籍的书名、卷数、成书年代、主要内容、流传版本等情况的论述都有准确可靠的依据。

这部大辞典不仅在收词量上要而不繁，而且在词条释义上也要而不繁，详细有致，呼应得当。这里词条释义的要而不繁，不仅是指那些短词条说的，也包括那些数千字的长词条在内。许多词条的内容常常是互相交叉和重复的，如何处理好这些交叉和重复条目的关系就非常重要。举例说，许多佛教辞书在解释某个佛教宗派时，常常是历史、人物、著作、教义等各方面都做同样详细的介绍，其实这里有许多与其他条目交叉、重复之处，平地增加了不少篇幅。我注意到在这部大辞典中，凡在介绍宗派的条目中，主要介绍该宗派的历史情况，诸如人物、著作、教义等只作扼要的介绍，读者可根据这些扼要介绍中的提示，去查阅相关的条目，节省了大量的篇幅。

这部大辞典也还有些值得进一步完善的地方。比如，在全书前面附录了大量精美的图录，非常有价值。但在正文中，却连一张插图和图表也没有，这不能不说有点美中不足。因为有些条目，如"手印"和各种法器等，没有图录的配合，单靠文字是很难使读者看明白的。又，有些词条如能配上一幅图表，也能帮助读者理清纷繁的头绪。再有，这么多精美的彩色图录，居然没有与词条建立起联系来，也不能不说是一件让人感到十分遗憾的事。

此外，有一些技术性问题也值得考虑改进。如，厚厚一大叠的精美彩色图录放在书前好还是放在书后好？我个人感到，这些图录放在前面对查词条和阅读都十分不方便，而使用该辞典频率最高的是词条检索和阅读文本。再如，该辞典以笔画笔序为主要检索词目的方法，后附有拼音检索和四角号码检索，正文后还附有分类索引，这都很好。但如果考虑到这部大词典要流传到海外，那我想还应当增加一个部首检索法。

总起来讲，这部《佛教大辞典》反映了我国当前佛教研究的最新、最高水平，值得向广大的佛学研究者和爱好者推荐。

全面反映佛教大发展

萧萐父　吴根友（武汉大学哲学系教授）

任继愈先生主编的《佛教大辞典》的出版，是中国佛学界，同时也是中国学术界的一大因缘胜事。这本多达三百二十万字的皇皇大典，集当前中国佛教学术界的精锐力量，治学风格严谨，具有世界水平。有关该辞典的突出成就，众多佛学专家皆有所论。在这里，我们仅从中外文化交流史的角度，谈谈这本《佛教大辞典》的突出特点。

相比较而言，丁福保先生的《佛学大辞典》对佛教的中国化发展问题有所忽略，然筚路蓝缕，厥功至伟(任继愈语)。任先生主编的这本《佛教大辞典》，则真切地关注了佛教的中国化大发展问题，并对中国化的佛教在东南亚的传播、发展情况作了广泛的介绍，是一本真正能反映佛教在中国的传播及中国化过程中教理发展的高水准辞典。概言之，该辞典在佛教的中国化问题上主要体现在以下四个方面：

首先，在词条的筛选体例方面，专门辟出与"中国化"相关的佛教文化现象，列出很多有关佛教在中国传播及佛教与中国本土文化结合的词条。其中，中国佛教、中国密教、禅宗等词条，其字数皆多达三千字以上；尤其是"中国佛教"一词，多达七千六百余字，非常准确地介绍了佛教在中国的传播及中国本土佛教的发展情况。对于佛教或佛学不太了解的读者，如能认真读完这一词条，就能对中国佛教大抵上有一个清晰的轮廓。

其次，从现代民族国家的角度出发，对中国是多民族国家的特点给予了高度重视，将佛教在不同民族中的传播与发展情况纳入"佛教的中国化"的视域之中，从而深化了中国化佛教的具体内涵。该辞典以相当多的篇幅介绍了藏传佛教、西夏佛教的内容、特征，藏传佛教、西夏佛教的经典和著名僧人、寺院等，还广泛地介绍了佛教在傣族、蒙古族、满族等其他少数民族内部传播的情况，显示了中国化佛教内容的丰富性。

再次，在人物的选定方面，该辞典广泛搜集了佛教团体以外的重要人物。中国历史上绝大部分与佛教有关的重要文化人物，如政治人物、文学家、哲学家、画家、学者、居士等，亦收入到该辞典之中。政治人物有萧衍、文成公主、武则天、朱元璋、杨度等；文学家、哲学家有刘义庆、谢灵运、萧子良、颜之推、刘勰、杨衒之、颜延之、范缜、萧统、王勃、李白、王维、孟浩然、司空图、柳宗元、刘禹锡、白居易、刘长卿、颜真卿、范仲淹、欧阳修、王安石、苏轼、严羽、赵孟𫖯、王士禛、李贽、钱谦益、王夫之、叶燮、刘熙载、龚自珍、丰子恺等；学者有刘谧、康有为、章太炎、欧阳竟无、吕澂、熊十力；著名的居士有刘遗民、朱时恩、熊鱼山、吕碧城、朱子桥、朱芾煌、杨文会等。而"居士佛教"词条中，介绍了居士佛教的一般特点之后，着重对佛教传入中国后历史上的居士佛教及其与僧伽佛教之间的关系，分朝代进行详细介绍，并总结了中国居士佛教的特征和以知识阶层为主体的中国居士佛教对佛教的中国化及中国文化的积极影响。仅此而言，本辞典通过对这些教外人士的佛学思想或佛学著作的简要介绍，就充分显示了佛教对中国古代社会、文学、美学、哲学等多方面的巨大影响。

最后，该辞典还详细地列举了 20 世纪以来中国佛教界的各种学会、期刊、学校等，对 20 世纪的中国佛教界如何应对西方文化的冲击而做出的积极反映作了扼要介绍，显示了中国佛教在新时代的背景下如何改革教义、发展教理、振兴佛教的过程和种种努力。

总之，这部皇皇巨典对于全面地了解佛教的中国化，佛教与中国社会、文化结合的广度与深度，提供了丰富、翔实的历史资源，具有重要的学术指导意义。

文化建设的一件盛事

白化文（北京大学教授）

任继愈先生主编、杜继文任副主编，江苏古籍出版社出版的《佛教大辞典》，终于面世了。细读任先生的《前言》，杜继文的《后记》，以及出版社的《出版说明》，圈子内外的人可能多少有些体会。我作为读者和多年来远距离的观察者，真不免欣慨交心之感。

众所周知，编成并出版一部大型工具书，从载体角度看，是一国经济与出版水平和能力的具体表现。从内容方面看，是一国学术界整体实力的显现。从大环境看，盛世修书，要河清人寿、海不扬波、政通人和，才能坐稳了书桌。近代中国的佛学研究，特别是集体性的研究和创作，落后于国外。有些大部头的制作，如大藏经，大型工具书，更是明显地表现出落后现象。即以佛教或说佛学的辞书而言，中国学者经常使用的，不外日文的"望月""织田"两种大辞典（特别是前者），以及较新的中村元《佛教语大辞典》（解说简要而偏于梵语解释）。中文的，则丁福保的《佛学大辞典》近年来重版多次；台湾佛光系统编辑出版的《佛光大辞典》也经北京图书馆出版社引进内地重印。可这些都不是以马列主义思想观点方法为指导编纂的。咱们总得有自己的一部书吧，这就是这部《佛教大辞典》非得编纂和出版不可的重要性所在了。

谈到这部《佛教大辞典》，我的初步学习心得是：

此书显得整齐，很有精神。每个词条都写得有理有据，行文从容不迫。这也是改革开放以来我国编纂显示出的一种风格。从专业方面说，它继承了《宗教辞典》（1981年）和《宗教大辞典》（1998年）之中佛教词条求实、务实与朴实的风格。与其他辞书对比，此书的特立独行风格极为突出。这是内容与形式两者表现出的高度统一。

该辞书内涵宽广，即以中国境内的佛教来说，举凡汉化佛教、藏佛教、少数民族南传佛教、古代以迄近代的少数民族佛教等，差不多都论及了。特别是汉化佛教以外的，比其他哪一部辞典都多。国际性的，也尽量涉及，捡最要紧的，都照顾到了。当然，从篇幅容量上估计，这些都是以牺牲汉化佛教中一些次要性质的内容为代价的。此书在贯彻我国政府的方针政策方面是做得稳妥的。

当然，该辞书尚有美中不足之处。比如，书中地图、示意图、线图缺乏，这是当代综合性大型辞书中不可或缺的。图片，主要是照片，集中于前，无可厚非，可是缺乏与正文(特别是正文页码)有联系的说明。缺乏大型佛教辞典必附的梵语、巴利语、藏语等的拉丁字母对音索引，不合常规。以上属于吹毛。其实，书出来了就是胜利！进一步的梦想是：在此基础上，再扩大几倍，编纂出版一部更大型的带国际性包罗万象的佛学大百科辞典来。大型词条应具有小型论文性质，附有更丰富的索引性附录，附有丰富多彩的地图、图版、插图、示意图、画像等。附有多种附录与索引，如此书中已有的和我们提到的多种中外文索引，年表，中国与古代南亚次大陆、与朝鲜半岛、与日本的多种度量衡、不同年代换算等，多多益善。这一次，十来年之中团聚一批作者与编辑干成一件事，很不容易。建议别解散，趁着任先生宝刀未老，再以士大夫十年之力求得彻底解决！

《佛教大辞典》的学术价值

荣新江(北京大学教授)

80 年代编纂辞典热的时候，出现过不少有关佛教的中小型辞典，许多内容都是抄自任继愈先生主编的《宗教辞典》(上海辞书出版社 1981 年版)和以前出版的佛教辞书。这些辞典的用处不大，因为要查找一个有关佛教的普通词汇，翻阅《宗教辞典》就可以了；要想查找详细的有关佛教名相的解说，则还得去翻阅丁福保编的《佛学大辞典》、日本望月信亨《佛教大辞典》或台湾佛光山的《佛光大辞典》。可是，这三部大辞典对于佛教概念常常是用以经解经的方法，有时甚至是原文照录，所以比较适合于佛学研究者使用，而不便于广大读者和其他学科的研究者所使用。

在辞典编纂热过去以后，我们却高兴地看到江苏古籍出版社在 2002 年 12 月出版了任继愈先生主编的《佛教大辞典》。这部辞典收词条 11899 条，包括(1)教派、学派、宗派；(2)人物；(3)典籍；(4)教义；(5)因明；(6)佛、菩萨、罗汉、鬼神、诸天等；(7)称谓、教职、教制；(8)仪轨、礼俗、节日；(9)法物、法器；(10)圣地、遗迹、寺院、佛塔等；(11)组织、团体、机构；

（12）历史事项；（13）建筑、文学、艺术及其他内容，几乎囊括了佛教知识的各个方面。一册在手，可谓"开方便门，示真实相"。

翻看这部出自中国佛教研究各个方面专家之手的《佛教大辞典》，与其他辞典相比较，确实感到它有自己的特点。

第一是突出中国佛教，这既是中国学者编纂佛教辞典所必须承担的任务，也是最能体现中国学者研究的实力和特长所在，而且对于中国读者来讲也最为实用，所以这一点是非常有见地的编纂方针。像 1985 年建立、1992 年开光的弘法寺，在其他国家或地区编写的佛教辞典里，恐怕未必立条目，因此也就无从查找。

第二是涉及的方面很广，也就是说，虽然突出中国佛教，但也包含整个世界范围的佛教。从内容上来讲，它和旧的佛教辞典比较重视词义、名相的解说不同，而是在佛教历史、文献、教义、神鬼等基本内涵之外，涉及许多佛教圣地、遗迹、寺院、节日、建筑、艺术、文学、世俗人物等方面的内容，使这部辞典不仅仅是一部"宗教"辞典，更可以看作是一部"文化"辞典。

第三是包含了中国各个民族的佛教，这一点不像以前中文佛教辞典那样，主要偏重于汉传佛教，而是包括藏传佛教、西南地区少数民族佛教以及历史上曾经存在的富有特色的佛教，如西夏佛教。在上述十三个类别中，我们都能查到相当数量的词条，特别是藏族学者用汉文阐释藏传佛教的含义，对于读者正确理解藏传佛教的本义，极其重要。

第四是反映了中国的考古新发现，比如 20 世纪初敦煌莫高窟发现的大量佛教典籍中，有相当多的著作是历代流传的《大藏经》所没有保存下来的藏外遗籍，本书即收录了其中不少的经疏、疑伪经、禅语录、灯史、目录等，敦煌佛教文献构成了本书的特色之一。又如近二三十年无论在资料公布还是在研究上都有巨大进展的西夏佛教典籍的研究，由于西夏文专家加盟编纂委员会而使得这方面的成果得到反映。还有不少零散的考古新发现体现在不同的条目中，如"辽藏"条提到 1980 年在河北丰润发现的小字体辽刻《华严经》等，并且在书前刊登了清晰的图版；又如"辽庆州塔"介绍了 1989 年塔里发现契丹国皇室供奉的秘藏文物；这类相关的考古新发现的信息和研究成果，在本书中随处可见。

第五，该辞典前面有 72 页彩色插图，每页上有二至五张图片不等，将辞典中涉及的许多方面，特别是圣地、遗址、寺院、佛塔、人物、典籍、尊像、绘画、雕塑、石窟、碑刻等，用精彩的真实图像表现出来，这得益于今天印刷技术的进步，是从前的佛教辞典所不具备的。

最后，该辞典的词条是建立在各国学者有关佛教各个方面雄厚的研究基础上的，因此是值得信赖的工具书，解说和信息的准确性是一部辞典所必备的。同时，该辞典是用现代规范的语言，将佛教中一些难解的概念阐述出来，这对于更为广大的读者来说，是切合实际的，因为使用这部辞典的人，不仅仅有专家学者，也有对佛教文化感兴趣的一般读者大众。

因此可以说，该辞典立足佛教，而又超出佛教，它既是提供给广大读者的一件实用的工具，又是中华民族新文化积累中的一项重要成果。

科学研究佛教的大型工具书

赖永海（南京大学教授）

《佛教大辞典》自 1991 年任继愈先生提出编写方针，到前些日子面世，历时十二载，这是佛教研究中的一项大工程，它的问世令人感到振奋。

人们在学习、研究佛教的过程中，免不了要借助一些工具书，但就这类辞书而言，几十年来，人们要么延用八九十年前由丁福保编纂的《佛学大辞典》，或者不得不参阅日本学者编的《佛教大辞典》，再者就是借用台湾佛光出版社出版的《佛光大辞典》。虽然中华人民共和国成立以来所出版的各类大型辞书可谓汗牛充栋，但就是没有编纂一部适合现代人用的佛教辞典，这实是佛学界一大憾事。现在《佛教大辞典》的出版，填补了佛教研究中的这一空白。

任先生是中华人民共和国成立以来我国佛学研究的开先河者。近一二十年来中国佛教研究中的几个重大项目（如编修《中华大藏经》《中国佛教史》）也都是由任先生主持的，此次主编的《佛教大辞典》，同样具有填补空白的开创性意义。这部《佛教大辞典》有以下几个鲜明的特点：

首先，同以往几部佛教辞典相比，这部大辞典更具学术性。如果说丁福保的《佛学大辞典》和《佛光大辞典》因是出家人或具有较浓厚佛教信仰的学者所编，因而宗教方面的词条（如皈依、戒律、仪轨等）较多，诠释亦较详，那么，《佛教大辞典》的学术特色则更突出。这一点既表现在所收的词条上，亦表现在对词条的释义上：第一，《佛教大辞典》所收之教义、学派等较具学理性方面的词条较多，所占的比例较大。第二，对于各个词条的诠释更为饱满和更具学术性，例如对于"中国佛教""中国密教""日本佛教"等词条的诠释多达数千言，初学者读之足可对"中国密教"等有一个梗概的了解；而对于"真如""缘起说""无我"等词条的诠释，则不但能够具体揭示其佛法本义，而且能够运用现代的学术思想和语言去诠释表述，这对于帮助读者理解其思想蕴涵大有裨益，克服了以往有些辞典"以经解经"的偏弊。第三，《佛教大辞典》大量吸收了近几十年来的研究成果，使许多词条更为简明和深入浅出，这一点在禅宗的词条上有突出的表现。第四，《佛教大辞典》对于词条的释义严格遵循学术规范，很多词条不但能够标明出处，而且诠析亦能做到"言之有据"，且能以现代通用的、规范的学术语言去进行诠释、表述；更为难得的是，对很多词条能够指出其多层含义，这对于读者较全面、准确地去把握该词条的内涵很有帮助。

其次，同以往几部佛教辞典相比，这部《佛教大辞典》内容更为广泛。就所收条目言，丁福保的《佛学大辞典》有三万多条，而《佛光大辞典》也收有两万多条，均超出本部大辞典。但是，这部大辞典中所收的诸如"藏传佛教"，特别是"西夏佛教"中的许多条目，则是以往佛教词典中所没有收录的。从这个意义上说，这部《佛教大辞典》的内容更为完整、全面。

再者，这部《佛教大辞典》所收有关佛教建筑、文物彩图之多，亦是同类辞典所仅见的，虽然这样做也许会大大提高本书的成本，但它却能给读者许多直观的感觉，产生一种图文并茂的效果。

总之，这是一部具有开创性的、学术性很强的佛教工具书，它的问世，不但给广大佛教爱好者及研究者带来许多方便，而且将进一步促进佛教研究的深入开展。

（原载《光明日报》2003 年 7 月 15 日）

山水诗研究的新创获

——评《灵境诗心——中国古代山水诗史》

王宏林　谢卫平

　　山水诗的创作源远流长，是中国文学重要的组成部分，但魏晋至清代的文学理论著作，多侧重从文体的角度考辨诗歌发展的源流和各种诗体的审美特征，对题材较少关注，很少专门论及山水诗。梁萧统《文选》在"诗"这种文体下按题材列举 23 个条目，与山水诗有关的是游仙、招隐、反招隐、游览、行旅等，并未明确提出"山水"这一概念。明张之象《唐诗类苑》也是按照题材编集，江河湖海、名山怪石、树木花草都独立成条，却没有明确把山水诗当成一类加以汇集。与这些诗文选本的情况类似，少数诗论家，如清代王士禛、沈德潜等人，虽然注意到山水诗独特的艺术风貌，在一些诗话或序跋中提及山水诗，但描述都很简略，仅涉及谢灵运和几位盛唐诗人，很少对山水这种题材的诗歌进行系统研究。

　　现代意义上的文学史学科建立以来，出现了一大批颇有影响的文学通史、断代史著作，也有不少从文体的角度所写的诗史、赋史、小说史等，和古代情况类似，学者们也很少从题材的角度来写一部文学通史。20 世纪 60 年代，受政治思潮的影响，学术界展开了"山水诗有无阶级性"的争论，山水诗渐渐受到重视，但研究焦点往往集中在有限的几位山水诗大家。80 年代之后，一些学者开始关注这个空白的研究领域，如丁成泉和李文初等各著有《中国山水诗史》，葛晓音的《山水田园诗派研究》，王国樱的《中国山水诗研究》，都是研究山水诗的专著。和这些著作相比，最近出版的陶文鹏、韦凤娟先生主编，并有韩经太、张晶、王英志、尹恭弘、廖可斌等著名学者参加编撰的《灵境诗心——中国古代山水诗史》（凤凰出版社，2004 年）一书，作为国家社科基金项目，后出转精，全书 942 千字，以其源流考辨清晰、材料丰富翔实、立论令人信服的特点，代表了山水诗研究的最新水平。

综合考察各个时期不同诗人的创作特色和艺术成就，清晰勾勒中国古代山水诗发展的整体风貌，对某些时期的创作成就作出了比前代著作更准确深细的评价，这是本书的第一个显著特色。

文学史的写作，最忌主观臆断和空发议论。本书在写作时以纵、叙、史为主，以横、议、论为辅。在横向上，它展示出古代山水诗在各个发展阶段的基本面貌、美学特征，勾勒出不同作家的创作特色，并突出了主要作家的独特的艺术成就。在纵向上，它比较清晰地描述出古代山水诗孕育、形成、兴起以及停滞、变化、发展的流程，并从中寻觅出内在的前后相承的艺术精神、文化精神，从而展现出山水诗发展的清晰脉络。如第一编论山水诗的形成，细致考察《诗经》、楚辞和汉赋中所蕴含的自然美意识，列举出其中的自然景物描写的语句，并对这些语句进行认真辨析，认为"山水诗的源头即孕育在这两座（《诗经》和楚辞）并峙的峰峦间"，而汉赋"则为模山范水的写作技巧作了充分的艺术准备"，把《诗经》、楚辞和汉赋都确定为山水诗的源头，尽管观点与前代著作并无二致，但论述显然更加细密。在此基础上，编撰者进一步指出，《诗经》中"人们对待山水的态度也有一个从《周颂·般》的敬畏崇拜到《郑风·溱洧》的亲切嬉戏的变化"，楚辞"表现了楚地巫术文化背景的深刻影响，其基调是'超现实'的浪漫的；另一方面，又接受了中原理性精神的影响，某些时候被赋予了现实的政治的及道德的意味"，汉赋"山川景物描写尽管描摹细致，具体而微，但是都缺乏情景交融的艺术魅力，缺乏作者个人的独特体验"。这些论述表明，编撰者注意到其中的变化因素，在动态的分析中比较准确地揭示出每个阶段的特点。

在考察各个时期山水诗的创作和成就时，以前的文学史由于受当时社会思潮的影响，过于拘泥于经济基础决定上层建筑、经济政治决定文化艺术的单一的反映论的方法，对文学自身的许多要素关注不够。本书则更多是从时代文化背景出发，结合当时的社会经济、政治思想、学术和审美风尚，通过与前后期和同时代山水诗创作的比较，来分析各个时期和各流派诗人的艺术特色和成就，因此得出的结论更合乎历史事实。山水诗正式产生时代是山水诗研究的最重要问题之一，此前著作论及这一问题，一般认为山水诗产生于东晋，江南优越的自然地理条件、玄学的感召和玄言诗的嬗变是山水诗形成的主要原因。本书没有停留在这个结论上，而是细致考察了建安时期的抒情小赋、游宴诗和正始、太康文人的隐逸诗、游仙诗以及东晋庾阐、湛方生等人的纪游诗，认为"山水诗产生的必备的艺术条件——自然景物描写技巧在西晋已经基本成熟，文学史上真正的山水诗是从东晋诗人的笔端产生的"。作者非常注意阐述东晋山水诗产生的社会历史原因：首先，"江南庄园经济的发展使士大夫们的生活环境、生活情趣都与自然山水有了密切联系，在开发山水自然美的同时，也不断创造了山水诗这一艺术产品"；其次，魏晋盛行的朝隐之风使"传统隐逸中的山水之情得到普遍认同，促使山水成为审美对象而与人们的生活发生联系"，"使欣赏山水成为一代风尚，直接促使了山水诗的兴起"；最后指出以谈玄悟道的形式出现在文学史上的山水诗"所具有的艺术形象性最终使它'背离'了玄学的限定，并借助于西晋以来比较成熟的五言诗体及写景技巧，冲破了玄学的外壳，走上了独立的艺术道路"。可见本书论述山水诗产生，紧密结合魏晋时期的政治、经济、宗教、哲学、审美风尚以及诗人的人生态度、生活状况，得出的结论也就切合实际，令人信服。

在深入考察各个时期山水诗成就的基础上，本书对某些时期的山水诗成就作出了与前代著作不同的评价。如本书第三编为《山水诗的第二个艺术高峰》，第四编为《山水诗的承续和发展》，把宋代视为山水诗的第二个艺术高峰予以推崇，把金、元两代单独列为一编，视为山水诗的承续和发展，从整体评价来看和前代著作大不相同。以前著作多把唐代视为山水诗的昌盛时期，之后就是山水诗的绵延时期，这种观念其实是严羽至明七子至清代格调派尊唐贬宋的延续。本书详细考察了宋代六十多位诗人的山水诗创作情况，然后总结出宋代山水诗不同于唐代的六个特点：表现题材的进一步扩大；同现实生活的联系更密切，也更富于地区乡土风情和生活气息；山水诗和田园诗的进一步合流；充满着激昂悲壮的爱国激情；在创作方法、意境、风格、语言和表现技巧等方面，都有着与唐代山水诗不同的特色；宋代是山水画的辉煌时代，山水诗与山水画同步同构对应。由于这六个特点，本书注意到宋诗的特殊风貌和其中的新变因素，给予了积极的评价，没有人云亦云地把宋诗视为唐诗的延续，而是视为山水诗的第二个高峰，无疑更符合历史事实，也使人耳目一新。对辽、金、元三代的文学，以往评价很低。尤其是辽、金两代，很少单独成章，只是把元好问附在宋代文学之后略加论述，给人的感觉是成就不大。本编作者经过详细考证，认为辽代诗作流传下来的不足百首，现存诗篇又没有纯粹的山水吟咏，故从山水诗史的角度而言，实无可述。金代则不同，作者论述时首先把金代分为三个时期，初期从太祖到海陵王，诗人多从宋入金，常通过吟咏山水来寄托自己的故国之思或隐逸之志，代表诗人有宇文虚中、吴激、高士谈、蔡松年等；中期从金世宗到宣宗南渡，这段时期形成了"国朝文派"，山水诗更多是以对塞北山水的描绘，展示了"国朝文派"的风采，代表诗人有蔡珪、任询、王庭筠、党怀英、周昂、赵秉文等；后期从"贞祐南渡"到金亡，此期的山水诗，多寄托失却故国的幽愁暗恨，代表诗人有杨云翼、完颜璹、雷渊、李经及金代大家元好问等。作者通过对这些诗人山水诗创作的细致评析，认为金代文学传世名篇远不及唐宋，却仍具有其他时代所缺少的特殊价值和文学史意义。由于是在详尽的史料基础上展开论述，因此得出的结论确切坚实。

在写法上，本书每一编都详列出各期山水诗的作家及其作品，并予以或详或略的评析，材料丰富翔实。对山水诗发展历程中的偶然性与规律性、连续性与非连续性、有序性与无序性等文学现象，也都作了比较全面的、实事求是的、多层次多角度的述评。深入细致的考证和宏观的理论概括较好地融合在一起，是本书的另一显著特色。

如唐代山水诗被公认为中国山水诗发展历程中的高峰，一直受到了研究者的关注。和前代同类著作相比，本书在论述唐代山水诗时有三个比较明显的特点：首先是全面细致考察整个唐代的山水诗创作，不仅仅限于几位山水大家，如初唐的李峤、苏味道、杜审言、崔融等人，以前的著作很少提及他们的山水诗成就，本书则加以详细介绍，认为这些人的作品中已经有了一种渐近盛唐的信息。论者通过分析认为，唐代作为山水诗的第一个艺术高峰，并非突兀而起，而是步步升高渐近壮伟的。其次是善于对错综复杂的文学现象进行宏观的理论概括。本书把盛唐山水诗归纳为三大系统："以吴越清丽山水为标志的江南山水诗；以秦中朴野山水为中心的北国山水诗；以西部苍莽山水为主体的边塞山水诗"，在三大系统下论述盛唐山水大家的创作成就，这样就使读者易于从宏观上有一个基本的认识。再次是从山水诗的角度，对一些传统命题作了新的阐释。本书认为"盛唐山水诗人以一种最朴素自然的语言实现了曲尽物态与妙写心境兼得而美的诗学目的，以一种最平和坦然的风度体现出兼容并蓄而高瞻远瞩的时代精神"，因此从山水诗的创作来看，"盛唐气象"不仅仅意味着昂扬向上充满活力的文化气质和时代意识，还是"'平常'与'非常'的有机结合，在安闲从容中寄托着自信自足的文化意识"，这就赋予了盛唐气象这个传统诗学命题以新的内涵。

在评述各位诗人的山水诗创作成就时，本书先从整体上介绍其诗歌的创作情况，然后对其山水诗作的主要内容和艺术特点加以分析，再对其诗史上的地位作出恰当的评价。既有定性分析，又有定量分析，使论断多有坚实的依据。比如本书指出苏轼全部诗作 2696 首，其中山水诗占五分之一。两次服官杭州共留诗 300 多首，描写西湖风光的有 160 余首。其山水诗想象奇特、主观色彩浓厚、侧重传神、有以文为诗的倾向，以清雄旷放为主要艺术风格，代表宋代山水诗的最高成就。黄庭坚今存诗 1956 首，山水诗只有 50 多首。其山水诗作观察敏锐，用字造句新奇别致。宇文虚中诗作有 50 余首，山水诗有 20 首左右。山水意象带有明显的情感亮色，突现了南北山水风物的不同特色。类似精彩的论述在其他各章节中都有表现。此外，本书对山水诗名篇佳作的引录，不论是数量还是质量，都比较恰当。从这个意义上说，本书也是一部优秀的古代山水诗选读本。对作品的分析，本书特别着眼于意境的营造和语言的风格特色，给读者以丰沛的审美享受，还使全书显得情趣洋溢，文采斐然，极具可读性。

本书很注意吸收文学史研究的最新成果，对一些不以诗歌名家其实是重要的山水诗人，能从更深的层次上予以新的评价。如设专节论述朱熹，称其是"山水理趣诗的杰出创造者"；论杨士奇，称其山水诗"雍容中尚有天趣之真"。在吸收新的研究成果时，都一一注明出处。在篇章结构上本书也极具特色，全书不是简单地按朝代的更替来确定结构，而是着眼于山水诗本身的发展变化。全书分为六编，第一编《山水诗的形成》（先秦至隋）、第二编《山水诗的第一个艺术高峰》（唐）、第三编《山水诗的第二个艺术高峰》（宋）、第四编《山水诗的承续与发展》（金元）、第五编《山水诗的复古与新变》（明）、第六编《古典山水诗的集大成》（清）。这种分期既顾及山水诗史写作中长期形成的传统，又最大限度地把山水诗本身的发展变化视为分期的依据，比较明确地展示了山水诗在各个时期的发展变化情况。此外，章节下面的小标题不是简单地列举一、二、三、四，而是对所述对象作简明的概括，非常醒目。比如《明代中期山水诗》一章共分三节，第一节《成弘期间山水诗的多元化》下列三家："李东阳声、色并重的山水诗"，"沈周寻幽求趣的山水诗"，"吴宽多姿多彩的家乡山水诗"；第二节《复古大旗下的山水诗人》下列五家："才思雄骛的李梦阳"，"兴象俊逸的何景明"，"气逸调高的谢榛"，"雄浑劲健的李攀龙"，"风格多样的王世贞"；第三节《不为复古主义格调所囿的山水诗人》下列三家："文徵明：疏淡清雅的山水吟唱"，"王守仁：感慨多端的山水吟唱"，"杨慎：拓展山水诗境"。这些语句或为定评，或为新论，可以看出是作者认真研究之后的精心概括。类似的点睛之笔，起了提示内容、彰显特色、引人入胜的重要作用。

当然，此书为多人合作撰写，几位作者的研究方向和路数各擅胜场，也就难免造成全书风格的不尽统一。比如有些篇章微观的定量分析仍嫌不足，有些篇章对所引录的作品理论分析过多，语言艺术和风格特色的考察较少。另外，此书对明清两代山水诗的叙述虽比前代著作远为详细，但仍显得比较单薄。明清两代有别集传世的诗人有几千家，本书主要评述 26 位明代诗人、16 位清代诗人的山水诗创作，似乎和两代诗歌的实际发展情况不太符合，当然这主要与明清两代诗歌的研究现状有关，我们期待着在这些领域取得进一步的突破。

（原载《文学评论》2004 年第 5 期）

中国佛教宗派史研究的最新成果

——凤凰版"中国佛教宗派史丛书"简介

魏道儒

　　公元 1 世纪前后，印度佛教经丝绸之路传到中国内地，经过五六百年的演变发展，在隋唐时期依次兴起天台宗、三论宗、华严宗、唯识宗、禅宗、律宗、净土宗和密宗等八个宗派。中国佛教宗派的形成，既标志着中国佛教理论创造达到了后代无法企及的高峰，也标志着中国从佛教的输入国变成输出国，成为当时世界佛教的中心。隋唐佛教各宗派的发展极不平衡，或百余年后湮没无闻，或法系时断时续，或逐步分裂为若干互不隶属的支派。它们的兴衰消长，构成隋唐以后千余年间中国佛教发展演变的主要内容，一定程度上决定着中国佛教所具有的内在精神和外在面貌。同时，有些佛教宗派在古代传播到日本、朝鲜和越南等亚洲国家，在近现代传播到欧洲、美洲、大洋洲和非洲的许多国家。佛教能够成为世界三大宗教之一，与中国特有佛教宗派的产生、发展和传播有着密切的关系。在中国文化越来越得到世界的关注、欢迎和接受的新世纪，研究中国佛教宗派有着重要的理论价值和现实意义。

　　但是，直到 20 世纪 90 年代初，我国学术界还没有对中国佛教宗派进行比较全面的专题性研究，还没有一部中国佛教宗派的通史性著作。1990 年初春，杜继文先生告诉我，已经与江苏古籍出版社(现凤凰出版社)方面联系，准备编撰一套"中国佛教宗派史丛书"。限于当时学术界的研究状况，还不能邀请到更多的学者全面展开对各宗派的研究工作，所以计划先撰写一部《中国禅宗通史》，积累一些经验，为以后研究其它宗派打基础。等到条件成熟以后，逐步完成中国佛教宗派系列丛书。

　　从《中国禅宗通史》出版到现在已经整整 15 年了，在多位学者的共同努力下，总共完成了七部中国佛教宗派研究专著，即杜继文、魏道儒的《中国禅宗通史》，魏道儒的《中国华严宗通史》，陈扬炯的《中国净土宗通史》，潘桂明、吴忠伟的《中国天台宗通史》，董群的《中国三论宗通史》，杨维中的《中国唯识宗通史》，王建光的《中国律宗通史》。

总的说来，这个研究系列有一些共同特点。各部著作都是在广泛收集、系统整理和仔细辨析原始资料的基础上，借鉴已有的国内外重要研究成果，对某一佛教宗派的历史和理论进行了贯通性研究。各部著作都本着"原始查终，见盛观衰"的学术原则，对每一研究对象既进行梳理脉络的纵向贯通，又进行考察制约该对象变化的多种因素的横向贯通，从而比较好地保持了各书的通史性质。各书对于所涉及的众多重要人物、支流派系、历史事件、教理思想、名相概念、圣地典籍等，都努力在运用辩证唯物主义和历史唯物主义观点展开分析的基础上、进行实事求是、客观公正的阐述和评价。

在研究各宗派的理论发展过程中，各部著作都关注了它们各自对域外佛教思想的接受、改造和创用，同时认真梳理各宗派理论发展的脉络。各部著作都关注了中国本土固有思想，特别是儒教、道教思想对佛教宗派教理发展演变所发挥的作用和产生的影响，同时重视分析制约和诱导中国特有宗派产生、发展、演变的社会、政治、经济和文化等重要因素。

在撰写本套丛书过程中，各位作者治学态度严肃，学风严谨，视野比较开阔。各部著作文风朴实，观点明确，重点突出。很明显，由于各部专著完成的时间不同，各位作者的学术经历有别，所以，各部著作不可避免地存在着一些独有的创新和独到的精彩。但是，这些并不影响本套丛书从内容到形式的整体统一。从一定程度上说，本研究系列反映了当今我国学术界在佛教宗派研究方面应该达到的水平。

（原载《古籍新书报》2008 年 10 月 28 日）

《江苏通史》：一部系统展示江苏古今历史的十卷本宏著

杨　旗

　　由江苏省社会科学院前院长宋林飞任总主编，中共江苏省委书记罗志军亲自作序的十卷本《江苏通史》最近隆重面世了。该书是"江苏品牌图书工程"项目、江苏省"十二五"重点图书出版规划项目，它的出版填补了江苏通史研究的空白，因而成为江苏省历史学暨人文社会科学研究方面的一件大事、盛事，亦是江苏出版界的一件大事、盛事。

　　由江苏众多知名历史学者历时十年精心编撰而成的《江苏通史》，是对江苏上下数千年灿烂辉煌历史的如实记录和精彩反映。它将江苏人民的历史创造与对中华文明发展的重要贡献，通过史书的形式记载与流传开来，闪耀着中华文明的熠熠光辉，展现了江苏大地上宏伟的人文画卷，具有鲜明的地域特征。

　　《江苏通史》比较科学地对江苏历史进行分期并相应设卷。历史的发展虽然从大的方面看，是奔腾向前的，但其中亦有起伏曲折，复杂多变。有的朝代命短运蹇，有的朝代存续时间较长，而且在同一朝代，其社会性质前后都有明显的变化，所以不能简单地按朝代分期，而是要结合历史发展的实际情况，包括社会性质、文明程度等进行分期。

　　基于这种科学思路，《江苏通史》共分为十卷，即先秦卷、秦汉卷、魏晋南北朝卷、隋唐五代卷、宋元卷、明清卷、晚清卷、中华民国卷、中华人民共和国卷(1949—1978)、中华人民共和国卷(1978—2000)，分别反映江苏历史的不同时期。如此分期分卷，可见著作者们的匠心独具。如先秦卷，从上古时期起，止于先秦时期，因为上古时期是江苏文明的发端，但有文字记载或考古发现的资料甚少，很难予以充分记述，故将其与秦之前的历史合写，显然是合理的。又如，清朝时期从其社会发展的性质看，显然前后有着明显的不同。在1840年鸦片战争前，属典型的封建社会，而在之后，因鸦片战争爆发而逐步沦为半封建半殖民地社会。故在分期中，将1840年之前的清朝前期与明朝时期的江苏历史合写，而将之后的时期单独列出，称之为晚晴时期，则符合历史的发展。再如，中华人民共和国时期，尽管与历史发展的长河相比，时间很短，但它却开辟了一个历史的新纪元，并且正在蓬蓬勃勃地向前发展中。然而即便在这不长的时间里，尽管社会发展的性质未变，但却以中共十一届三中全会的召开为标志，表现为比较明显的前后两个阶段，之前更多体现的是建立新政权和探索社会主义建设道路的时期，而之后则更多体现的是改革开放及社会主义建设取得辉煌成就的新时期。所以，中华人民共和国时期分为两卷，前为"1949—1978"，后为"1978—2000"。另外，值得一提的是，近些年出版的一些地方通史，其下限要么止于1949年10月中华人民共和国成立前，要么也仅涉及中华人民共和国成立后的短时期，而像《江苏通史》这将下限置于2000年，并能够实事求是、比较充分地反映这段较近的历史，至今还是少有先例的。

《江苏通史》的著述者们从江苏历史发展的实际出发，广泛查找、收集了大量文献及文物资料，同时也吸收了学术界关于江苏历史研究的诸多最新成果，并在大量占有资料的基础上缜密思考，认真研究，在撰写过程中博采众长、兼采各家，在许多重要部分及章节中提出了自己颇具创新价值的学术观点。当然，其中有些观点也未必尽为学界所认同，但作为一家之言，仍具有重要的学术价值及进一步探讨的积极意义。

在中国盛世修史的文化传统大背景下，《江苏通史》十卷本的正式出版，无疑具有积极的社会意义和重要的学术价值。一方面，它不仅能够使读者比较系统地了解以至熟悉江苏的古今历史，大力弘扬优秀文化传统；另一方面，也能够使读者从中了解与把握江苏以及中国的历史发展规律，从中吸取经验教训，并以史为鉴，为建设和谐文明的江苏以至现代化的中国服务。

最后值得一提的是，《江苏通史》不仅在内容上具有独到之处，论述精当，而且图文并茂，印制精美，装帧考究，堪称精品。

（原载《古籍新书报》2012年5月28日）

当代台湾史研究的新坐标
——专家学者评张海鹏、陶文钊主编的《台湾史稿》

勾勒台湾历史的最主要方面

张海鹏(中国史学会会长、中国社会科学院台湾史研究中心主任、
《台湾史稿》主编之一)

2005 年，中国社会科学院台湾史研究中心提出的"台湾历史研究"课题，通过了中国社会科学院重大科研课题的评审。经过几年的努力，我们完成了两项成果：一是两卷本《台湾史稿》，另一是一卷本《台湾简史》。《台湾史稿》较多从学术著作着眼，《台湾简史》则从学术普及的方面努力。

我们编撰的台湾史，力图向 4 个方面努力：

第一，尽可能写成关于台湾历史的平实客观的著作，努力全面反映概括台湾历史发展的全貌。为了维护国家统一，论证台湾与祖国大陆发展的密切联系，探讨台湾社会的发展轨迹，我们借鉴已有的学术成果，在分析历史资料的基础上，对台湾历史，特别是近百年的历史作详尽的概括与分析，探讨重大问题的成因，剖析台湾的发展走向。

第二，传播正确的台湾历史知识，正确解释有关台湾历史的观点，使读者了解台湾历史的由来，认识台湾自古以来就是中国版图的一部分的历史事实，正确理解台湾和大陆都是中国的一部分，一个中国的领土和主权不容分割的历史依据，这对于在新的世纪里解决祖国统一问题将有助益。

第三，说明台湾经济起飞的成因。台湾经济能够取得骄人的成绩，首先在于农业的发展。经过闽粤移民近 200 年的努力耕耘，也经过清代几任台湾官员

的着意经营，台湾从一荒芜之岛发展成为一个农业较为先进的地区。在此基础上，日本人对台湾展开大规模的调查，运用先进的技术，改良品种，建立水电站，进一步推动台湾农业的发展，建立初步的工业体系。1949年前后，伴随着成百万国民党党政军人败退台湾，大陆数万技术精英来到台湾，依靠美援，以计划式方式，走市场经济的道路，终使台湾经济迅速发展，为落后国家和地区的经济成长提供了宝贵的经验。

第四，研究西方列强侵略与台湾发展的关系。由于台湾特殊的地理位置，它成为西方列强侵略染指的目标，荷、西、英、美、法等国都曾侵略台湾，日本在台湾推行殖民统治长达50年。我们的台湾史将对美台关系及日台关系的演变轨迹进行历史回顾和客观叙述。

《台湾史稿》由我和陶文钊教授主持。原计划从远古时期写到2000年。在写作过程中，台湾发生了政党再次轮替，2008年5月以后，台湾的局面有了新的积极的变化，两岸关系也随之出现新的积极的变化。我们改变了原来的想法，将台湾史的下限延长到2010年。

《台湾史稿》只是勾勒了台湾历史的最主要方面，建立起一个基本的研究框架。已经建立起来的框架，研究还不很深入，许多内容还难以涉及。希望能得到各位专家和读者的指教。

一部纵贯古今的台湾通史

王建朗（中国社会科学院近代史研究所所长、研究员）

呈现在大家面前的这部洋洋洒洒108万字的《台湾史稿》是一部纵贯古今的台湾通史著作。它对台湾的古代、近代、日据时期、光复以后乃至民进党统治时期及第二次政党轮替都有论述，可说是迄今为止时间跨度最长、论述内容最近的台湾通史类著作。这样的著作当然具有很强的社会需求，但研究刚刚发生在昨天的历史，无疑冒着一定的风险。对于历史研究者来说，一定的时间沉淀是非常重要的。中长期结果的呈现及一定程度上资料的公开是从事历史研究的基础条件。而对昨天历史的研究，缺少了这两者，既困难得多，又存在着某种不确定性。但是，我对该书有着相当的信心，因为它的作者是一批以科学的严谨的态度从事研究的学者群。

《台湾史稿》是台湾史研究中心全体同仁研究精华的凝聚，是台湾史研究中心研究成果的集大成。十年来，该书的作者们，分别在清末日本侵台、日据时期台湾警察制度及政治制度、台湾总督府的经济政策、"二二八事件"、退台后的国民党改造、台湾农会等问题上作出了独到的富有创新的研究，已经出版各类专题性著作10余部，可谓各有擅长。现在，他们将各自的研究精华融合到《台湾史稿》中，相信这些方面都将成为这部著作的特色和亮点。

本书的作者们在资料搜集上下了很大的功夫。该书的许多研究建立在第一手档案资料的基础上，从早期的中日官方文档、日据时期档案到最近这些年才能接触到的国民党档案，该书都有大量的引用。正是在对原始史料爬梳整理的基础上，该书对若干前人未曾研究或研究不深的问题展开了研究，形成了若干独具特色的论述，赋予该书以重要的创新意义。

该书又充分借鉴和吸取了学界以往的研究成果，这也是任何一部通史性著作所必需的工作。对学术前沿的清晰把握，对前人优秀成果的汲取，使该书起始便站在较高的水准之上。

《台湾史稿》的出版，是一件可喜可贺的学术盛事。它对台湾史学科建设的重要性是不言而喻的，将在两岸的台湾史研究中拥有它的重要地位，成为台湾史研究的一本重要的参考书。

全景描述，贯通古今

张振鹍（中国社会科学院荣誉学部委员、研究员）

无论从台湾史研究角度，还是对出版界来说，《台湾史稿》出版都是一件大事。这部书洋洋洒洒108万字，浏览过后，我的总体感觉是，这是一部具有非常高学术价值的著作，而且也很有特色，集中起来可以用两个字来说明：

第一个字是"全"。这本书全景式地描述了台湾从古到今的发展，对台湾的政治、经济、社会、文化等所有重大方面都进行了很好的叙述，体现了一个"全"字。

第二个字就是"通"，从古通今，时间跨度很长，一直通到前两三年，马英九第一任就任后的两年。我注意到这部书最后写到2010年年底，写到这个时间极不容易。《台湾史稿》贯通古今，最宝贵者乃"今"这部分。

《台湾史稿》共两卷，划分了3个时代，上卷为台湾的古代与近代，下卷为台湾的现代。《台湾史稿》最有新鲜感的部分就是近60年的台湾史，也就是下卷。下卷按时间来说就是中华人民共和国成立之后，对台湾来说是国民党政权迁到台湾之后60年的具体情况，这是这部书最宝贵、最引人入胜的部分。生活在大陆的很多人对1949年以后的台湾只有模糊的笼统的概念，其历史真相到底如何，蒋介石的专制统治怎样推行，蒋经国的政治革新如何推行，台湾经济怎样起飞……《台湾史稿》给了读者丰富的知识、丰富的信息，这些知识非常系统、全面，极有价值，读了之后使人受益良多。

研究台湾问题的必读书

藏运祜(北京大学历史学系教授)

非常高兴看到《台湾史稿》的出版。早在2002年，张海鹏老师就开始谋划撰写台湾史，十年磨一剑，张老师和陶老师终于磨成了这把剑。1918年，台湾爱国志士连横先生的《台湾通史》出版面世；将近一百年后，中国大陆的学者写出108万字的皇皇巨著《台湾史稿》，这是学术界、出版界的一大盛事。

这部书的历史和现实意义，我不再重复。现在大家都在谈论一个话题，就是中国梦。中国复兴之梦提出后，大家都在讨论这个问题。我个人觉得20世纪以来，随着港澳问题的解决，中国梦最大的需要解决的问题就是台湾问题，台湾问题不会无限期地拖延下去。对台湾史的研究，如果从学术意义来看，有3个方面：

第一，树立话语权。台湾是中国领土不可分割的一部分，这部书的学术意义是非常重要的。《台湾史稿》上卷一共8章，为日据时期的台湾安排了4章的篇幅。这部书对半个世纪日据台湾的历史进行了很好解析，阐述了大陆学者对日据时期台湾历史的基本认识，给出了实事求是的评价。

第二，台湾问题及新世纪以来两岸关系的发展等问题，越来越引起国人的关注，北大学生也非常关注。我们经常给本科生和研究生开一些台湾问题和台湾史的课程，选课的学生非常多，学生们在课堂上的讨论也非常热烈。我深感关于台湾问题和台湾史研究，多年来一直缺乏一本专著或教材，能够把台湾历史系统地叙述清楚、适合大学教学的书籍。从这个角度来看，《台湾史稿》的出版非常有意义，我希望在不久的将来可以在北大的讲台上推出这本书，把《台湾史稿》作为相关课程必读书或参考书，让学生们继续研究台湾问题。

第三，《台湾史稿》一直写到2010年，而且1949年以来60多年的台湾历史占了很大的篇幅，这是这部书的最大特点。海峡对岸到底是什么样的，台湾是怎样走到今天的，多数人是不了解的，这部书把这部分历史作为重点，我觉得是有必要的。中国史学的惯例是厚古薄今，但《台湾史稿》反其道而行之，略古而详今，这有一定的难度。张海鹏老师带领作者克服了很大的困难，在史料的收集上花了很大的功夫，提出了很多宝贵的观点，让大家对台湾问题有了更深刻的理解。

《台湾史稿》的主编极有眼光，这部书没有叫作《台湾通史》而是叫作《台湾史稿》，显然为日后修改留下了空间，毕竟台湾史研究还是一个年轻的学科。

台湾史研究的新高地

李祖基（厦门大学台湾研究院教授）

关于台湾、大陆方面台湾史的研究，最初有中国社会科学院近代史所刘大年等先生1956年编的《台湾历史概述》，后来有厦门大学陈碧笙老师编的《台湾地方史》，陈孔立老师主编的《台湾历史纲要》。我们手上的《台湾史稿》则是目前最大部头的、贯通古今的台湾历史著作，运用了很多第一手的台湾史资料，而且吸收了台湾史最新的研究成果，这是一部重要的、具有指导性意义的台湾史研究著作，代表了大陆目前台湾史研究的最高水平。

纵观全书，我认为有这样一些特点：

一是内容安排。在章节结构方面，这部书是厚今薄古，现代部分占了11章，全书一共20章，如果把战后接收台湾的那一章算进去，现代部分应该是占了12章。做这样的安排，我想主编是有所考虑的，张海鹏老师在序言里也作了说明。以前的《台湾历史纲要》主要是侧重于台湾前期，清代写得比较多，日据时期和现代部分比较薄弱，所以张海鹏老师他们把研究的重点、内容的重点放在日据时期和现代部分，这是非常合理而且是非常具有学术远见的一种安排。

二是作者队伍，从书后的作者名单可以看出，是中青年学者在执笔。中国社会科学院台湾史研究中心成立十年来，在人才的培养、学术梯队的建设方面取得了很大的成就，年轻的学者通过参加课题、通过他们的研究、通过撰写大部头的著作，从中得到了很好的锻炼，他们现在已经成长起来了。长江后浪推前浪，这是一个自然规律，也是历史的规律。在将来台湾史的研究方面，他们应该是大有作为的。年青一代台湾史研究人才的成长或许比出版这部书具有更长远的意义。

大家都知道，台湾是中国领土的一部分，台湾的历史当然也是中国历史的组成部分，台湾史跟中国史的关系应该是局部与整体的关系。台湾史既具有中国历史的共性，也有它的特殊性。中国社会科学院台湾史研究中心成立以来，对大陆、台湾历史的研究作出了很大的贡献，举办了很多会议，与凤凰出版社合作出版了一系列台湾史方面的著作，对推动大陆、台湾历史的研究起了很大的作用。我再次对中国社会科学院重大课题"台湾历史研究"及其最终研究成果——《台湾史稿》的正式出版，向课题的主持人，也是主编，张海鹏老师、陶文钊老师，以及课题的参加者、作者、出版者表示祝贺！

对台研究的优秀成果

刘红(北京联合大学教授)

在台湾问题研究中，台湾史和两岸关系史研究占有十分重要的位置。《台湾史稿》在研究台湾历史和两岸关系历史方面，完成了一项具有较高理论价值、现实意义的研究工作，是一项值得肯定的对台研究的优秀成果。我说说几点感想：

第一，《台湾史稿》研究选题重要。该书有助于确立符合两岸历史的台湾史观。该书应该是现有台湾史研究成果中的上乘之作，为两岸学术界和社会各界提供了一部资料扎实、论述系统、观点正确、文字流畅的史学著作，有助于大陆各界正确、全面了解台湾历史，进而为深化两岸关系和平发展提供必要的学术基础和著作范本。

第二，《台湾史稿》研究体系完整。台湾地区发展过程中的特点，决定了研究台湾历史的特点、重点和难点。该书的成功之处，就是不回避难点，掌握住重点，形成自身的特点，确立起台湾史的研究体系。在研究架构和体系上，一部分是对于台湾历史的演变过程的研究。如对于台湾早期开发过程、明清时期台湾的发展、日本侵占时期与回归祖国、国民党当局撤台以来的发展，直至2008年出现的台湾二度政党轮替等发展过程和特点，都有系统和到位的论述。一部分是对于台湾历史和社会重要领域的专题研究。如日本侵占台湾期间的殖民统治和掠夺、光复以后的台湾教育和文化、美援对台湾经济社会的影响等都有系统和到位的论述。一部分是对于影响台湾发展的重大事件的研究。如"二二八事件""保钓运动""党外运动"等过程和特点，都有系统和到位的论述。该书的架构和体系有创新和独到之处，是本书的又一成功之处。

第三，《台湾史稿》研究结论客观。该书在研究和论述中，一是较好地处理了学术和政治的关系。对台研究中需要加强基础研究，台湾史研究必须要有相应的学术和理论基础，但是台湾历史研究又是政策性、政治性很强的学科，特别是台湾史研究中的许多学术问题很敏感，该书在取得较高学术价值的同时，能够始终保持严谨的治学态度和正确的政治导向。二是较好地处理了传统和创新的关系。随着两岸交流的开展，对台研究也迅速发展起来，台湾史研究方面出现了一大批成果，该书能够在总结众家成果的基础上，形成自己的研究体系，得出自己的研究结论，符合两岸关系实际，符合台湾历史演变的客观规律。三是较好地处理了研究和宣传的关系。该书凭历史资料说话，凭严谨治学态度开展研究，充分论述台湾和大陆同属一个国家的基本史实，系统论述台湾发展的模式和教训，全面论述两岸和平发展给台湾带来的光明前景。因此，研究结论客观、正确，成为该书的又一亮点。

（原载《中国新闻出版报》2013 年 4 月 9 日，小标题为编者拟）

文学史著作的"三度"
——读顾农先生《中国中古文学史》

曹明升

所谓文学史，就是学者根据自己的文学观和文学史观，对相关作家作品、历史材料进行选择、辨析、阐释，进而建构起来的一种具有自身逻辑结构的知识体系。其核心是建构，不同的建构会有不同的文学史叙述。注重贯通者，多会呈现文学通史；注重专精者，则偏好断代史；偏重一体者，往往写成专题文学史；聚焦一地者，则会撰写地域文学史。种类繁多，不一而足，已经可以构成"文学史学"。面对林林总总的文学史著作，又该如何区分高下呢？有人提出方法、资料和观念三条标准。事实上，新方法多来自海外，引进到中国文学史的叙述中，常常水土不服，以致方凿圆枘。因此不能简单说用新方法者即是高明。文献虽是本土所产，却分布不均，明清文学史比较容易发掘到新文献，但是先秦两汉魏晋文学史就没有那么容易遇到新材料了。何况即使发现了新文献，最终还得看解读水平的高低，所以也不能以文献材料的新旧多寡来做标准。至于观念，这是一项主观性很强的标准。如果作者具有"自律论的文学史观"，多从体裁、语义、修辞、结构、手法等层面来揭示文学形式的演变过程，这对习惯于解读思想内容的读者来说，该如何评价呢？所以我们不妨换一套标准，看它是否涵盖了主要的作家作品、文化思潮以及各种文体，是否提出深刻的见解，是否具有人文情怀，即从广度、深度和温度这三个方面来考量文学史著作，或许更能分出高下。新近出版的顾农先生的新著《中国中古文学史》（下简称"顾著"）就是一部具有"三度"的断代文学史，不由令人眼前一亮。

广度：作者的眼界与能力

从早期林传甲、黄人、谢无量等人的文学史著作到目前大学文科所用文学史教科书，基本都是文学通史的模式。这种模式的优点是规模宏大、视野开阔、前后贯通，但往往线条粗犷，细腻不足。于是断代文学史和分体文学史应运而生。分体史暂且不说，就断代史而言，一般会更多涉及这一时期内的人与事，更为彰显这一段文学史的特色与意义。然而这也对作者的眼界与处理材料的能力提出了很高的要求。

以中古这一段文学史来说，从汉末至隋朝，四百多年间有作家一百五十余位（陆侃如《中古文学系年》），乐府诗、徒诗、辞赋、散文、小说等文体争奇竞艳，创作和批评都进入了一个繁荣的时期。而儒学、玄学、佛学等思潮此生彼长，政权与朝代的更迭疾如旋踵，这些都对南北方文学的发展产生了很大的影响。若写通史，于不熟悉的作家作品可以点到为止；若写分体史，亦可只顾一体而不及其他。但写中古文学史，却要有一定广度，必须涵盖这一时期的大多数作家和他们各种文体的代表作品，以及他们所处的时代思潮与政治环境。这首先考验作者的宏观驾驭能力。顾著采用以时代为序、以作家为纲的体例，以《建安慷慨》《正始玄远》《西晋绮靡》《东晋风流》《南朝新变》《北朝贞刚》六章为主体，外加《中古口头创作与批评》一章，纲举目张地呈现出了中古文学的流变与特色。每章下面又以人物为线索，剖析了孔融、祢衡、三曹、七子以至杨衒之、颜之推、杨广、薛道衡等南北方作家们的人生轨迹与创作特色。这种体例不仅有广度，而且有弹性，有见解的地方可以展开多说几句，没新见的地方则可少说两句，有的作家还可并入其他作家的叙述中，类似于史家的"合传"；同时，对政治环境和文化思潮的叙述也可因人而异，有的放矢，不必像幕布一样总是挂在每一章的开头。

其实，有刘师培、陆侃如、王瑶等先贤对中古文学史研究的奠基，要达到宏观上的广度并不是太难，难的是在这种广度下，要对不可胜数的史料进行考辨、判断和补充。顾著在这方面尽显功力。例如阮籍久享盛名的《咏怀诗》八十二首，颜延之称"说者阮籍在晋文代常虑祸患，故发此咏耳"（《文选》卷三十二）。"晋文代"是指司马昭掌权时期，颜延之认为《咏怀诗》作于高平陵政变之后。但六臣注本《文选》中的"李善注"另有几句话："籍属文初不苦思，率尔便作，成《陈留》八十余篇，此独取十七首。"由此可知《咏怀诗》原题《陈留》，查阮籍隐居于故乡陈留乃是正始十年（249）高平陵政变以前的事情，这样一来，《咏怀诗》则当作于正始年间曹爽集团当权之时。在很长时间内，人们都按颜延之的说法将《咏怀诗》看成是高平陵政变之后的产物，因而联系司马氏当权时的政治环境来推测诗中寓意，并且认为阮籍也是反对司马氏的，至少是充满了不得已的情绪。但这样的解说会与阮籍的生平资料以及很多思想发生矛盾，有的诗篇明显与政局无关，一味强作解事，只会流于穿凿附会。顾著通过考察，将《咏怀诗》的创作时间系于高平陵政变之前，并将诗中的幽微之处不完全作政治形势的投影来解读，而是视作阮籍人生观上的基本矛盾和带有普泛性的人生困境，反而更显通达。我们常说要用诗史互证的方法来走进诗人的内心世界，但其前提是要对作家作品的时代环境有准确的定位，若将作品与并不相干的史料联系在一起来分析研究，那只能是徒滋纷扰。所以顾著此处看似轻采毛发，实则是深极骨髓。

再如对应场归属曹操的时间的考订，顾著也是拨乱反正，力排旧说，此处不再赘举。但是顾著对陶渊明第一次出仕经历的考证，则须予以单独表彰，因为此事史书未载，顾著全凭陶诗来钩隐抉微。陶渊明在《怨诗楚调示庞主簿邓治中》自云"弱冠逢世阻，始室丧其偏""夏日抱长饥，寒夜无被眠"，又在《饮酒》其十中有云"在昔曾远游，直至东海隅"。看来诗人二十岁时遭遇了很大的生活困难，不得不出门"远游"，其实就是出去谋职以养活自己并资助家庭。根据陶渊明外祖父孟嘉与桓温的私交，陶渊明首次出仕应该是在江州刺史手下谋求了某个差事。当时担任下级官职或是某种编制外的差事不必通过朝廷任命，地方长官就能说了算，当然也就为史传所不载。这次出仕，陶渊明在《杂诗》中也留下了若干痕迹："遥遥从羁役，一心处两端。"（其九）"驱役无停息，轩裳逝东崖。"（其十）可以看出诗人在当时经常要出远差，可能觉得没意思，后来就不干了。这也开启了他那种可进可出、忽仕忽隐的出处模式。把陶渊明初出茅庐这一次的进退看清楚，他此后的种种履历也就不难理解了。其实，古人在诗文中蕴含了很多为官方史书所不载的人生经历与内心感受，这需要后世研究者在反复涵咏的基础上来加以揭示和补充。顾著以诗补史，不仅拓展了这一时期史料的广度，也在方法上树立了典范。

总之，顾著细致考察了中古时期著名与非著名的作家们的生平史迹与文学事件，深入解读了他们所创作的各种体裁的文学作品，并且剖析了支撑这一段文学史运行的政治活动、文化传统、哲学思潮、音乐文艺等各种因素。涵盖面如此之广，非眼界开阔、能力超强者不能为也。

深度：作者的思想与见识

撰写文学史著作不能仅有广度，还必须要有一定的深度，否则很容易变成一部集众说而成的"百衲本"文学史。何为深度？简单地说，可以具化为三条：作者有没有提出别人没讲过的问题，能不能将别人没有讲透的问题讲透彻，有没有对别人讲错的问题予以纠正。于此三条，顾著表现非凡。

先举一个"江郎才尽"的例子。早年写过《恨赋》《别赋》的江淹，三十多岁时就水平下滑，写不出好的诗赋来了，世人多谓江淹才尽。钟嵘《诗品》称这是江淹在梦中被神仙拿走了原先授予的五色笔所致。后人的研究则认为江淹后期专心做官，远离当时的文学主潮，于是有"才尽"之态。然而人们都没注意到，江淹做的梦，自己不说，别人如何得知？建武四年（497），江淹在宣城太守罢归之时又公开宣布自己"才尽"，谁会以开发布会的形式来说自己"才尽"呢？所以江淹的"才尽"，另有深意。永明年间政治斗争激烈，王融为萧子良策划政变失败，萧鸾独揽大权后处死王融，不久又废帝自立，对宗亲和重臣大开杀戒。而江淹始终太平无事，甚至还有所升迁，顾著认为，正是江淹和竟陵王萧子良及其周围的王融等"八友"甚少往来，才得以保全自身。所以说江淹远离当时由竟陵八友所引领的文学主潮而导致创作滑坡，实乃皮相之见。永泰元年（498），萧鸾驾崩，江淹被从宣城调回，担任黄门侍郎、领步兵校尉。此时京城一片腥风血雨，竟陵八友死的死，走的走，京城里能称大手笔者非江淹莫属。如何才能不卷入政治旋涡，不因文字而得祸呢？江淹煞费苦心地对外讲述了那个失去五色笔的梦，高调宣布自己"才尽"，其实是想以自降知名度的方式来远祸全身。想想才华横溢、引领文潮却都死于非命的王融、谢朓等人，自称"才尽"的江淹却能苟全性命甚至不失富贵于乱世，诚可谓大智若愚者矣！读至此，不禁要为乱世中的文人发一声叹息，也不禁要为顾著精深独到、入木三分的史家眼光发一声赞叹。

再看一个庾信的例子。陈寅恪先生在《读〈哀江南赋〉》中说，只懂得庾信在《哀江南赋》中用的典故是不够的，还应对赋中涉及的"今事"和"当日之时事"有所了解，才能体会到此赋的"深切有味，哀感动人"。扩大一点说，要讲清楚庾信文学创作的前后特征，也必须先讲清楚"当日之时事"与诗人在南北两地的复杂经历。顾著爬梳了《北史》《南史》《周书》《资治通鉴》等史料，清晰明了地勾勒出了庾信的生命轨迹。他年轻时正值萧梁王朝的盛世，随太子一起大写宫体诗，邺下为之盛传。可是突如其来的侯景之乱摧毁了这一切。时任建康令的庾信被派去守朱雀门，由于不懂军事，只能是退却奔逃。他沿长江逃往上游重镇江陵（今湖北荆州），途中二子一女死于非命，令其悲痛至极。关于这一次流亡，史书中没有多少记载，基本是顾著从庾信后来所写《哀江南赋》等作品中钩稽寻绎出来。在江陵，庾信在萧绎（梁元帝）手下任职，后出使西魏，此时西魏却发兵攻占江陵，杀死了梁元帝，这令庾信失去了归路，只能被西魏软禁在某个小园子里。后来北周取代西魏，庾信获得礼遇，开始接受任职，直到六十九岁去世，一直未能再回南方。顾著要言不烦地讲清了庾信的生平，并与其创作相联系，揭示出庾信前后期作品的不同特征与历史缘由。关于庾信后期的诗歌创作，一般文学史著作多用苍劲老辣、歌哭无端来概述，却不提他在北地还写了不少宫体诗。因为北周的赵王宇文招身份高而又好风雅，庾信在当时的处境里，不得不投其所好，写一些应命奉和的宫体诗。当然，庾信始终未能完全融入北方的文化环境，当卸下面具时，就会写一些暗含血泪、流连哀思的作品。面对风格截然不同的两类作品，顾著精辟地指出："这种为文与为人的分裂，在南北朝时期颇为多见，这时政权更迭频繁，士人往往仕于两朝甚至多朝，而文章中却有念念不忘旧朝的表示，言行两歧，人格分裂，先前的谢灵运早就是如此，庾信也不免是如此。"（下册，第1046页）由于将庾信的特殊经历与"当日之时事"相结合，顾著把这位大诗人的心路历程和创作风貌讲述得清晰透彻，让人如饮醍醐，豁然明了。

至于顾著对别人讲错的问题进行纠正，更是不胜枚举。像鲍照的名篇《芜城赋》，有人认为写的是西汉初年吴王刘濞谋反被消灭后扬州的残破之状，与鲍照当时的扬州无关。顾著在考察史实和鲍照几次来扬州的行迹后认为：刘濞谋反被平定后的扬州城固然遭到严重的破坏，但后来逐渐恢复，重新走向繁荣，并非一直荒芜到鲍照写赋之时；反而是在刘宋时期，北魏南侵与刘宋政权内斗，彻底摧毁了扬州城。鲍照亲眼见到了扬州城的荒芜，怎么可能置现实景况于不顾而去单纯怀古呢？其实这背后暗藏学理上的分歧，是为求创新而故作高论呢，还是尊重史实，实事求是？诚如顾著所言，"智者"往往会对研究对象作过度阐释，发惊人之语，而这恰恰会让学术研究"迅速走向谬误，甚至往而不返"（上册，第709页）。所以顾著在具体观点之外还给读者以学理上的启示：真正的创新与深度，应该来自作者深邃的思想与卓越的见识，而思想与见识则根植于对史料的深入剖析和对文本的正确解读。

温度：作者的情怀与笔力

当下的文学史写作，只要不是为了应付年终考核与项目检查，多数还是能够追求广度与深度的，但是能让读者感受到作者的情怀，并且具有酣畅淋漓的阅读体验者，则是凤毛麟角。

文学史的情怀主要体现在作者对古人所抱有的"了解之同情"，就是要设身处地地了解古人所处的环境与创作的语境，努力走进他们的内心世界，从而理解他们的所作所言。事实上这并不容易做到。还是以陶渊明为例。他在义熙元年(405)八月出仕彭泽令八十多天后便彻底归隐了，表面看是因为程氏妹丧于武昌，要去奔丧；然而奔丧只需请假，不至于抛弃官职。《宋书·陶潜传》又说是因为他不愿束带见督邮，不愿为五斗米折腰；但是陶渊明前几次出仕都有经济方面的考量，也还能忍受官场上的那些礼节，为何这次便挂冠而去了呢？于是很多人展开了猜测，最有影响力的说法莫过于"不事二姓"说，即陶渊明预感晋祚将移，便逃离官场，不仕新朝。但是义熙元年(405)离刘宋代晋的永初元年(420)尚有十多年的时间，陶渊明如何能预见到这么多年后会有改朝换代之事？而且他归隐后也没有说过什么"忠愤"的言论。由此还引申出"避免清洗"说，即陶渊明曾在桓玄手下效力，桓玄一度称帝，又很快被刘裕打垮，于是陶渊明仕于桓玄的经历便构成一个严重的政治污点。当他看到刘裕的势力越来越大，便及时淡出政治，逃避清算。这是典型的以今例古。在中国古代，一向更重视当下的立场和表现，往事大抵可以既往不咎。刘裕称帝后便将桓玄集团的人员全盘接收下来，并没有搞什么清算。那么陶渊明为何要归隐呢？顾著通读陶诗与相关史料，发现他前几次出仕就颇多叹息和牢骚，而在义熙元年(405)三月所作《乙巳岁三月为建威参军使都经钱溪》中，已经明确提出在完成这次公务以后要彻底退出官场，回家去过自由自在的隐居生活。恰在此时，陶渊明的族叔陶夔升任尚书，很热心地帮侄子弄了一个彭泽令的职位，以显示宗族的情分和自己的能量。但是相较于拿"五斗米"的俸禄来说，"质性自然"的陶渊明更喜欢人格独立、无拘无束的生活。这时正好接到程氏妹去世的消息，陶渊明非常哀伤，深感人生苦短，不能老是违背心意地生活，于是"自免去职"，将推迟了的归隐计划付之行动，彻底回归自然，回归自我。这些思想活动在《归去来兮辞》的小序里讲得非常清楚。顾著在力破"不事二姓"说、"避免清算"说以及荒诞不经的"畏罪潜逃"说后，深刻地指出："陶渊明的归隐并不完全是政治性的退避，在很大程度上乃大有社会性甚至哲理性退避的意思。"（上册，第691页）归隐田园，对陶渊明来说就是找到了自由和谐的精神家园。后世读者中须有同样情怀者，方能感知这种精神家园的存在与重要。

除了与古人心灵相通以外，作者的情怀还体现在与当下读者的精神交流上。像在分析陶诗名篇《饮酒》(结庐在人境)的"悠然望南山"时，顾著云："他是'悠然'而望南山，潇洒得很，绝不像士子赶考，志在必得。'悠然'是一种不大容易达到的境界，须放下功利、忘怀得失、看破人生才行。在争取达到某一目的的时候完全没有志在必得的意思，人的精神就可以放松下来了。'悠然'乃是所谓'心远'的一大要领。我们现在有时还劝那些急功近利以至于气急败坏的朋友'悠着点儿'。一点'悠然'的意思都没有，那就活得很累了。"（上册，第703页）这像是一位长者在带着我们读陶诗，谈一点陶诗的意境，谈一点自己的人生感悟，娓娓道来，令人如沐春风，温暖舒畅。

其实很多作者不是没有情怀，而是缺乏笔力，致使读者无法有效感受到思想的温度。作者的笔力，一方面与表达的方式有关，如果作者摆起名教授的派头，一二三四、首先其次地摆材料，说观点，纵然体大思精，观点深刻，也会令人如读教科书般地无味。另一方面更与作者的语言能力相关，能将复杂的文学史问题用通达自然的文字表述清楚，这是一种举重若轻的语言功力。顾著在谈到陶诗《饮酒》时说："陶渊明一贯采用平淡自然、相对散文化的句子来写诗，相当彻底地改造了过去诗人们的套路和功架。他的不少诗句近乎所谓'农家语'，似乎是信口道来……其他不少诗篇，他好像也没有费什么大劲，不过缓缓道来，丝毫没有苦吟的意思。而这些其实都是炉火纯青的表现，是绚烂之极归于平淡，功夫到了家自能没有任何斧凿的痕迹，却达到了'质而实绮，癯而实腴'的绝高水平。"（上册，第721—722页）这番话是在讲陶诗的语言特色，亦可移作对顾著语言的总结。与很多专门型的学者不同，顾农先生不仅研治中古文学多年，而且是一位著名的鲁迅研究专家，同时还是一位出色的散文家，出版过《己亥随笔》《谈非常谈》《四望亭文史随笔》等多部随笔集。在千锤百炼以后，顾著的语言确实像陶诗那样，达到了炉火纯青而又归于平淡的境界，令人回味无穷，不忍释卷。

二十二年前，顾农先生在《建安文学史》的后记中云："多年以来我有一个野心，想写一部独抒己见的魏晋文学史，因为魏晋文章实在大有味道，而有待相与剖析的疑义亦复不少。"（湖南教育出版社，2000 年）《中国中古文学史》的出版，可以说是圆满地实现了这个"野心"。这部充满广度、深度与温度的文学史著作为我们树立了一个中古文学研究的标杆，同时还给我们这样一种启示：治学要有一点"野心"，更要有坚持耕耘的毅力，这样最终才能收获独抒己见、充满"三度"的学术精品。

（原载《中华读书报》2022 年 6 月 22 日）

弥足珍贵的《楼兰考古调查与发掘报告》

肖小勇

前不久收到北京大学朱玉麒教授寄来已故侯灿先生编著的《楼兰考古调查与发掘报告》，始知幸亏热心的中国人民大学孟宪实教授不懈努力，并亲赴上海与侯先生夫人一起寻得遗稿，在朱教授负责的新疆师范大学黄文弼中心资助下才得以出版，此时离当时进赴楼兰考古已过去42年。

侯灿先生是著名的西域历史与考古学家，尤其在高昌、楼兰研究方面成绩斐然。侯先生与我都曾在新疆文物考古研究所工作，因此有过一段同事之缘，后来他去了新疆师范大学。《楼兰考古调查与发掘报告》正是他在新疆文物考古研究所工作期间，前后两次参与为配合中日合拍《丝绸之路》电视系列片而开展的楼兰考古调查与发掘取得的成果，特别是1980年3—4月的那次。这次楼兰考古分东、西两路，侯先生带领西路考古队在楼兰古城及其周围区域进行了为期20余天的考古调查与发掘，并负责对所获材料的整理，于1987年完成了报告编写。

楼兰为西域城郭诸国之一，最早见于《史记》，位于罗布泊边上，孔雀河沿岸。汉武帝时张骞凿空西域，丝绸之路开通，楼兰是丝路交通的枢纽，中央王朝经营西域的桥头堡。汉昭帝元凤四年（前77）更名楼兰为鄯善，同时屯田伊循城，置屯官，开西域屯田先河。魏晋前凉置西域长史府，治楼兰城，统领西域诸国。5世纪中叶鄯善为北魏所灭，但楼兰道至唐代仍然通行。之后楼兰鄯善作为西域城邦消失于历史长河。1900年，瑞典探险家斯文·赫定发现楼兰古城，楼兰重新进入人们的视野，楼兰研究也成为举世瞩目的热点，延续至今。

由于史载不详，楼兰的消失，就如它的出现，有太多历史之谜需要考古发现来解答。可以说，楼兰鄯善考古，对于西域考古学文化编年和西域史的构建和复原都有重要意义。但这一地区的考古工作在过去一百余年里，除早期的西方探险外，开展得并不多，侯先生参与的这次是中华人民共和国成立后首次在楼兰古城及其周围进行较大规模正式调查和发掘，此后主要是在楼兰地区外围区域发掘营盘墓地和小河墓地。楼兰研究的基本资料，除几年前王炳华先生主编的《古墓沟》（这是与侯先生同期进入楼兰考古的另一支考古队的成果）外，主要依赖19世纪末20世纪初的西方探险资料，和参与中瑞西北科学考察团而在孔雀河北岸取得重要发现的黄文弼先生的《罗布淖尔考古记》。由于当时考古学发展水平和学术理念，特别是探险目的的局限，这些西方探险家开展的考古工作，普遍带有寻宝性质，以获取珍贵文物为目的，不能全面、科学反映考古遗存的实际。在这个意义上，侯先生的这部报告就显得弥足珍贵。

《报告》的主要内容包括楼兰古城的调查、测绘和试掘，楼兰古城周围遗迹的调查和试掘，楼兰古城附近墓地的调查和发掘，以及相关标本的测试分析、文物的整理分析，特别是出土简纸文书的考释。主要采用先对遗迹、遗物分类描述，再进行综合研究的体例，总体上"反映了当年的考古报告编撰方式"，但鉴于许多遗迹斯文·赫定、斯坦因等人曾开展过工作，因此在涉及相关遗迹时，均进行了比较详细的梳理和比较，同时结合出土文物、文书对遗迹的年代、性质等问题进行探讨，提出新的认识。

在对楼兰古城附近两处墓地发掘资料的介绍中，采取逐一描述各墓形制、葬具、葬式、所出遗物的方式，而不是按当时流行的做法，先分类型介绍典型墓葬，再统一介绍典型器物，从而使研究者能够全面了解到各墓的具体情况，应该说比较符合当今的理念。

《报告》对斯文·赫定和斯坦因的调查发掘和研究进行了多处修正，补充了许多新的材料，对一些学术问题也提出了新的认识。除新发现平台墓地外，在斯坦因发掘过的 LC 墓地，又找到了其漏掉的一些墓葬，在其发掘过的墓中也清理出了大量文物。在楼兰古城遗址中斯坦因发掘过的垃圾堆中也清理出60 枚木简和 1 件纸文书，其中 4 件还是有纪年的。说明斯坦因当年的工作确实比较粗糙。对于楼兰古城的位置、形制布局和城墙结构都有新的数据和判断，特别是提出了存在一条自西北向东南穿城而过的人工水渠。而至于楼兰古城周围的遗迹，新发掘了古城东北 4 公里处斯坦因调查但未发掘的一座土丘，确认其为绘有类似于米兰佛寺中"有翼天使"画像的佛塔；而古城西北 5.6 公里处被斯坦因认为是佛塔的遗迹，证明是一座烽火台遗迹等。此外，对于学术界莫衷一是的李柏文书的出土地点也进行了讨论，并采纳日本学者森鹿三的观点，认为是在 L. K. 古城遗址，而楼兰古城即斯坦因的 L. A. 是西域长史治所。值得注意的是，通过对纸文书的整理拼对，发现了 LC 即孤台墓地出土的纸文书残片中有几页残片竟与分别在楼兰古城、LE 古城和 LF 遗址获得的数张纸文书残片恰好属于同一页纸，这就在这 4 处遗址之间建立了联系，其意义不言自明。

相较于 1988 年发表的两篇简报，一是《报告》内容更加丰富，增加了以前没有公布的许多资料，比如关于楼兰古城城墙结构等遗迹，增添了许多细部描述和数据。增补了许多在简报中没有公布的遗物，特别是墓葬随葬品方面，简报仅笼统列举少量标本，而《报告》则逐墓全部描述。增补了碳十四测年报告、出土农作物鉴定报告和遗物统计表等附录，以及大量遗迹、遗物彩色、黑白图版。二是编写更加规范。对内容进行了重新编排，章节和思路更加清晰。对主要遗迹、遗物补配了线描图，因而能更加直观、清楚地反映遗迹的形制和结构、布局，以及遗物的形态。对遗物进行了简单的型式分析，使同类器物之间的比较差别更加清楚。三是将原来单独成篇发表的出土木简和纸文书考释纳入作为报告的一部分，结构更加完整。

当然，《报告》也存在一些值得进一步完善的地方。如遗迹、遗物命名、编号规则不甚明了，个别图片排版颠倒，可能由于底版的原因导致照片整体清晰度不太高，斯坦因《西域考古图记》中楼兰古城的平面图是在第三卷而非第二卷，等等。不过瑕不掩瑜。

一些问题的讨论可能见仁见智。如关于楼兰古城的地理坐标，《报告》和《简报》都对斯文·赫定和斯坦因的数据进行了重新核定，认为是很重要的订正。但由于未指明测量点的具体位置，考虑到楼兰古城边长有 330 米左右，面积约 1 万平方米，因此不同的测量点结果自然不同，指出的误差实际在允许范围之内。笔者据卫星照片测算，斯坦因测得的东经 89°55′，北纬 40°31′，恰好是楼兰古城内大佛塔所在位置的坐标。关于贯穿楼兰古城的古水渠遗迹，有待进一步证明，不排除遗址废弃后风蚀作用或阵发性洪水冲蚀所致的可能。而关于李柏文书的出土地点，日本学者片山章雄事实上已经决定性地证明了是斯坦因命名的 L. A. 即楼兰古城，近期高奕睿、橘堂晃一又在英国皇家地理学会档案中找到了文书发现者橘瑞超有关李柏文书出土地点的书信和照片，进一步证实了这一结论。他们的文章发表在《亚非学院公报》2012 年第 1 期。

总之，《楼兰考古调查与发掘报告》为断定楼兰地区诸遗址的性质和年代提供了重要证据，为楼兰鄯善研究提供了不可多得的一手资料，对于探索这一地区从史前到魏晋诸凉时期的人群和社会变迁具有重要意义，特别是出土木简、纸文书记录的许多不载于史籍的历史事实和确切纪年，确凿地反映了汉晋诸王朝在楼兰地区甚至是西域的管辖和治理，从一个侧面表明了我国统一多民族国家在这一阶段的形成特点和过程，具有重要的史料价值。

（原载《中华读书报》2022 年 7 月 6 日）

中古文学文献图景的多层次呈现

赵建成

我们从事某一时段古代文学的研究，首先面对的问题是，这一时段的文学有哪些作家作品，其成就地位如何，原始文献存世情况怎样，其时的历史与文化背景如何；后世尤其是当代，有哪些相关研究，成就如何，有哪些不足，还有哪些值得研究与关注的领域，等等。如果这某一时段是中古文学的话，那么刘跃进先生的《中古文学文献学》是解决上述问题的上乘之选。

《中古文学文献学》初版于 1997 年底。此后的 25 年间，中古文学研究领域文献整理与研究成果迭出，尤其这一阶段是中国学术的重要转型期，新材料如域外汉籍与出土文献大量涌现，新技术与新方法如古籍数据库建设与现代数字化技术手段广泛应用，海外汉学也成就斐然。作者敏锐地注意到这些情况，又费数年之功，充分利用相关文献资料，努力反映最新的研究状况，提供进一步的研究依据，完成了本书增订版的撰写，这在中古文学研究领域是一件值得庆贺的好事。

第一，增订版《中古文学文献学》资料翔实完备，全面网罗中古文学的原始文献与相关史料以及古今中外的研究成果。该书共分上中下三编，分别为"总集编撰与综合研究""中古诗文研究文献""中古小说文论研究文献"，列举、考证、论述了所有重要的中古文学原典及相关材料的原始文献，包括总集、别集、小说、文论、正史、别史等，一书在手，便可"按图索骥"，综观中古文学的发展及其存世文献状况，可作为研究中古文学的逻辑起点与重要参考。

对于现当代中古文学研究的相关学术成果，作者引述了中外 539 位学者的相关论著，很多学者的论著又不止一种，如引逯钦立《汉诗别录》等 12 种，清水凯夫《〈文选〉和〈文心雕龙〉的相互关系》等 18 种。在这些论著中，很多是学术界的最新研究成果，如傅刚《〈玉台新咏〉与南朝文学》(2018 年)、戴燕《〈洛神赋〉九章》(2021 年)等，作者皆予以充分关注。

较之初版的 31 万字，增订版增加到近 66 万字，篇幅扩大了一倍多。字数的变化与内容的丰富只是表象，根本的原因在于作者研究的进一步深入与学术史研究及其观念的发展。如初版中《文选》与《玉台新咏》原为一章，增订版分两章，都有较大的增补。十六国北魏至隋代的诗文研究文献(中编第三章)，原来有一万多字，现在扩展到十万字。

第二，本书对中古文人与文学文献的观照显示了作者宏通的文学史观。在本书所论列的中古文人中，多有各种文学史著作中较少甚至丝毫不予论及的一些人物，如西晋王赞、南朝宋王微、齐虞羲、梁周弘正、北齐张雕、北周唐瑾，以及隋杨陈、崔赜等。我们永远不可能揭示文学史的原貌，但要想尽可能接近它，就不能忽略这些文人，他们也不应该被今天的文学史埋没。

长期以来，文学史研究多重视东晋南朝文学，而对十六国北朝文学的研究则相对沉寂，尤其缺乏系统性的研讨。不过这种情况在近四十年来取得极大改观，以曹道衡先生的拓荒与耕耘为代表，北方文学研究有了突飞猛进的拓展。本书作者长期跟随曹先生学习和工作，对北方文学的价值和影响也有非常深刻、通达的认识，这也反映到本书当中。如本书特别论述了鸠摩罗什的文化意义。鸠摩罗什兼通梵汉，在长安从事讲经与传译，成就卓绝。在讲经传道的同时，鸠摩罗什也向弟子传授印度标准的诗歌理论。谢灵运曾从鸠摩罗什四大弟子之一的慧叡问学，《高僧传·慧叡传》载谢灵运咨叡以经中诸字并众音异同著《十四音训叙》，实为鸠摩罗什的再传弟子。通过这样的梳理，本书启发我们去思考，包括佛经、印度诗歌理论在内的印度文化对谢灵运的诗歌创作、文学思想，对于南朝的文学发展产生了怎样的影响？要知道沈约正是在《宋书·谢灵运传》阐述他的声律理论的。

第三，在对文献的梳理中，本书很好地处理了论述对象的逻辑层次，做到了突出重点，关注热点，兼顾诸说，评论公允。如《文选》《玉台新咏》《文心雕龙》这样重要的文学总集或文学理论著作，本书都辟专章予以研讨，而对曹植、陆机、陶渊明、庾信等重要作家，也用较为充分的篇幅加以评述。我们以

《文选》为例进行说明。"文选学"向为显学，牵涉极多，而不了解"文选学"，很难真正把握中古文学。本书对"文选学"及其相关问题作了全面的梳理，如《文选》的编者与成书问题、文体分类、诸家注释、版本、文选学史与要籍解题，包括历代《文选》研究存在的问题与不足，皆条列明晰，各有品评，有理有据。读者可以此为线索，迅速把握古今"文选学"的发展脉络与研究重点，进入研究前沿，拓展研究空间。

本书对中古文学研究的热点、难点问题予以充分的关注，如"苏李诗"的辨伪与作年、《孔雀东南飞》《木兰辞》的创作时间问题、《兰亭集序》的相关论争、《陶渊明集》的版本与诸多研究热点、声病说与永明体等。对于这类问题，作者博采众说并予以评骘，多所折衷而又常有己意，且多有宏通、深入之判断，结论公允。如关于声病说与永明体的一系列问题，作者广采中外诸家之说，详加梳理与辨析，使读者对这些问题的学术史脉络有一个明晰的把握。又如对宫体诗兴起的背景、形成时间、内涵与外延、影响与评价等问题，本书的讨论也十分深入和系统，尤其是推断佛教思想和文化与宫体诗创作应当有着某种内在联系，极具启发性。

"中古文学文献学"这一选题非常平实，但越是平实的题目，写起来就越难。因为这其中包含的都是专门之学，没有精深的研究、广博的视野和独到的学术眼光，很难做出真正文献学意义上的梳理。不过本书作者就是中古文学文献学领域的专家，对很多问题都有专门的研究与论著。从此书初版到现在的增订版，他还出版了《玉台新咏研究》、《门阀士族与永明文学》、《南北朝文学编年史》(合著)、《文选旧注辑存》等著作，主编《汉魏六朝集部珍本丛刊》，更有数量可观的专题论文。这些研究其实都与本书互为因果，如在本书初版撰写过程中，作者发现《玉台新咏》还有很大的研究空间，成为《玉台新咏研究》一书的撰写契机，而《玉台新咏研究》的完成自然也有助于本书增订版的修订工作。因此本书对《玉台新咏》成书的考证极为通达，对其极为复杂的版本系统的梳理十分明晰。在学术史的大视野下，作者往往将宏观与微观结合，多所勾连，包含着深刻的逻辑思考。阅读本书，读者会发现作为文献学著作，本书却并不是知识和学术的拼盘，而是以立体的结构，多角度、多层次地呈现中古文学文献图景，极见功力与水平，可谓广博与专精统一的精彩范例。

文献学既是一门学科，自成体系，同时不夸张地说，也是一切学问的基础。刘跃进先生的《中古文学文献学》，寻根振叶，索源观澜，既可据以纵览中古文学发展变化的脉络，掌握基础文献与古今学者的研究状况，尤其是最新动态与发展趋势，又可学习其中揭示的学术研究方法与思想，可以说既教人以知识，又示人以津梁。《礼记·中庸》曰："博学之，审问之，慎思之，明辨之，笃行之。"博学、审问、慎思、明辨似可概括《中古文学文献学》一书的学术理路，而笃行则是刘跃进先生学术研究实践的生动写照。在学术研究上，"取法于上，仅得为中；取法于中，故其为下"（李世民《帝范》）是很重要的道理，向最优秀的学者学习，学习最上乘的著述，是追赶乃至超越前人的首要条件。而刘跃进先生和他的《中古文学文献学》显然就是这样的学者和著作。

（原载《中华读书报》2023 年 4 月 26 日）

新版《程千帆全集》的来龙去脉

莫砺锋

1997 年年底，程千帆先生与河北教育出版社商妥出版《程千帆全集》事宜。当时程先生年事已高，精力欠佳，又适逢病目不能看细字，就命我编定全书。河北教育出版社且让我为《全集》写一篇总序。次年四月，我拟就"总序"，经程先生审定后交出版社付梓。由于卷帙浩繁，编纂校对与排版印刷均费时日，《全集》直到 2000 年 12 月方得问世，此时程先生已于半年前遽归道山。斗转星移，二十多年转瞬即逝。《程千帆全集》早已绝版，求购甚难，读者要求重版之呼声越来越高。今年(编者按：2023 年)适值程先生诞辰 110 周年，凤凰出版社决定重版《全集》，增收程先生的书简、日记等文字，形成一部名符其实的新版《程千帆全集》。凤凰出版社与程先生哲嗣丽则师姐均提议仍由我承担编纂之责，我屡辞不成，乃勉强承乏。为了集思广益，特地成立《程千帆全集》学术委员会，成员有：徐有富、莫砺锋、张三夕、蒋寅、张伯伟、张宏生、曹虹、程章灿、严杰、李立朴、张辉、景凯旋、巩本栋、陈书录、曾广开、姚继舜。又成立《程千帆全集》编纂委员会，成员有：程丽则、莫砺锋、姜小青、倪培翔、史梅、徐兴无、刘重喜、董晓、倪蛟、徐雁平、童岭。在上述人员以及凤凰出版社的责编林日波、郭馨馨等人的鼎力合作下，新版《全集》业已编成付梓，出版社请我作文向读者进行介绍。我在曾呈程先生过目且刊于旧版《全集》卷首的"总序"中说："我立雪程门已一十九年，当然很乐意有此机会以服弟子之劳，于是当仁不让地承担了核对材料、订正文字等工作。至于作序，则自惭鲁钝，未能传先生之芬芳。为人作序本易得佛头著粪之讥，况且程先生的学术墙高数仞，我怎有能力说清其中的'宗庙之美、百官之富'

呢？思之再三，只好勉为其难，先把全集中各类著作的写作经过及主要内容作些介绍，再简单地谈谈自己的体会，但愿对读者稍有裨益。"岁月荏苒，我的上述想法并无改变。由于新版《全集》中增收程先生遗著数种，新版分册与旧版分卷之标准也有差异，故本文不避重复，对新版《文集》各册所收著作之写作经过及主要内容介绍如下。

第一、第二两册所收的是校雠学著作，即第一册之《校雠广义·版本编》《校雠广义·校勘编》与第二册之《校雠广义·目录编》《校雠广义·典藏编》。校雠学本是一切学术的门径和基础，程先生在就读金陵大学时就对这门学科有强烈的兴趣，毕业后曾在金陵大学、武汉大学等校主讲这门课程，并开始写一部全面地论述校雠学各个分支内容的书。可惜这件工作在上世纪 50 年代被迫中断。到了 1979 年，程先生在南京大学重新开始指导研究生，把校雠学定为硕士生的主要课程，亲自站在讲台上为我们讲授。我们三个同学则边听课边记录，整理成《校雠学略说》，曾以油印稿的形式在几所大学流传。程先生发现徐有富对这门课有特别强烈的兴趣，几年后便让有富代他讲授这门课，而且师生合作，对《校雠学略说》进行大幅度的扩充、改写。经历十个寒暑，终于完成皇皇四大册的《校雠广义》。全书问世后，好评如潮，获奖无数。著名学者陶敏评为"体大思精"，洵为公论。《校雠广义》的成书，有富兄作出的贡献极其重要。程先生在给舒芜的信中自述著书过程说："弟撰《校雠广义》，合版本、校勘、目录、典藏而一之，发意在四十年代，中更世变，未成其书。已成部分，又为狂童毁其卡片。到南京后，弟子徐君不敏而好学，有'参也鲁'之风。邀之合作，迄今又十年，居然卷帙可观。"但是此书的首创之功，当然属于程先生。自清代以来，专治校雠学的学者代有其人，有关校雠学的著作也不断出现。然而，对校雠学的四个重要部分即版本、校勘、目录、典藏进行全面系统的论述，且将论述重点由历史源流转向实际应用，则《校雠广义》堪称开创之作。读者不仅能从本书中了解这门传统学问的历史形态，而且能获得如何运用它进行文史研究的实际指导，后者也许是这部书最重要的价值。

第三册所收的是文史研究著作，即《史通笺记》《文论十笺》《唐代进士行卷与文学》三种。程先生所写的纯史学著作有《史通笺记》一种。《史通》是中国古代史学理论名著，很受史学界重视。可是此书虽经卢文弨、浦起龙等学者之整理、注释，而难解、误解之处仍然很多。程先生从青年时代起就下苦功钻研

《史通》，并曾在大学开设《史通》课程。他广搜善本，博采各家校记及有关论著，以"笺记"的形式对前人研究《史通》的成果进行总结，并且提出了许多独到的见解，发前人所未发。此书实为近代《史通》研究中最重要的著作之一，程先生因此被史学名家周一良先生誉为"子玄（刘知几）之功臣"。《文论十笺》是文学批评史著作。程先生对古代文论有深入的研究，此书从浩如烟海的典籍中精选出十篇文章，先作详赡的笺注，然后结以案语。从表面上看，此书仅是一部简要的文论读本，但它的实际意义远远溢出于此。本书所选的文章计有陆机一篇、刘知几两篇、章学诚五篇、章炳麟一篇、刘师培一篇，选目独具手眼。其编排不按时代而依内容，也具有现代意识。十篇文章分别副以"论文学之界义""论文学与时代"等标题，事实上构成了具体而微的理论体系。文末的案语也多有精到的见解，颇能帮助读者领会文章的现代意义。正因如此，此书很受读者欢迎，自 1942 年以《文学发凡》的书名刊布以来，屡经修订，多次重版。《唐代进士行卷与文学》是文学史专题研究。程先生对陈寅恪先生的道德文章十分钦佩，在学术研究中深受陈氏的影响，本书就是借鉴陈氏倡导的诗史互证之法所取得的硕果。早在 1936 年，程先生把陈寅恪的著名论文《韩愈与唐代小说》由英文译成中文，从此对陈文中涉及的"行卷"这种历史现象进行了长期的钻研，终于写成这本专题论著。本书对行卷这种伴随着唐代科举考试的文化现象作了全面的考察，并对行卷与文学的关系作了实事求是的分析。这样，文学史界长期聚讼纷纭而不得确解的一个问题，即唐代科举对文学到底有何影响，就得到了令人信服的解答。本书篇幅不大，但内容丰富，论点新警，切切实实地解决了文学史研究中的一个难题，深受国内外学术界的重视。本册所收三种著作的性质不完全一致，但都属于广义的史学研究。程先生一向喜爱史学，即便在农村牧牛饲鸡时，仍分秒必争地通读了从晋到隋的多部史书，渊博的历史知识使他在处理古代文学的历史背景时如鱼得水，也使他在论述古代文学专题时总能"思接千载，视通万里"，从而体现出重视"长时段"的史家眼光。

第四、第五册所收的是文学史著作，因篇幅关系，第四册收《两宋文学史》一种，第五册收《元代文学史》和《程氏汉语文学通史》两种。《两宋文学史》是程先生与吴新雷教授合著的，两位作者都对宋代文学史下过很深的功夫，但相对而言，程先生对宋代的诗词古文理解得更深一些，而吴教授则对小说戏曲研究得更多一些，所以他们的合作获得了取长补短、相得益彰的效果。《两宋文学史》有两个明显的优点：一是论述了一些长期被忽略的内容，如宋代四六等；二是对于重要作家及其代表作品有更细致深辟的阐述，如吴文英词。然而更重要的则是它非常注重揭示史的线索，在突出大作家的历史作用的同时，也对形成文学潮流的中小作家群予以充分的关注。此外，它非常注意一代文学的整体风貌，在清晰地勾画各种文体内部的发展脉络的同时，也对不同文体之间的互相影响进行了论述，如宋代四六对小说戏曲的影响等。虽说最后一点由于缺乏学术积累的前资而展现得不够充分，但这毕竟体现出力求创新的探索精神，格外引人注目。《元代文学史》是程先生与弟子吴志达教授合著的，此书从属稿到出版，经历了一番艰难曲折的漫长过程。此书原名《元代文学史讲义》，是程先生在武汉大学时编写的讲义。1957 年春季，程先生开始讲授元代文学史。课程尚未结束，他在一夜之间被打成"右派"，随即失去讲课的资格。在前途未卜，不知此生能否重上讲坛的情况下，程先生以高度的责任感和坚毅顽强的意志续写讲义，计划写完后即付印。可惜形势急转直下，程先生很快开始"侧身刍牧间十八年"的苦难生涯，一切写作都不再可能，付印的计划更成泡影。此时全书尚未完稿，但部分手稿幸得保存。二十多年后，程先生与当年曾听他授课的弟子吴志达谈起修订《元代文学史讲义》之事，意在嘱托弟子续完全书，然未及深谈，程先生遽归道山。三年以后，志达学长主动请缨续修此书，陶芸师母遂将遗稿交付之。志达学长本着光大师门学术的强烈意愿，仔细体会原稿的学术观念，努力回忆当年亲聆音旨所得的印象，对原稿进行修订、增补，尽经十年辛苦，终于完成全书，篇幅则从原稿的十余万字扩展到二十余万。出于谦抑，也出于对程先生的敬仰之情，志达学长将此书署作"程千帆著，吴志达修订"。考虑到志达学长所付出的辛勤劳动及实际贡献，也考虑到收入全集的另外两种文学史著作的署名通则，现将《元代文学史》改署为师生合著。程先生与志达学长泉下有知，当获俞允。《元代文学史》付梓后颇获学界好评，志达学长的高足陈文新教授之评语最称妥当："这部由特殊的作者在特殊时代写成的特殊的文学史，在林林总总的中国文学史著述中，必将以其特殊的价值引起学术界的高度关注。"《程氏汉语文学通史》是程先生与弟子程章灿教授合著的，因师生二人都姓程，故书名冠以"程氏"二字。中国古代的史家以"通古今之变，成一家之言"为最高目标，所以最能体现中国史学精神的史学著作应是贯通古今且具有鲜明史观的通史。程先生治学文史兼擅，他的文学史研究也贯彻了上述史学精神。他认为研究文学史不应局限于某一段时期，只有贯通古今才能准确把握整个中国文学的来龙去脉，并深入理解其内在精神。上世纪 40 年代末，程先生在武汉大学任教时，曾应历史系主任吴于廑先生之请，为历史系学生讲授中国文学通史。那门课由他独自承担，从上古一直讲到近代，从而留下一部通贯整个文学史的讲义，《程氏汉语文学通史》即根据该讲义为基础进行充实、提高而成。本书的论述重点不再是某些作家作品，而是中国文学从古至今的发展过程，诸如文学观念的传承演变，各种文体的兴盛衰落，文学技巧的发展变化，以及这些演变过程的社会历史背景和文化意义。与以往的文学史著作相比，本书的最大特点是它不再满足于提供文学史的许多断片或轨迹点，而是力图描绘出一条完整的线索来。以五十多万字的篇幅涵盖从上古迄现代的全部中国文学史，本书可称开创之作。

第六册所收的是关于古典诗歌的论著，即《古诗考索》《被开拓的诗世界》《杜诗镜铨批抄》《读宋诗随笔》四种，前二种是论文集，后二种是批点与品评。程先生学术研究的范围相当广阔，然而他用力最勤、创获最巨的则是古典诗歌的研究。也许可以说，关于古典诗歌的论文标志着程先生学术造诣的最高峰。《古诗考索》共收论文 39 篇，所涉内容上起汉末古诗，下迄今人所作旧体诗，而以唐诗为主。所论题旨小至一字一句意义的辨析，如《陶诗"少无适俗韵"的"韵"字说》；大至整个古典诗歌的内在规律的探讨，如《古典诗歌描写与结构中的一与多》。这些论文中最受学界称道的是从研究具体作品入手而终于导出有普遍意义的结论，也即人们通常称为"小中见大"者，如《张若虚〈春江花月夜〉的被理解和被误解》。显然，它们最重要的价值不在于解决了某些具体的问题，而在于为学界提供了方法论的启迪。《被开拓的诗世界》则是一部关于杜诗的论文集，其中部分论文是程先生指导学生莫砺锋、张宏生分别写成的，故师生三人共同署名。程先生对杜甫深为敬仰，对杜诗研究下过很深的功夫，曾在好几所大学里开设过杜诗课程。他晚年在南京大学重开此课，除了讲授杜诗学知识外，更着重启发学生进行专题研究，本书实即程先生的杜诗研究与杜诗教学的双重成果的结晶。有关杜诗的研究论著早已汗牛充栋，本书的特点是始终把杜诗置于古典诗歌史的长河中进行考察，从而为杜诗学提供了崭新的切入点和宏阔的视野。《杜诗镜铨批钞》是以传统方式对杜诗所作的批语，因所论杜诗之编次皆从《杜诗镜铨》，故有此称。原来附于《被开拓的诗世界》之后，现抽出自成一编。《读宋诗随笔》原名《宋诗精选》，因其中部分选目与《古诗今选》重复，编入全集时乃删去注释而保留解说，并改称今名。此书以"随笔"的形式来评析作品，行文有较大的自由度，故修短合度，笔随兴至，既有点到为止的三言两语，也有淋漓酣畅的大段议论。书中有许多关于宋诗的真知灼见，又出之以平易晓畅的文字，真正做到了深入浅出，也更鲜明地呈现出程先生的学术个性。

第七册所收的是古典诗歌作品选，即《古诗今选》一种。此书的属稿始于1956年，是程先生与沈祖棻先生合作进行的，后因沈先生不幸去世，乃由程先生独立完成。此书的内容包括八代诗、唐诗和宋诗三个部分，涵盖了五七言诗歌史上最重要的几个时期。选本是中国文学史上一种特殊的批评方式，程先生对此深有会心，所以此书从选目、注释到讲解、评析，都很有特色，充分体现了选家的诗学观点。在《古诗今选》之前，具有通代性质的古诗选本主要有三部：一是宋末元初方回所选的《瀛奎律髓》，它是一部唐、宋两代的律诗选本。二是清代王士禛所选的《古诗选》，它专选历代的五言古诗和七言古诗，五古部分上起汉代，下迄唐代；七古部分则上起汉代，下迄元代。三是清代曾国藩所选的《十八家诗钞》，它上起汉末的曹植，下迄金代的元好问。这三部古诗选本都是《古诗今选》参考的范本。然而《古诗今选》毕竟有很强的独创性，它所体现的选家眼光已经超越前人。在诗体上，《瀛奎律髓》专选五七言律诗而不选古体诗和绝句，《古诗选》则专选古体诗而不及律诗和绝句，《十八家诗钞》虽然不限诗体，但它于王维、孟浩然只选五律，于宋代的苏轼、黄庭坚、陆游三家则不取五古，仍然多有局限。《古诗今选》则各体皆收，而且在五七言诸体之外选入少量优秀的六言诗、杂言诗以示在五七言诗成为诗体主流后仍有其他诗体的存在。这样就能让读者对古典诗歌的艺术形式有比较完整的把握。《古诗今选》的选目也有非同寻常的特点和价值。在八代诗人中，入选作品较多的诗人依次是：陶渊明12首，鲍照8首，曹植7首，庾信6首，阮籍、左思、谢灵运、谢朓皆为4首。如果说陶渊明高踞八代诗史的首席是从苏轼以来的传统看法，那么将鲍照列于第二位，以及将庾信列于大谢之上，显然是独到的选家眼光。在唐代诗人中，入选作品较多的诗人依次是：杜甫33首，李白27首，王维16首，白居易15首，韩愈11首，刘禹锡、李商隐皆为10首，李颀、王昌龄、元稹、杜牧皆为 7 首，孟浩然、岑参、柳宗元、李贺、温庭筠皆为 6 首，陈子昂、张九龄、高适、李益、韩偓皆为 5 首。在这份名单中，韩愈、刘禹锡、李颀、柳宗元、韩偓的地位都比一般的唐诗选本有所提升，而入选杜诗超过王维诗的一倍，尤见手眼。在宋代诗人中，入选作品较多的诗人依次是：苏轼 22 首，王安石 17 首，黄庭坚、陆游皆为 15 首，陈师道、陈与义皆为 10 首，欧阳修、范成大皆为 7 首，杨万里、林景熙皆为 6 首，梅尧臣、刘克庄、谢翱皆为 5 首。其中王安石之位居第二，黄庭坚之与陆游平起平坐，二陈之超过欧公与范成大，都是不同寻常的选法。如果从通代的角度来看，《古诗今选》中入选作品较多的大诗人名单中前五位分别是：杜甫、李白、苏轼、王安石、王维，而白居易、黄庭坚、陆游三人则并列第六。显然，这不但对那种崇唐黜宋的传统诗学观念有着摧陷廓清之功，而且体现出宏通的视野和深远的眼光。从入选作品的诗体来看，《古诗今选》也有鲜明的特点。此书对各种诗体无所轩轾，但对于各家的诗体倾向则非常关注，比如王昌龄的 7 首诗全是七绝，充分显示出这位"七绝圣手"的特长。又如韩愈的 11 首诗全是古体，充分显示出其雄奇古奥的风格。此外如李商隐的 10 首中选律诗 8 首、绝句 2 首，陆游的 15 首中选五言诗 1 首、七言诗 14 首，都充分体现出各家在诗体上的特点和优点。凡此种种，皆说明《古诗今选》是一部眼光深邃、个性鲜明的通代诗选，它体现出程先生对整个诗歌史的独特观照，也体现出复归诗歌审美本质的独特旨趣。

第八册所收的是诗文作品，即《闲堂诗文合抄》《闲堂文薮》和《桑榆忆往》三种。《闲堂诗文合抄》是程先生各体文学作品的汇总。程先生生于诗人之家，自幼即与诗结下了不解之缘。即使在那些风雨如磐的黑暗岁月中，也始终不废吟事。可惜他中年因非罪获谴，旧稿毁于一旦，所以平生的五七言诗作只残存二百余首。这些诗中不乏清丽芊绵之作，也有廉悍奥峭之篇，但其主导风格，则正如钱仲联先生在《序闲堂诗存》中所云，"于兼葭楼主人为近"，也即近于黄节先生的诗风。黄节诗风本以陈后山为宗，故程先生的诗风也以平淡质朴为基本特征。然而它们在平淡的语言外表下蕴藏着抑塞历落、豪荡感激之情，它们通过对自身遭遇的悲欢离合的诉说而表达了儒者"能好人能恶人"的淑世情怀。程先生平生不甚作词，所存词作仅有《闲堂词存》中的十余首，但其中不乏情文并茂之佳作，例如哀悼沈祖棻先生的两首《鹧鸪天》与哀悼王瑶先生的两首《浣溪沙》，都是感人至深的传世名篇。程先生晚年颇喜用文言撰文，这些文字短小精悍，文采斐然，已臻老成之境，具有美文性质，故单独编为一辑，题作《闲堂文存》。自从新文化运动以来，文言文逐渐退出文坛。其实文言、白话各有优点，不宜偏废。《闲堂文存》所收作品，大多属于序跋及墓铭、墓表之类，当然与此类文体之历史渊源有关。但其中也有怀人、忆旧的短文，如追怀唐圭璋先生的《圭翁杂忆》，内容与收进《桑榆忆往·音旨偶闻》的《忆刘永济先生》《黄季刚老师逸事》诸篇相近。前者用文言而后者用白话，但都将前辈学人的嘉言懿行写得栩栩如生，形神兼备。春兰秋菊，各有千秋。这正体现出程先生在文体论上兼收并蓄、不拘一格的通达意识。程先生虽然以研究古代文学而知名，但他决不是埋首于故纸堆而不问窗外事的学究。他对现实非常关心，对当代文学也十分注意。他在青年时代曾热心于新诗创作，与好友孙望先生等组织了"土星笔会"，并创办新诗刊物《诗帆》。虽说他后来因专注于古代文学研究而不写新诗，但留存下来的新诗作品却是现代诗史上不可忽略的一个记录。现经整理删选，把这些作品编成《新诗少作》，附于《闲堂诗文合抄》之末。《闲堂文薮》也是程先生的论文集，所论内容较杂，有别于《古诗考索》之专论诗歌，故另编此集。程先生认为全书内容"繁如薮泽"，乃沿用唐人皮日休《文薮》之题。本书共分三辑：第一辑 8 篇，其中《韩愈与唐代小说》一篇，是陈寅恪先生于 1936 年以英文发表的论文，收入本辑的是作者的译文。其他7 篇涉及散文、辞赋、词曲、小说、戏剧等各种文体。第二辑是汉魏六朝文学散论 3 篇，原是作者 1946 年在武汉大学讲授文学史的讲义，今天看来，仍有可参考之处。第三辑 8 篇，皆有关校雠目录学。写作时间约在 1935 年至 1942年，是为在金陵大学和武汉大学讲课之用。后来此类课程久不设置，直至1980 年后程先生为南京大学和山东大学的研究生讲授"校雠学"课程时，始由同学录音整理成为《校雠学略说》，是为日后《校雠广义》的蓝本。这 8 篇文章是程先生校雠学思想的滥觞之源，自然具有独立的学术史意义。《桑榆忆往》是程先生的回忆录，乃张伯伟教授所编。此书分成四个部分，第一部分是《劳生志略》，是程先生的口述自传，由张伯伟记录成文。第二部分是《音旨偶闻》，共收 4 篇文章，内容是程先生对刘永济、黄季刚与汪辟疆三位老师的回忆。第三部分是《书绅杂录》，共收 8 篇文章，内容都是程先生讲学的记录稿，记录者既有及门弟子，也有程先生的外孙女张春晓，当然，后者也是程先生的再传弟子。第四部分是《友朋评议》，共收 8 篇评议程先生学术的书评，撰者既有程先生的学界友人，也有其弟子或后辈。《桑榆忆往》内容丰富，形式多样。程先生的一生经历曲折，数次遭遇沧桑世变，时代的风风雨雨在他心中留下了不可磨灭的记忆。他年轻时及见许多学术宗师，如黄季刚、胡小石、刘衡如、胡翔冬、吴瞿安、汪辟疆等，都是他亲承音旨的前辈。又如陈寅恪、朱光潜、朱自清、庞石帚等，都是他有所请益的学者。他的夫人沈祖棻教授是当代杰出的女词人，患难夫妻，文章知己，学术上多收切磋之益。凡此种种，都成追忆。程先生诲人不倦，他常为弟子或其他后学释疑解惑，留下许多言简意赅的学术观点。程先生的学术研究深受学界重视，友朋及弟子对其学术成就的评论皆从某个侧面体现其人其学的特点。总体看来，这部回忆录不仅是程先生个人生平事迹的记录，而且是时代的一个缩影，从中可见几代学人的嘉言懿行和歌哭悲欢，具有学术史的意义。

第九册所收的是书简，即《闲堂书简》一种。初版《程千帆全集》于 2000 年问世以后，师母陶芸先生认为程先生写给亲朋友好的书信中有许多商讨学术的内容，可以作为其著作的补充，应予整理成书。在程先生的后人和学生的帮助下，经过征集、誊录、编次等步骤，陶先生终于将近千封书简整理成书，并于 2004 年由上海古籍出版社出版。十年以后，此书漏收的书简陆续出现，所收书简的系年等方面也发现了一些错误，在程门弟子及程丽则师姐等人的共同努力下，于 2013 年出版了增订本。其后我们又收集到遗简三百余通，于是重加增订，收入全集。程先生是一位真正的学者，他好学深思，终生不倦，他的书信中最常见的内容便是商讨学问。由于是书信，不可能发表长篇大论，但是那些简约的三言两语往往闪耀着真知灼见。试举一例：《致张三夕》之二七中纠正学界关于陈寅恪的一种误解："陈先生说'寅恪平生为不古不今之学'，汪荣祖竟然认为这是指他专攻中古史，即魏晋六朝、隋唐五代。这不但与事实不合，也完全不解陈先生的微旨。'不今不古'这句话是出在《太玄经》，另外有句话同它相配的是'童牛角马'，意思是自我嘲讽，觉得自己的学问既不完全符合中国的传统，也不是完全跟着现代学术走，而是斟酌古今，自成一家。表面上是自嘲，其实是自负。根据他平生的实践，确实也做到了这一点，即不古不今，亦古亦今，贯通中西，继往开来。"程先生还常常在书信中为学生或其他年青学人答疑解难，或指示治学门径。也举一例：《致余恕诚》之四曰："承问课题，我觉得唐代文学是一座很大的富矿，到现在还有很多领域没有开发，特别是文学与文化和政治的关系，陈寅恪虽提出唐代内乱与外患的连环性，这个题目在文学上的表现就很少人涉及过，如果先生有兴趣，是否将这个问题作一个比较彻底的清理。这可能在文学上表现的不多，但间接上可以开发的不少。"书信是最纯粹的"个人化写作"，它最能体现作者的真性情。程先生的书信大多直抒胸臆，在毫无修饰的文字中洋溢着真情实感，例如《致万业馨》之二三云："千帆自到南大后，得可传业者数人，著述得诸友生之助，亦大体完成。残年八十有六，耳聋目盲，自然之数，故终日枯坐，亦无可埋怨处。惟偶然细数平生，虽经忧患似若无可悲者，然为国为民，亲情友谊，则愧负实多。朱古微晚年词云：'忠孝何曾尽一分'，'可哀惟有人间世'，每一念及，辄怵怛不能去怀。出版社多劝录音，说平日可念之事。但每一念及，则泪如泉涌，岂尚有心及于文字？"此种文字，真乃尼采所谓"以血书者"的天地间至文。程先生的书信忠实地记录了一个正直的知识分子走过的人生道路及其心路历程，也记录了大量关于文坛和学林的珍闻、掌故，活跃着许多著名人物的身影，全书具有极高的史料价值。

第十、第十一册所收的是日记，即《闲堂日记》一种。日记是古已有之的一种文体，原属史官之职责，如汉人刘向《新序》云："司君之过而书之，日有记也。"其后文人逐日记事之文亦称"日记"，宋人陆游谓"黄鲁直有日记，谓之'家乘'，至宜州犹不辍书"（《老学庵笔记》）。及至晚清，遂出现以李慈铭《越缦堂日记》为代表的"四大日记"，成为影响颇巨的特殊著作。一般来说，日记的主要优点是逐日记事与始终不辍，从而具备较高的史料价值。程先生的日记，始于少时在家塾有恒斋中读书之时。他进入金陵大学后，还曾将日记中有关《礼记》的部分整理成文公开发表。可惜程先生后来屡遭动荡，已无法每日作记，即使作记也难以妥善保存。所以现存的程先生日记，竟是始于1979年3月15日，其时他年近七旬，已臻暮年。虽然如此，这部日记仍然多达13册，前12册主要由程先生手记，少数地方由陶芸先生代记。最后1册则全由陶芸先生代记。日记记录了程先生晚年生活的主要内容，举凡教学、著述、出差开会、亲友交往等，应有尽有，细大不捐。虽然残缺不全，仍如吉光片羽，价值非凡。试看徐有富教授所编《程千帆沈祖棻年谱长编》，全书篇幅为900页，自1909年至1978年仅有283页，而从1979年迄2000年则多达

617 页，主要得益于日记之功。程先生晚年目昏手抖，日记之字迹相当潦草，难以辨认，整理者程丽则师姐与程门再传弟子许勇付出了辛勤的劳动，厥功甚伟。

第十二册所收的是附录四种，其中《治学小言》一书曾于 1986 年由齐鲁书社出版，前有王仲荦先生之序，后有陶芸先生之后记，正文则为短文 19 篇，内容以治学方法为主，兼及大学文科与中学语文等问题。依照程先生本人的意见，初版《全集》未收此书。如今在程先生身后重编《全集》，理应补收，因其篇幅短小，内容又不易归类，故附于本册。《古诗讲录》一书原题《程千帆古诗讲录》，张伯伟教授编，人民文学出版社 2020 年出版。程先生晚年移砚南京大学后，曾先后为 1976 级本科生讲授"历代诗选"，历时一年；为 1977 级本科生讲授"古代诗选"，历时一学期；为 1979 级硕士生讲授"杜诗研究"，历时一学期。当时没有留下音像资料，令没有机会"亲承音旨"的后学倾想不已。幸亏三门课程分别留存徐有富、张伯伟、曹虹三位弟子的记录，第一门课程的上半部分则有进修生陈治群的记录，张伯伟据之整理编纂，遂成此书。张伯伟在编后记中说："三门课程，'历代诗选'以时间为序，讲解汉魏晋宋齐梁陈隋唐宋诗歌；'古代诗选'则以专题为单元，范围也还是八代唐宋诗歌；'杜诗研究'属于专家诗，是以问题为中心展开。虽然三门课程各有重心，但都是围绕具体的诗歌作品。传统的文学研究范围，包括文学理论、文学批评、文学史，但核心是文学作品。没有作品，就没有文学的理论和历史；不深入理解作品，文学的历史与理论就只能停留在表象的描绘和空泛的议论。这是千帆师的一向主张，不仅体现在研究工作中，也贯彻在教学实践上。"评价此书的价值，言简而意赅。《逸稿》专收程先生的遗稿。程先生曾在各类报刊发表文字甚多，年代久远，或存或佚。今将近年来发现之逸稿汇成一编，附录于此。《学术年表》乃专为此次重版"全集"而编，由徐有富教授率徐雁平、丁思露、杨柯等人合作而成。有富兄曾撰《程千帆沈祖棻年谱长编》，掌握谱主资料极为丰赡，由他亲率弟子编制此表，删繁就简，驾轻就熟，必有可观，遂附于此，以为《全集》之压卷。

从以上的粗略介绍可以看出，程先生的学术视野十分宏阔，研究领域相当广泛，从而取得了多方面的研究成果。这部六百多万字的全集，就是他一生上下求索的结果，是他六十年心血的结晶。那么，程先生的学术研究，有没有一以贯之的精神呢？我以为是有的，那就是沈祖棻先生在《古典诗歌论丛》的后记中所揭橥的，"将考证与批评密切地结合起来"，"将批评建立在考据基础上"。考证与批评是中国传统的文学研究的两翼，前代的优秀学者本是两者兼通的。可是到了现代，随着学术成果积累的日益丰厚和学术研究分工的日益细密，这两项工作渐渐分道扬镳，学者或精于此，或长于彼，互相隔膜，绝少往来。甚者至于互相轻视，唯我独尊。精于考证的学者常常觉得专事批评的人流于空疏，而长于批评的学者则往往认为专攻考证的人陷于烦琐。在古代文学研究界大声疾呼且身体力行地把两者结合起来的学者，程先生当是当代第一人。

一般说来，文学研究，尤其是古代文学研究，主要有四个层次。一是文献学的研究，即对浩如烟海的典籍进行校勘、辑佚、整理，力求提供确实可靠的文本。二是历史学的研究，即对千头万绪的文学史实进行考订、甄别、梳理，力求掌握文学史长河中每个环节的真实面目及其来龙去脉。三是美学的研究，即对古代文学作品的自身价值进行解读、阐释、评析，力求最充分地实现现代人对古代作品的审美接受。四是哲学的研究，即从哲学思辨的高度对古代文学进行宏观的把握，力求揭示其根本规律及其在民族文化乃至世界文化中的特殊地位和普遍意义。从程先生的著述及日常言论来看，他所说"考证"包含着前两项内容，而"批评"则包含着后两项内容。由此可见，程先生所倡导的方法实际上就是对古代文学作全面的、多层次的研究，是由表及里、由浅及深的学术门径。应该指出，在现代的学术环境中，分工是不可避免的，一部分学者把精力集中于某一个层次的研究是完全合理的。程先生对此并无异议，他对同辈乃至后辈学人专攻某一层次的研究而得到的成就都深表赞许。但是，就整个学术界而言，必须有部分学者兼通考证与批评，而专攻其一的学者也不能与另类研究隔膜、疏离，这才能够融会贯通，真正达到较高的学术境界。程先生的研究工作正是在这种思想的指导下进行的，这部文集正是他运用这种方法的范例。

程先生重视文献整理，他亲自主编《全清词》和《中华大典·文学典》，而且下大功夫钻研校雠学。他重视史实考订，为了弄清唐代行卷之风的真相，曾在史料中钩沉索隐达数十年。他具有卓异的审美能力，在艺术体会和风格辨析方面尤见功力。他也善于从纷繁杂乱的现象中抽象出理论来，曾对古典诗歌的一些普遍规律有所揭示。更重要的是，程先生并不把考证和批评视为各自独立、畛域分明的两类工作，而把它们看作互相依存、不可割裂的一个整体。他的文学史著作和文学史专题论著固然是兼有考证与批评的综合研究，他的许多单篇论文也同样是融考证与批评于一体的范文，例如《张若虚〈春江花月夜〉的被理解和被误解》《一个醒的与八个醉的》等文，都是从对史实的精密考证和对作品的细致分析入手，双管齐下，然后推导出重要的结论。程先生在古代诗歌的研究中所以能触手生春，独得圣解，除了天性颖悟和思力强劲等因素，正确的方法论无疑是重要的原因。

读者很容易注意到以下事实：这部全集的总字数不是很多，而且有好几种著作是程先生与他人合作的，这是特殊的时代所造成的结果。1957 年，像同时代的许多学者一样，正当盛年的程先生因直言而获罪，从此被剥夺了近二十年的工作时间。等到阴霾散尽，大地春回，程先生重返课堂和书斋时，他已年过花甲。妄加的罪名可以平反，贬损的待遇可以恢复，但是被耽误的时间却是无法挽回的。从 45 岁到 65 岁的二十年光阴，正是从事文史研究的学者一生中的黄金阶段。尽管复出后的程先生夜以继日地努力工作，尽管他的才思依然十分敏锐，但要想亲手完成计划中的全部学术课题，毕竟力不从心。况且重执教鞭的程先生视教学为第一要务，为培养后辈而倾注了大量的时间和精力！于是程先生的好几种著作采取了与人合作的方式，合作者中有他的同事，更多的则是他亲自指导的学生。应该说，这些合作实际上也是程先生培养后辈的一种方式，合作者通过实际操作而获得了方法训练，也通过讨论质疑而锻炼提高了思辨能力，所以它们具有薪尽火传的特殊意义。然而毋庸讳言，如果程先生没有丧失二十年时间，如果他一生的学术活动没有中断，那么他完全可以在年富力强的时候从容不迫地独自完成这些著作，并使它们的学术水准更上一层楼，他也一定能够写出更加卓越的其他著作。可惜历史是不能假设的，于是这部全集只能以目前的状态呈现在读者面前。希望读者看到这部全集时，千万不要忘记它是一位生活在 20 世纪历经坎坷的学者的学术记录，是一部忧患之书。

（原载《中华读书报》2023 年 9 月 20 日）

第四辑　普及读物

书香盈盈韵清绝

徐有富

  所谓版本就是文献在写作、复制、流传过程中所形成的各种形态的本子。比如作者在自己出版的书上签了名、钤了印、题了字，就成了一个新的版本，其价值就和同时出版的其它书不一样了。有一本《王利器论学杂著》，扉页上钤了三方印：一为"利器持赠"，一为"书为晓者传"，一为"一千万字富翁"。上款为"千帆教授谠正"，下款为"九四年国际儿童节，北京"。显然是作者赠给程先生的，后来程先生将此书送给了我，上款为"转赠有富贤弟"，下款为"千帆"。睹此，往事历历在目，前辈学者的流风逸韵，曷可尽言！

  其实，我们在购书、读书、写书、作文时，会经常碰到版本问题。比如有人拿来一部《白雨斋词话》的稿本到某图书馆求售，通常的做法是先查一下馆藏目录，结果发现馆藏有《白雨斋词话》的雕印本，而且不止一部，当然就不要了。如果我们将该书的稿本与雕印本仔细比较一下，就会发现稿本有十卷，雕印本只有八卷，稿本的内容被删去了三十五条，此外还被改动十九处。主持雕印工作的是该书作者陈廷焯的学生许正诗，思想比较保守，将原稿中述及词作者艳词本事的内容删掉了。词为艳科，今天看来这些内容恰恰是极有价值的资料。而且，雕印本较多，稿本只此一部，其价值自然不可同日而语。该图书馆与此稿本失之交臂，殊为可惜。

  造成版本之间内容上的差别，有个人因素，也有社会因素。就个人因素而言，一是为了使作品精益求精，比如鲁迅《为了忘却的记念》中有两句诗，手稿原作"眼看朋辈成新鬼，怒向刀边觅小诗"。后来正式发表时，"眼"改成了"忍","边"改成了"丛"。改了两个字就更好地表现了当时白色恐怖的严重性，以及诗人的爱与憎。再就是作者观点起了变化，其著作重印或再版时，某些内容也有可能修改。如诗人艾青原来特别强调诗的散文美，他在1953年由新文艺出版社出版的《诗论·诗与时代》中有这么一段话："目前中国新诗的主流，是以自由的崇高的素朴的散文，扬弃了脚韵与格律的封建羁绊，作为形式。"而在1980年人民文学出版社出版的《诗论·诗与时代》中，这段话被改成了："目前中国新诗的主流，是以自由的素朴的语言，加上明显的节奏和大致相近的脚韵作为形式。"我们在研究艾青的诗学理论时，必须同时注意到《诗论》的这两个版本，以及它们之间的变化，否则得出来的结论都可能是片面的。

就社会因素而言，乾隆皇帝修《四库全书》时，禁毁与删改了许多对清朝统治者不利的书；国民党政府的图书审查制度使许多文章开了天窗，已为大家所熟知。我们不妨另外举一个例子，巴金在《病中集·一篇序言》中谈到了其代表作《家》在解放后再版时，责任编辑要求其删改的情况："他的理由似乎是：一切为了宣传，凡是不利于宣传的都给删去，例如在地上吐痰，缠小脚等等。他的意见我全部接受，大段大段地删除，虽然我自己也感到心疼，但是想到我的小说会使人相信在中国不曾有过随地吐痰和女人缠脚的事，收到宣传的效果，我的民族自尊心也似乎得到了满足。……"这个小小的例子说明政治因素对文学创作的影响是多么大又是多么深。至于出版者为了赢利而导致版本出现种种问题，我们就不再举例说明了。

我们从事学术研究，掌握一些版本学知识是大有好处的。譬如李白的《登金陵凤凰台》究竟是"一水中分白鹭洲"，还是"二水中分白鹭洲"？要说个明白并不容易，我们不妨查一下元建安余氏勤育堂刊本《分类补注李太白诗》该本作"一水中分内鹭洲"；再查明嘉靖十五年延平刊本《唐翰林李白诗类编》该本也作"一水中分白鹭洲"；再查清聚锦堂刊本《李太白文集辑注》，该本为"一（一作二）水中分白鹭洲"；再查清刊民国辛未年（1931）绵阳补印本《李太白全集》，该本变成了"二水中分白鹭洲"。从版本的演变情况看，原诗当作"一水"。"一水"指长江，白鹭洲原为长江中的一座小岛，据《金陵古今图考》记载，此洲东吴时逐渐形成，唐时绿树成荫，繁华似锦，白鹭翔集。宋时已与江岸连成一片，其遗址约在今江东门白鹭村一带。凡洲都在一水之中，目前南京尚有八卦洲、江心洲，都是长江中的小岛。称"二水中分白鹭洲"显然为后人想当然而误改。如果我们多花点力气，将某位作家或诗人的别集源流认真考证一番，往往能展现这位作家或诗人别集的出版史、传播史与研究史。如郭绍虞就考证过陶渊明集子的版本源流，写过一篇《陶集考辨》，文章指出："陶集版本，遂可分为若干时期。大抵梁以前为陶集之传写时期，宋以前为编辑时期，宋代则为校订时期，而南宋已开注释之风，故入元遂为注释时期。先后源流，灼然可寻，即当时治学精神之影响所及，亦不难于此数期中窥测明之。"

我们想要比较深入地了解版本学知识，不妨读一读江苏古籍出版社最近出版的"中国版本文化丛书"。该丛书由国家图书馆馆长任继愈主编，由著名书法家启功题签。该书采用 18 开本，令人想起天头地脚都甚宽大的线装书。各册封面均有精美书影一帧，并于中心位置标明"插图珍藏本"。全丛书有插图 1200 多幅，每种书平均约 90 幅，每幅都力求符合原貌，做到古色古香，原汁原味。难得的是，这些插图能说明问题，这一点是最重要的。比如同为稿本，有的是起草过程中形成的，有的是定稿后形成的。《稿本》一书将黄宗羲《南雷杂著》的这两种稿本的书影都印了出来，前者删改的痕迹十分明显，而后者则无删改痕迹。我们想用文字将上述两种稿本的差别讲得既清楚又准确，并不容易，但是看了这两幅插图，读者实际上也就弄清楚了两者的差别。每本书中都有图版索引，这对我们充分利用这些丰富的图版资料当然是大有帮助的。

该丛书将版本学知识分成十四个专题，分别做了深入细致的研究，这对拓宽与加深版本学的研究领域是大有好处的。现今流行的一些版本学著作，往往涉及版本学的方方面面，对一些比较专门的版本问题难以进行深入探讨。比如，过去的版本学著作很少提到少数民族古籍版本，而该丛书有一个专题专门讨论少数民族古籍版本，从而填补了版本学研究的这个空白。这些少数民族古籍版本既具有鲜明的民族特色，又是各民族文化相互交流的产物。同样对少数民族古籍版本的研究反过来也能促进版本学研究。比如梵夹装的特点是以板夹之，所夹为散页。而该书作者依据大量实物，进一步分析道："梵夹装亦有两种不同形式，一种是上下用板相夹，考究的木板上还要上红漆，描金线，如《甘珠尔》便是这种形式，每函用羊毛织成的绳子捆好。这种姑称为精装本。另一种是简装本，同样是活页长条书，但上下木板用特别颜色的纸（一般是黄色、稍硬)代替。封面纸上印节名，这种简装的梵夹本更为常见。"

正因为事涉专门，一些作者开矿采铜，挖掘到不少颇具史料价值的新材料。如我们知道北宋国子监刻书往往有校勘经进衔名，从中可以看出他们的出版活动有严密的组织分工，比如有勘官、都勘官、详勘官、再校、都校等职务。而这一优良传统可以追溯到唐高宗仪凤元年(676)，如该丛书《佛经版本》图四为唐敦煌藏经洞所出之《金刚经》，有衔名云："仪凤元年十月十五日书手刘弘写"，此外还有装潢手、初校、再校、三校、详阅，以及负责监督此事的官员题名。该书作者还发现了有关崔法珍断臂刊雕《金藏》的碑文，其中最令人惊心动魄的是这么几句："……刘法善等五十余人，亦皆断臂，燃臂燃指，剜眼割肝，至有舍家产、鬻儿女者，助修经板胜事，始终三十年之久，方得成就。"从中可见宗教的鼓惑力是多么巨大。该丛书《坊刻本》在巧用资料方面也能给我们以启发，在谈到明代南京书坊盛况时，作者引用了《桃花扇》剧中人物蔡益所的一段台词："天下书籍之富，无过俺金陵；无过俺三山街；这三山街书客之大，无过俺蔡益所。你看十三经、廿一史、九流三教、诸子百家、腐烂时文、新奇小说，上下充箱盈架，高低列肆连楼。不但兴南贩北，积古堆今，而且严批妙选，精刻善印。俺蔡益所既射了贸易诗书之利，又收了流传文字之功。"真可谓别出心裁。

该丛书最重要的一个特点是突出了版本研究的文化内涵，图书是文化的重要载体，文化生活不可避免地会在图书中得到反映。如纳西族是能歌善舞的民族，在该民族的古书中令人惊叹地留下了一部舞蹈教材，"其内容包括古老的动物舞、神舞、战争舞、法杖舞、花灯舞等，详细记录了 60 种舞蹈的数百种跳法"。如果我们对某一时期的出版史加以研究，那无疑会构成该时期文化史的重要组成部分。如该丛书《清刻本·清代版刻丛谈》结合社会背景分析了清代各时期版刻的特点，使读者清楚地看到图书出版活动与政局密切相关，可谓丝丝入扣。

书的写作、出版、销售、收藏与阅读，本身就是既重要而又非常普遍的文化现象。该丛书几乎每一种都花了大量篇幅介绍了一些珍本的价值、特征，以及出版史与收藏史，大多娓娓道来，如数家珍。或一段书林掌故，或一条珍贵史料，或一则秩闻趣事，或一点心得体会，总之，都能使人觉得开卷有益。即以《清刻本》为例，略述一二。如女诗人沈彩的写刻本《春雨楼集》为藏书家所艳称，作者在该书卷四后发现了沈氏一则题记："七月巧日，薄病初起，菱芡既登，秋海棠盈盈索笑，香韵清绝。御砑绫单衣，写于奇晋斋之冬轩。"寥寥数语，那位女诗人就将自己写作时的情景给活脱脱地画了出来。再如作者介绍《蒋辛田先生遗书》云：蒋曾担任过御史，"尝尽民间疾苦，绘十二图以献。多存当时社会实状、人物衣冠，亦社会史之可资参考者"。并以"催科图"作插图为例。若未经介绍，我们单看书名，是很难发现它的史料价值的。该丛书佳处难以枚举，还是由读者自己去发现吧。

版本学在中国已有千年历史，内容极为丰富。如何运用历史上长期积累的成果，结合当代学人的新知识，加以系统地介绍，是一个重要的新课题。这套丛书共收十四种著作，不论是版本学中的传统节目，还是新型著述，内容都有可观。例如《坊刻本》中介绍到"陈宅书籍铺"时，比之以往著作中的论述，就要详细精确得多，又如《中国书源流》中介绍到"竹木做的书"，"战国时的帛书"，则对学术界的最新成果从版本学的角度作了很好的总结。这些地方无不显示此书在很多方面具有很高的学术水平。这些成就的取得，有赖于几位主编的精心筹划，更得力于编写者的认真撰述。每一种书的作者，都是这一领域中的专家。像黄裳之于清刻本，便是这一方面的权威；又如李际宁之于佛经版本，也是这一领域之中的杰出人物。这些作者一般都任职于国内著名图书馆或高校及研究机构，终身从事于是，已是这一领域中的佼佼者。实事求是地讲，这套丛书分别由上述作者来拱述，可以说是物色到了最佳人选。试想，假如不是由他们来写，那么这些贵重的图版，如何取得？社会上有些人或许有志于此，但他们又怎能接触到这么多的好版本？

此书在版式、用纸、装帧等方面都可称上乘。从历史上看，像杨守敬编《留真谱》，张元济编《四部丛刊》，都曾作出很大的贡献，但限于当时的条件，还是留下了不少遗憾。"中国版本文化丛书"利用当今印刷领域中的高科技，选出这么多精美的图片，读来真是赏心悦目。即使你不专攻版本，也能将它作为艺术品来欣赏。大家在阅读的过程中，自会想到我国的文化悠久，真是光辉灿烂，异彩纷呈，足以令人自豪。

（原载《中国图书商报》2003 年 8 月 15 日）

意味深长的关门声

——读《师门问学录》

解 之

　　新年伊始，案台上又增添了一本新书，正题是《师门问学录》，副题是"南京大学中文系古代文学专业攻读博士研究生课程的一份教学实录"，署名：教师周勋初、学生余历雄。此书经凤凰出版社印行面世（2004 年 12 月第 1版），即有智者呼应，见诸报章，谓之"当代《论语》"。倘考查该书编撰的学术背景，则有两点值得注意：一是学生余历雄为外籍马来西亚学生，负笈远游，问学师门，周先生道德文章宣扬海外，此为一例；二是教师周勋初先生执教数十年，桃李满园，现届荣退之年，余历雄为其"关门"弟子，《师门问学录》作为先生的关门之声，意味深长。

　　这本《师门问学录》是编者余历雄整整三年求学经历的真实记录，他将漫长的千余天的师生间的问答内容展示在读者面前，确实令人震惊而欣忭。在全书二十余万言的字里行间，我们既看到了一位博学儒雅、循循善诱、诲人不倦的师者之风范，也看了一位诚敬向学、好思敏求、纯净率真的学生之形象。在这卷平凡而神奇的记录中，我们还看到了师道传统，看到了质疑精神，看到了困惑与解惑，看到了臧否人物的诚挚，看到了很多有趣的学术掌故。然读罢掩卷，还有几点深深的感触：

　　一是学生的好问与教师的善答，显示了为生者的好学与为师者的博学。在《问学录》中学生对很多基本的传统学术问题均有咨询，比如有关中国文学批评史的问题，有关"桐城诗派"问题，有关《文选》流传与争论问题等，先生是有问必答，且阐发引申，综汇前贤时彦诸说，提出己见。对有些学者质疑学术研究的"小题大做"与"舍内求外"等问题，先生也直言不讳，明辨事实，提出看法。目前教学改革，大谈启发教育，然中国学生不好问，上课教师满堂灌，以及因扩招，有的博士课程竟有近百人济济一堂，我想读一读《问学录》是不无启迪意义的。

二是"言"的魅力，充盈于《问学录》，使读者获得知识的同时，感受到身心的愉悦。中国文化即有"言"的传统，从孔子师徒对话的《论语》，到《世说新语》记录魏晋的风流清淡、禅门灯录、《朱子语类》记录的师生问答，学识精深，充满睿智。而"言"之所以异于"文"，也有两点显象，一是抗颜直谏，二是机锋理趣。读《问学录》，先生对时下不良的学风，对一些名望甚高者学术的错谬，包括自己读书未尽而出现的误笔，均直言不讳，娓娓道来。而对一些学术问题，如从唐代僧人炼丹看三教关系、从李白的婚姻谈其文化思想，皆极为生动有趣，而在言及电脑给治学带来巨大方便的同时，却常常因"呆头呆脑"而犯错，真是幽默的警示。

三是对培养研究生方法的启示。在《问学录》中，探讨范围非常广泛，如学术研究问题，学风建设问题，如何读书问题，学位论文撰写问题，等等。尤其学位论文撰写，又包括选题、格式等细节和"注重才性，乘热打铁"、文章要讲求"气势"等要求，无微不至，而又始终围绕传道授业解惑的师道主旨。固然，学生的才华秉性与先生的学识睿智或许是不可学、不可及的，但这三年时间的涓涓细流汇成的这份厚重的问学答卷，难道不是对报上曾载的有些导师竟不认识自己学生的"荒唐"的当头棒喝吗？

周勋初先生年事渐高，毕生从事的教学一线工作也划上圆满的句号，但那份对教学挚爱的真情和培养学生的深情，却在这"关门"声中余音不绝。只要我们认真读一读《师门问学录》，是会得到"竹中一滴曹溪水，涨起西江十八滩"（苏轼诗句）的效应的。

（原载《南京大学校刊》2005 年 3 月 10 日）

《话说民国》讲真实故事

张宪文

中华民国史是离我们"既近又远"的历史：从时间上它离我们很近，但由于种种原因，大家对这段历史真正全面的了解是很不够的，多少有雾里看花的感觉，一般人印象中的民国史，还是一段朦胧或脸谱化的故事。这就给民国史研究者提出了一个问题：怎样让大众以浓厚的兴趣关注真实的民国史？

新近出版的《话说民国》，很好地承载了这一使命。这是两本图文并茂，用故事形式编写的民国历史书，它描述民国历史人物的命运和历史事件的演变过程，在写作中充满了细节和多元的视角，这些细节和元素让民国的历史生动起来，让那个时代的人物鲜活起来，将民国史的骨架填补得有血有肉、栩栩如生。需要强调的是，它的生动，它的吸引眼球，是建立在严肃的史学研究基础上的。《话说民国》，确有"话说"的生动曲折，却没有戏说的成分。正是这种生动形象、别开生面的编写方式，使得普通读者都可以轻松地从这本书里进入民国的天地，感悟历史、感悟人生。

《话说民国》共有近200个篇目，勾勒了自1911年孙中山南京就职至1949年蒋介石黯然离别大陆为止的中华民国史，按年代铺排，撷取历史事件的精彩片断，选取民国人物的传神花絮，以人物引出历史事件，在历史事件中展现人物的风骨。以一种责任和诚意，为历史留存记忆，为记忆补上血肉和肌理。编排中处处可见编者、作者的匠心。每篇的标题首先大都耐人寻味，标题之下再设置导语，不仅是对该篇内容的概括，更是设置了一个悬念。例如，当读者读到这样的标题"虎贲万岁"和这样的导语"一向以写爱情小说见长的作家张恨水，却有一部以抗战中真人真事为题材的抗战小说"时，必然会对这部小说的内容产生兴趣，从而被作者带入到抗日战争常德会战那惨烈悲壮的历史场景中，被中国军人气壮山河、慷慨赴难的英雄气概所感染。

（原载《扬子晚报》2008 年 10 月 14 日）

学林蔚秀　其树冬青

——读《冬青老人口述》小札

季小乔

最近，由卞孝萱先生口述、赵益教授整理的《冬青老人口述》一书，终于在凤凰出版社出版。开卷观览，我们不仅能够感知书中所展示出的为历史风烟所遮蔽的蔚秀学林，而且通过了解叙述者与学林诸公之间的交游往还，可以勾勒出卞氏一生的治学成才之路。学林的蔚然深秀滋养了卞先生这株"冬青之树"，全书内容皆出于耳闻目见，故能娓娓道来，引人入胜。

"轻松之漫谈"

卞孝萱（1924—2009），江苏扬州人，谱名敬堂，晚号冬青老人。卞先生之号，取自唐人刘禹锡《赠乐天》诗中"在人虽晚达，于树似冬青"两句。据整理者赵益教授所言，2006 年春，卞先生召邀门下诸生围坐其冬青书屋中，为之讲授有关耆宿师长、家世渊源、友朋时彦等掌故见闻。讲述共进行九次，录音整理成文后，部分经由先生本人审阅，并修订补阙，后经由整理者厘定，分为《师长学行》《旧家往事》《诗人丛谈》《耆老杂纪》《维扬才俊》《友朋摭忆》《书林漫识》等七部分。卞先生在《缘起》中提到，黄曾樾、钱锺书二人分别将他们所聆听到的陈衍（石遗）的谈话记录为《谈艺录》《石语》二书，而此《口述》即仿其意为之。这些记录不同于官样文章或是学术论著，而是轻松的漫谈，类似旧人的笔记琐谈，因只记与自身相关的内容，所以颇近于陆游《家世旧闻》一类书。

但《口述》一书与前贤的同类型撰著是有明显区别的。全书以人为目展开讲述，所涉人物众多，却能做到漫而不散，重点突出。卞孝萱先生晚年已是蜚声文史学界的大家，而其所述侧重师长友朋、乡梓家族，分明有明其渊源、彰其传承的用意。故而对自身学术生涯影响越大的，讲述得越详备。例如"范文澜"部分，体量竟达全书六分之一强。其他所及诸公，也多是述者亲身交往之人。若将之依年代排比，前后大致可以衔接无间，据此能得卞先生生平交游之编年简表。

卞先生将所忆及的旧闻掌故讲述出来，并非如旧人那般"以资谈谑"，他对于所述对象，往往抱有敬仰或赏识的态度。如对于金毓黻的"心病"以及后来的自戕行为、对于柳诒徵厚待蔡尚思，述者的叙述都饱含温情。又如讲到章士钊之母姓刘，母殁之后，章太炎建议他以"无卯"为笔名。"刘（劉）"字去卯则为"钊（釗）"，痛悼之外复含情趣，可见时人精神风貌。这些细碎而有意味之事在书中俯拾皆是，尘封的故事正因以"漫谈"的方式出之，而能显得鲜活丰满。

因事见人与学行并重

《口述》一书较之同类型记述，在具有翔实、鲜活、可读诸特点的同时，隐然有一个框架或体系。简言之，就是以人为目，因事见人，由行及学，学行兼论。卞先生曾协助范文澜撰写《中国通史简编》，又曾为章士钊校订《柳文指要》，与金毓黻结识是因为民国碑传文献的裒辑编订，而与匡亚明的往还则集中于《中国思想家评传丛书》的撰写和审稿工作。关于这些旧事，该书首次披露了不少外人罕知的细节，如范文澜为卞先生手稿改错字，章士钊向周恩来写信表彰卞先生的校订功劳等。而更重要的是卞先生对诸位师长学术成就的思考与评骘。他认为"新式的人当中，范文澜够资格讲国学"，而评金毓黻虽通"理学、文学、小学、史学"，但"在哪一方面都没有达到最高峰"。同时卞先生赞叹史学家金氏的文学修养，认为现今史学界研究者于此点是缺乏的。这些归纳与对比，读者自可体会、思考。

卞氏论人叙事，往往将人、事、学三者合而叙述，看似信手拈来，实则有所构思，那就是对传主行谊与其学术品格内在关联性的重视。如书中提到的高二适，是南京四大书法家之一，尤擅草书，曾受业于章士钊。高氏扬名，主要缘于1965年的"兰亭论辩"。他曾撰写两篇文章与郭沫若论辩，卞孝萱先生对于此事津津乐道，特地指出这次论辩的政治背景，与之前的"《胡笳十八拍》论争"已颇有不同，高二适实事求是的精神，应载入史册，大书特书。卞先生称高二适为"书呆子"，"傻乎乎地"，实际上是对他坚持真理的肯定和赞赏。对于高氏的书法成就，卞先生反而并未多加品评，只说其能"把自己的意思化到字里面"，但同时又说道："书法不是靠写出来的，还要靠除了书法以外的事，比如学问、气魄等等。"由此可见，在卞先生心目中，学问与品行是有着莫大关联的。卞先生曾参与了前一次的"《胡笳十八拍》论争"，其所撰《蔡琰作品的真伪问题》曾深受学界重视。等到若干年后的第二次论争，卞先生虽因听从范文澜的劝阻而未能撰文发声，但他终因学者的耿直性格而不肯盲从，故而对高氏之举感同身受。

这种学、行兼顾的讲述方式贯穿于卞先生全部的口述稿中。小者如《诗人丛谈》中《钱冒双雄》一节，讲到钱锺书、冒效鲁二人虽诗学主张、学术观点迥异，但不党同伐异，作意气之争，一生保持纯洁而高贵的交谊，卞先生认为这是难能可贵的。又如他饶有兴味地解释师长范文澜的"天圆地方说""二冷主义"，传颂老一辈学者这种不与世俯仰、壁立千仞而踏实勤勉的人品和学风，都是有为而发，深有现实意义。《口述》一书于范文澜着墨最多，自有其缘故在。所以卞先生在口述中赞扬范氏批判斯大林，而且能深刻理解范氏在《中国通史简编》中讲述隋炀帝、唐太宗故实的良苦用心。相较于范的婞直坚贞，某些学者的大节少亏、心性不定就显得低了个档次。当然，卞先生的本意并非扬此抑彼，但读者在掩卷沉思之时自能把握那条评骘的准绳。卞氏的闲谈碎语并非虚发，知言者自能领悟之。

"闲话"的学术品格

卞先生中学毕业之后便入职银行，其终能在文史研究领域建树卓然，自离不开学界名流的襄助提携。耆老师友们对卞先生学术上的启发，在其口述中多有呈现。比如对于范文澜"专、通、坚、虚"的学术经验总结，卞先生不厌其烦地详为解说。又如讲到章士钊在撰写《柳文指要》过程中，命卞为之搜集材料。卞先生借此机会熟悉了卷帙浩繁的《册府元龟》，发现并订正了陈寅恪关于唐人小说《辛平公上仙》的若干错误认识。因此《口述》一书颇能为我们提供卞孝萱学术论著的相关背景知识。弥足珍贵的是，八十余岁仍勤于著述的卞先生在口述掌故旧闻时，不时为我们提供文史方面的卓见胜解。有些承自前修，有些是自己的独见。例如提到范文澜《水经注写景文钞》时，提出"柳的山水记，仿效的是《水经注》"。讲到"甲午三诗人"时，提出汪辟疆抬高江西派是因其诗作本属江西体。讲到搜集材料方面的经验时，提示要重视油印本等等。零金碎玉，咳唾成珠，不一而足。

扬州文化丰厚的底蕴滋养和熏陶了卞孝萱先生，为他日后的卓然成家打下了坚实的基础。《口述》在《旧家往事》《维扬才俊》等部分中，讲述了自家家族的渊源兴衰、族中贤达以及乡梓间留名的人物。仪征卞氏由晚清的朝廷大员卞士云、卞宝第、卞綍昌，发展到卞孝萱先生，算是完成了由官宦世家到书香门第的转换。在这两部分的叙述中，我们更能深刻感受到，旧式官僚世家向现代家族转变的艰难历程。而家族盛衰演进中的一些细节，则需在故老传闻与亲身经历之外，加以一定的学术考证。书中《旧家往事》之后，便附了卞先生所撰两篇检讨仪征卞氏与蕲春黄氏、与清末重臣张之洞之间关系的文章。可见卞先生的"闲话"语无虚发，皆是经历了一番真伪甄别，使"闲话"具备了成为"信史"的可能。

《口述》整理者赵益教授在书末《跋》中说道："经史百家传记谓之文，而一话一言可以订典故之得失，正史传之是非者，乃所谓献也。"谓此《口述》有"献"的价值，可以起到补充正史的作用。是书口吻朴实和易，琐碎旧事以人为单位而串连，涓滴汇流，不遗巨细。加上编者精心配置的书画、题识、手札等稀见史料，以及附录中的学术文章，读者据此不仅能感受到卞先生心目中蔚然深秀的学林，同样亦能发现那株藏身其间、峻拔苍劲的冬青之树。

（原载《光明日报》2019 年 12 月 28 日）

旧时王谢堂前燕，飞入寻常百姓家

——读《南朝气韵：六朝石刻碑帖讲演录》

赵 超

  凤凰出版社新近出版的《南朝气韵：六朝石刻碑帖讲演录》一书，是南京大学博物馆结合该馆举办的碑拓展览编集而成。近些年来，国内各博物馆在展陈方面大力改革创新，数以百计的大小展览，以其新颖的设计、引人入胜的选题，更不用说无数华彩纷呈的文物精品，受到了社会各界的普遍赞美，极大地提升了文物博物馆事业的影响力，也为增进人民文化素质，建设和谐社会作出了无可替代的重要贡献。一个展览的展出时间是有限的。为了将展出成果长期保留，使更多的人看到它、欣赏它，并提供可靠的研究资料，将一个精美的展览成果编集成图录出版，已经是博物馆办展之后的惯例。这样的展陈成果我们已经见过许多。相比之下，"南朝气韵"这一展览展出的文物数量并不很多，该书的篇幅也不是很大，但是它带给我们一种新的感受与领悟，甚至可以说，它开创了一种更新颖、更具有文化意义的展览图录编集形式。

  以往的展览图录，除了收入展出文物的精美图片与有关文物的介绍说明之外，也会附入一些有关的专题研究论文和对展览主题的阐述。但基本上都是文物考古专业研究人员对文物本身或相关的历史专题所作的研究成果。读者可以由此对展出的文物与有关历史得到较为深入、具体的认识。但是这些论述也存在专业性强、多局限于文物本身的考证范围等情况，或许不足以将文物的丰富文化内涵充分地展现开来。

  表面看去，历史文物只是物质的简单存在，但与它有关的人和事却赋予了它鲜活的生命，使它能够述说它的经历，告诉我们那个时代的政治、经济、文化、习俗、技艺等种种社会风貌，携带我们在漫长的历史长河中畅游。自然，和今天人们到各地旅游一样，这种游历也需要有可信的导游。而导游的知识越丰富，对于所在景观的了解越深入，游客们能够领略到的风景就越多，感受也会更好。因此，对于历史文物的讲解与介绍，似乎也应该逐渐跳出考古文物工作者独占的圈子，与文史哲等社会科学界乃至自然科学界的研究者们广泛结合，才能全面展示历史文物的知识内涵，充分发挥历史文物的作用。

《南朝气韵：六朝石刻碑帖讲演录》的编者，正是在这方面做了有益的尝试。展览曾邀请了南京大学的三位著名学者为之进行讲解，并阐释了与展出的碑拓有关的南朝历史背景、人文风貌、世族关系以及相关考古发现情况。书中不仅收入了这些讲解的录音整理文本，还将他们以往关于南朝考古、历史、文化有关的几篇论文汇集到本书中，极大地拓宽了对南朝文物的研究范畴，从而将有限的碑拓文物放到一个广阔的时代空间中，给我们展现出六朝金粉的辉煌，也令我们感受到潮打空城的寂寞。

撰写本书的三位教授来自古典文学、金石学与历史考古学等不同的专业。程章灿教授对古代碑拓有过长期的研究，又熟谙南京地区历史文化。张学峰教授在南北朝隋唐考古领域耕耘多年。童岭教授则是专注于六朝文学，特别在《文选》学研究上有所建树。从文物考古的角度出发，张学锋教授将齐梁帝王陵墓的石刻情况、南朝建康的都城空间情况与墓葬分布情况做了清晰详尽的介绍。这些情况都是通过多年考古调查与发掘得到的，凝聚了南京地区考古工作者长期辛劳的成果，是可以触摸到的真实历史。通过这些介绍，我们可以还原南朝时期建康地区的历史风貌，将展出的石刻拓片嵌合到那一段"乱而不衰"的岁月之中。程章灿教授则主要讲解展出石刻的内容，文化价值与有关的石刻研究知识，尤其是结合石刻中涉及的人物讲述了众多生动有趣的历史故事。不仅如此，文中还显示了作者的文史考据功底，如对萧景墓的命名提出更正意见，进而纠正史书中萧景名字的记载；又如由胡恢题名引起梳理胡恢的生平经历，指出他写过最早的一种《南唐书》等，都增进了我们的有关认识。这些石刻考证的成果告诉我们：由石刻材料出发，深入开掘，往往可以得到更真实可信的历史知识。童岭教授的讲解与论文都表现出对于南朝文化的深入领悟，和我们一起分享着他对于南朝人物、文学和社会风貌的认识。如讲南朝文人的人生"一个是风流，一个是无常"，解析南朝贵族的风度与寒族武夫的关系，从文学史的角度指出南齐这个短命王朝"在文学史与典籍史上有不可磨灭的辉煌贡献"等。特别是在讲述萧梁皇室的文化传承时，强调了后梁在《文选》以及南朝文化传统传承上的作用。使其影响力贯穿整个隋代，直至唐朝仍在文化思想领域难以替代。这是前人不曾注意到的。童岭教授高度赞美南朝文学，并考察了南朝文学对于后世以及域外的重大影响，他认为："集中体现南朝文化成就的两部典籍(即《文选》与《玉台新咏》)，均诞生于梁代。""这两部作品很早就超越了国度，首先影响朝鲜半岛，随后传播至日本列岛，产生了东亚'汉文化圈'的整体影响力。"

编者的精心安排，令三位教授各取所长，从不同角度对南京大学博物馆展出的这批碑拓做了多方面、多层次的讲解。其中既有对文物考古基本知识的精准说明，也有对相关考古发现、历史文化背景与有关人物的介绍，更有大量个人的研究心得与精辟创见。语言流畅，风趣博雅，文采斐然，恰似南朝文风，极好地体现了"南朝气韵"。加上精美的文物图片与编者的精心编排。使该书成为一部知识丰富、雅俗共赏，既具有高度专业价值，又可读性极强的佳作。

顺便提及，拓片的真伪鉴定历来是收藏与研究碑拓的根本。该展览中有一两件拓片存在疑义，三位教授也提出了怀疑，即梁天监四年与中大同三年造像记等。从其文字书体、形制及文辞等方面来看，这些碑拓应该是后人的伪造，将其看作真品展出并收录有些不妥。看来对碑拓的辨伪问题，还需要今后的碑拓展览加以注意。

石刻碑拓虽然是重要的考古文物遗存，又曾经深受文人学界重视，但毕竟曲高和寡，不易普及。当前，大力提倡让博物馆的文物活起来，建立中国特色的考古学，为文化强国作出贡献。如何更好地让大众了解碑拓，讲好碑拓自身及背后的故事，充分发挥碑拓的历史文化作用，是一个需要重视的课题。《南朝气韵：六朝石刻碑帖讲演录》一书，则是在解答这一难题上作出的有益尝试。

（原载《文艺报》2022 年 6 月 17 日）

以历史的洞察著文学 以小说的笔法写历史

——郭宝平历史小说《范仲淹》读后

李 忠

端午假期，在纪念爱国诗人屈原的日子里，捧读郭宝平先生历时两年写就的历史小说《范仲淹》，一口气读罢，不由得掩卷遐思，假如范仲淹出生在楚怀王的年代，依他的性情，会不会也难免成为另一位自沉于汨罗江的三闾大夫？倘若屈原来到了宋仁宗时期，以他的抱负，会不会也携手参知政事范希文共谋庆历新政？设想，如果可以穿越时空，两位绝代文豪一定会惺惺相惜、诗词唱和、相见恨晚——一曰："长太息以掩涕兮，哀民生之多艰"；一曰："君看一叶舟，出没风波里"。

心忧民者，民亦忧之。念及相隔千年的两位伟人，我们这些又隔千年以后的平凡普通之人依然会扼腕长叹、感佩莫名。

鲁迅先生说："我们从古以来，就有埋头苦干的人，有拼命硬干的人，有为民请命的人，有舍身求法的人……这就是中国的脊梁。"我想，再没有什么其他更贴切的表述，能够如此深刻地表达世人对屈原、范仲淹这些兼济天下的华夏先贤们发自肺腑的认同、景仰与爱戴之情。

然而，通读了宝平先生这部760多页的心血之作，透过字里行间，首先浮现在我眼前的，却是一位一生坎坷的"天涯旅人"：少小孤寒贫困、青年忍饥苦读、中年奔波劳碌、晚年病患缠身、终而客死宦途——脑海中的画面，是"古道西风瘦马，断肠人在天涯"。

幼年丧父，贫苦无依，随母改嫁，寄人篱下。在作者笔下，少年范仲淹也曾经立下"不为良相，便为名医"的誓言，然而，醴泉寺求签的结果，家境的每况愈下，一度泯灭了他心中最初的梦想；也曾经进退维谷，学习商贾技艺，不通且无乐，志不在此，不足半年便放弃；也曾经走投无路，赴终南山学做隐士，又终归放不下满面愁容的母亲。

北宋第一名臣范仲淹的人生之初，在郭宝平的小说里，被还原为一名普普通通的青涩少年。在困顿中挣扎，从绝望中奋发，以苦难砥砺心智，最终放弃逃避，直面人生的一道道难题。

作者把手中之笔当作了剖析人性的手术刀，将高山仰止的千古伟人，其笼罩在完美神圣光环之下、隐匿于纷繁历史尘埃之中的深刻人性，一一展现出来。少年范仲淹，在我面前变得血肉丰满、可亲可近，栩栩如生。

小说从第一章《药出山来为小草》开始，一落笔便定下了质朴、写实的基调，纵览小说中范仲淹奔波劳碌的生命历程，想到的还是屈原的诗句："路漫漫其修远兮，吾将上下而求索。"

用老百姓的语言通俗地提问：一把烂牌何以打出了"王炸"的人生？

从划粥割齑，到进士及第；从为民筑堰，到主持书院；从西陲守土，边帅军功，到庆历新政，改革图强；从理或当言，死无所避，到四起四落，百折不挠。范仲淹在世 64 年，为官 37 年，在京只有 4 年，"居庙堂之高则忧其民，处江湖之远则忧其君"，奋不顾身，革除弊政，刚正不阿，仗义执言，屡遭贬谪，风波迭起，愈挫愈奋。正如金元时期文学家元好问所言："在布衣为名士，在州县为能吏，在边境为名将；在朝廷，则孔子之所谓大臣者，求之千百年间，盖不一二见。"

从立志、立功，到立言、立德的逻辑展延开去，作者从容不迫地写出了范仲淹这位"寒门贵子"沧桑一生的苦难与勤勉、劳碌与疲累、深思与直言、忧喜与悲恐。不可不谓：艰难困苦，玉汝于成；鞠躬尽瘁，死而后已；宁鸣而死，不默而生；不以物喜，不以己悲。

因为尊重历史、尊重人性，《范仲淹》以洞若观火的历史观察、不动声色的文学书写，支撑起了我们对于千年前历史人物范仲淹从成长、成才，到成名、成家，所有真实历程的合理想象与逻辑判断：那个应天府书院的苦读少年，从英姿勃发到两鬓苍苍，从自强奋发到自信豁达，从大胆、冲动，倔强、执拗，到忧乐自适、淡泊从容。

无论多么伟大的范仲淹，在作家的笔下、读者的眼里、世人的心中，首先要是一位真实可信的范仲淹。这一点，《范仲淹》做到了。真实的范仲淹，除了伟大，还有可爱；除了悲悯，还有豁达。

将真实的历史人物，置身于真实的历史场景中，这是郭宝平历史小说创作的又一个执着的坚守。宝平先生对自己创作的要求：只有打通历史，方可直抵人物的精神世界；只有对特定时期的社会风貌、政治生态乃至世道人心都有深入研究，才能对历史小说中的历史人物有精准把握。

比如，晚唐五代至北宋初年，士风败坏，唯利是图。在此背景下，由宋初至北宋中期，由范仲淹倡导并身体力行，"以天下为己任""先忧后乐"的崇高精神，使朝野士风为之一变，"天下正人之路使公辟之"。

比如，北宋时期以儒立国、优待文士，许多制度安排都可以维护士大夫的尊严，范仲淹、晏殊、富弼、韩琦、欧阳修、苏洵、苏轼、苏辙、王安石等一大批才华卓著的知识分子才可以脱颖而出。

比如，宋王朝重文抑武，军力羸弱涣散，西夏入侵边境之时，范仲淹"胸中自有数万兵甲"的军事才能才得以有展露的舞台。王朝的弊端，却成就了范文正公的文韬武略。

再比如，宋仁宗时期，"冗官""冗兵""冗费"现象愈演愈烈，进一步加剧了民族矛盾、阶级矛盾的日趋复杂和升级。危机逼迫之下，仁宗下定变革朝政的决心，给了范仲淹施展政治抱负的机遇，但"庆历新政"也因触及了皇权与官僚集团的核心利益，启动一年旋即无疾而终，从另一个角度，也折射出范仲淹高蹈自守的精神追求，实难容于日趋僵化锈蚀的皇朝官僚体制；对于政治改革的成败、难易，范仲淹设想得过于理想、天真，执行得偏于冲动、执拗，不懂得打"壕堑战"，不懂得妥协、变通，一心一意，直道而行，也因而最终沦陷于异己者所谓"朋党"之诟病，众口铄金，积毁销骨，高尚成了高尚者的墓志铭。

任何一位英雄都摆脱不了历史与时代的局限，并不完美和并未完全成功的北宋政治家范仲淹，丝毫不影响刻在他历史墓志铭上、政治节操的无瑕与君子人格的崇高伟大。

郭宝平先生以学者的严谨，辅以详略有致的笔墨，渲染出主人公所处的时代背景与社会环境，让历史场景与人物心理、情感之间产生关联、互动，让读者身临其境、感同身受，便捷深入地体悟到历史人物内心深处的光荣与梦想、苦难与辉煌、功败垂成后的无奈与忧伤，正如范仲淹《渔家傲·秋思》一词的苍凉意境，"人不寐，将军白发征夫泪"——将军的忧伤，一为燕然未勒，壮志难酬，二为征夫思乡，民生艰辛。而"塞下秋来风景异，衡阳雁去无留意"——沉雄开阔的环境与场景描述，更加映衬了将军内心世界的悲壮。在历史小说《范仲淹》的创作过程中，应该说，在对于历史场景真实性的把握方面，宝平先生的追求，可以类比于这首千古名作《渔家傲》。

在《范仲淹》自序中，郭宝平表明心迹：决心开创一种历史小说写作新模式，依托历史写小说，以小说的笔法写历史，在文学领域为历史书写赢得阵地，在史学领域为历史普及赢得读者。

此时，中华民族正踔厉奋发走向全面复兴的新时代，如何从历史传统里面获得深厚的文化资源，用以凝聚民心；此刻，中华民族正满怀信心走向世界舞台的中心，如何从历史先贤身上汲取前行的精神力量，用以激荡民气。郭宝平先生的历史小说《范仲淹》，正是在向着这一宏阔目标做着扎实努力的一个具体案例。

（原载《中华读书报》2022 年 7 月 6 日）

也宜风雨也宜晴

——读莫砺锋先生《漫话东坡》

陶 慧

修订版《漫话东坡》的腰封上，有一句综述全书核心思想和主要内容之语："风雨人生中从容前行的足迹。"究其出处，应化用自东坡《定风波》一词首句："莫听穿林打叶声，何妨吟啸且徐行。"表现了东坡宠辱不惊、履险如夷的人生态度。然而具体要如何做，才能达到这样一种"一蓑烟雨任平生"的旷达境界？此书所描述的东坡一生行事，或许就是最好的答案。

《漫话东坡》作为南京大学莫砺锋教授的代表性学术普及读物，初版于2008年。时隔15年后再版，在修订了旧版中一些细节讹误的同时，也吸收了近年来学界关于苏轼研究的新成果，并添加了数十幅精美插图，可谓后出转精。全书以东坡的生平事迹为主要内容，其史实考辨将作者细致严谨、洞见深刻的治学态度一以贯之，而行文语言却活泼生动，通俗易懂，将一位至情至性的东坡居士活化在读者面前。书名题为"漫话"，结构亦采用了一种相对漫衍的随笔形式，分为十二个独立的专题，以共时性写法介绍了东坡的亲故交游、仕宦生涯，以及人生态度、艺术造诣和后世遗泽，可谓涉及东坡人生的方方面面。在看似"散漫"的娓娓叙述中，我们分明可以读出一种贯通全篇的神韵气度，即专属于东坡的通达气概与宽广涵容。

人生交契无老少
论交何必先同调

东坡的这种涵容气概，首先表现在他与身边人的交往之中。诚如书中所说，东坡总是以充满善意的眼光看待别人，"上至达官贵人，下至平民百姓，东坡都能与他们推心置腹"。而这种善意的眼光，实则缘于东坡总能超越年龄与身份的限制，发现他人身上的闪光之处。于是，在该书的第二章《东坡的交游》中，我们可以看到，不仅那些曾与东坡知音相惜、患难与共的文人士大夫们成了他的至交好友，许多善良质朴的平民百姓也与东坡结下了深厚的情谊。"江城白酒三杯酽，野老苍颜一笑温。""遗我古贝布，海风今岁寒。"这些来自普通百姓的真挚友谊，曾给予困境中的东坡极大的关怀与温暖，也借由东坡的诗文得以千古传颂。

对于自己的门生，东坡也以一种同样通达的态度，欣赏和尊重每一位弟子的个性所长。书中《东坡的弟子》一章，分九节将苏门名声较著者逐一论列。他们虽如众星拱月般聚集于东坡门下，但性格迥异，禀赋不同，在文学创作方面也各成面目，如驰名文坛的"四学士""六君子"，既有生新硬瘦如黄庭坚，亦有清新深婉如秦观、平易晓畅如张耒等，皆自出机杼，各有自己的风格与成就。相较于"好使人同己"的王安石，东坡真可谓"但开风气不为师"了。也正因如此，以苏门弟子为主体的"元祐诗坛"才会如此异彩纷呈、光芒耀眼。

值得一提的是，东坡在人际交往方面的涵容通达，并不仅仅是对关系亲密的亲友门生，甚至对自己的对立面，他也时常保有善意与宽容。于是，在《东坡的敌人》这特殊的一章里，我们看到，东坡于元丰七年（1084）离开黄州贬所后，曾特地前往江宁府，会晤已退居钟山八年的王安石，与这位曾经的政坛宿敌畅谈诗文学术，倾心相交，对王安石的人品学识真诚钦慕；晚年面对前来为父求情的章惇之子章援，东坡不念旧恶，即便章惇曾数次欲置自己于死地，仍然顾惜旧谊："与丞相定交四十余年，虽中间出处稍异，交情固无所增损也。闻其高年寄迹海隅，此怀可知！"甚至寄去"白术方"以助其养年。这一片有如光风霁月的畅达心胸，正缘于东坡识人每着眼于其善处，从不曾因一己私怨而对他人全盘否定。

九死南荒吾不恨
兹游奇绝冠平生

关于东坡的仕宦生涯，《漫话东坡》以五章的篇幅分专题叙述，以见其无论在朝廷还是地方，乃至监牢与贬所，皆以凛然风节而秉一片至公之心。但颠沛于是，解脱亦于是。这种宽宏通达、不遗寸善的思维方式，每当在东坡陷于困境，又往往成为他消解苦难最有效的良方。被贬黄州时，甫到此地，在困顿窘迫之余，东坡便敏锐地发现了黄州"长江绕郭知鱼美，好竹连山觉笋香"的好处。此后更是时常赞叹黄州鱼肉等食材的便宜易得，自创了诸多美食，其中便包括后来闻名遐迩的"东坡肉"。尤其当他在黄州有了足以为全家遮风避雨的住所后，逐渐适应了日出而作、日落而息的陇亩生涯，营生之余复可遨游于雄奇秀丽的山水之间，其怡然自得之乐，恐不输于"北窗下卧，遇凉风暂至"时的陶渊明。

然而需要说明的是，后世之人提到黄州时期的东坡，往往会过分夸大他这种乐观旷达、恬然自适的一面，仿佛谪居生活的种种困苦对他没有丝毫影响，而这并不符合历史事实。正所谓"处患难不戚戚，只是愚人无心肝尔，与鹿豕木石何异"。作为一本以"言必有据"为首要写作宗旨的普及读物，《漫话东坡》通过种种史料文献以及诗文作品，为我们还原出的黄州东坡肖像，其底色实际上是不无忧戚的。曾自比"惊起却回头，有恨无人省"之孤鸿的东坡，谪臣迁客身份为他带来的恐惧、孤独与痛苦同样极为真切。"君门深九重，坟墓在万里。也拟哭途穷，死灰吹不起。"作为一位天才文学家，东坡拥有比常人更加敏锐的感知和更加细腻丰富的情感，那么当他首次遭遇人生中的重大挫折时，对于痛苦的感受程度，也自然更甚于常人。

然而，正是由于这份真实而沉重的痛苦，才使得超越痛苦之后的旷达乐观更为可贵。五年黄州生涯使东坡的人生态度更加坚毅、沉稳，也将他面对苦难时乐观通达的思维方式锻炼得更加纯熟。如果对东坡曾真实经历的困窘苦痛视而不见，反而是对他的一种误读。而对于这一点的着重强调，也正是此书作为一本学术普及读物，致力于澄清误解、还原真实的可贵之处。"艰难困苦，玉汝于成。"当此后东坡被远谪岭南之时，已完全是一种宠辱不惊、随遇而安的状态。他在惠州会赞叹松风亭下梅花的玉骨仙姿，会津津乐道于炙烤羊脊骨的美味，会"报道先生春睡美，道人轻打五更钟"。及至被贬到更加偏远瘴疠的儋州，他仍然兴致勃勃地品尝中原之人不敢食用的海味，盛赞苏过发明的"玉糁羹"，并在桄榔庵中潜心于经学著述。当东坡最终遇赦北归，甚至将这段被贬岭海的经历描述为"九死南荒吾不恨，兹游奇绝冠平生"，真可谓将通达自适的精神发挥至极。

莫嫌荦确坡头路
自爱铿然曳杖声

作为古典文学研究领域的方家，探讨东坡的文艺创作，对于莫砺锋先生来说自为"本色当行"。于是，此书最长的一章《东坡与文艺》，读来也最令人感到酣畅淋漓。通过此章，我们可以看到，通达涵容、乐观自适的精神，同样鲜明地体现在东坡的文艺作品之中。由于这种思维方式带有一定的哲学思辨性，故时常以一种"理趣"的形式呈现出来。

于是，当《赤壁赋》中的"客"为"哀吾生之须臾，羡长江之无穷"而难免心怀忧戚时，东坡会从另一个角度指出"自其不变者而观之，则物与我皆无尽也"，并恬然满足于江风山月"取之无禁，用之不竭，是造物者之无尽藏也，而吾与子之所共适"。当东坡于杭州通判任上游赏西湖时，更是写下了题咏西湖的千古绝唱："水光潋滟晴方好，山色空蒙雨亦奇。欲把西湖比西子，淡妆浓抹总相宜。"无论是晴日还是雨中，带着哲人通透的思辨与诗人敏感细腻的审美眼光观照西湖，自然无往而不得其宜。

后世论者谈及东坡诗文中的理趣，时有将其与佛道思想相联系者，并谓东坡所以有如此开阔的胸襟与睿智的哲思，乃因其兼宗三教思想之故。然而实际上正如书中所说，对于佛教，东坡只是将其"作为人生的一帖清凉剂"；对于道教，则主要讲求其养生之法以维护身体健康而已，皆谈不上如何宗信服膺，只是着眼于其中有益于生活的一面。与其说东坡因兼习三教而思想豁达通脱，毋宁说正是由于东坡心胸开阔涵容，故能兼容三教。或至少二者是互为因果、彼此促进的。

也正由于这种涵容通达，使东坡总是饶有兴致地留意日常生活中平凡琐细的事物，以细腻的观照与体悟发现其中的审美意味，并形之于诗文题咏。正所谓"凡物皆有可观。苟有可观，皆有可乐，非必怪奇玮丽者也"。于是，一座普通的亭台，一处简陋的寺庙，一条山石荦确的小径，都可以经由东坡的生花妙笔而点石成金，充满鲜活灵动的诗意。除了题材之外，东坡对于不同文学体裁的看法亦十分通脱，既无门户之见，亦不厚此薄彼或拘泥于某种风格。即便被时人视为小道的词，也能充分利用其一唱三叹、隽永可歌的特性，寄托自己的心胸怀抱，进而自成一家风格。也正因如此，东坡的文学作品，可谓无题不可作，无体不为工，呈现出清雄灵动、奇趣多姿的艺术风貌。

　　通读此书，除倾心服膺于作者深湛的学术功底之外，也不得不感叹，对于一生行事立说"行于所当行，至于不可不止"的东坡而言，灵活自由、轻松平易的"漫话"，或正是最契合其精神风貌的写作形式。而作者对于东坡"一篇之中三致志焉"的热爱之情，也只能在这样一种不必受制于冷静理性之学术语言的"漫话"中尽兴表达。这种基于深刻了解与理解的热爱，于字里行间为我们还原了一位亲切可感的东坡，以一种潇洒从容、旷达通脱的姿态，吟啸且徐行于人生中的高坡与低谷。由此再回看腰封上的那句"风雨人生中从容前行的足迹"，从方法论的角度而言，除《定风波》外，东坡另一首名作《饮湖上初晴后雨》或也可作为理解此句的注脚："晴"固然"方好"，而"雨"也不免"亦奇"。无论身当何种境遇，以近于审美的眼光自其善者而观之，终能收获其中"相宜"的一面。而以这样一种心态面对人生中不期而至的通达或失意，亦终能收获一分"也无风雨也无晴"的从容。这或许正是《漫话东坡》此书，以及东坡其人给予我们的鼓舞与启示。

（原载《光明日报》2023 年 11 月 23 日）